U0879633

基于工作过程的理实一体化训练教材

会计电算化实训

王节云　杨　涛　主　编

中国海洋大学出版社

·青岛·

图书在版编目(CIP)数据

会计电算化实训／王节云，杨涛主编．—青岛：中国海洋大学出版社，2017.12

ISBN 978-7-5670-1662-0

Ⅰ.①会…　Ⅱ.①王…②杨…　Ⅲ.①会计电算化—中等专业学校—教材　Ⅳ.①F232

中国版本图书馆 CIP 数据核字(2017)第 327115 号

出版发行	中国海洋大学出版社		
社　　址	青岛市香港东路 23 号	**邮政编码**	266071
出 版 人	杨立敏		
网　　址	http://www.ouc-press.com		
电子信箱	1193406329@qq.com		
订购电话	0532-82032573(传真)		
责任编辑	孙宇菲	**电　　话**	0532-85902342
印　　制	蓬莱利华印刷有限公司		
版　　次	2017 年 12 月第 1 版		
印　　次	2017 年 12 月第 1 次印刷		
成品尺寸	185 mm × 260 mm		
印　　张	15.625		
字　　数	377 千		
印　　数	1—1100		
定　　价	28.00 元		

发现印装质量问题，请致电 0535-5651533，由印刷厂负责调换。

内容简介

本书根据教育部文件的精神,依据山东省教学指导方案及春季技能考试大纲,参照财政部公布的从业资格考试大纲,结合企业的日常业务,由校企双方联合编写。

本书分为12个模块:会计电算化概述,系统管理,基础设置,总账系统,工资管理,固定资产管理,购销存系统,采购管理,销售管理,库存管理,核算管理,报表管理。

本书以企业日常业务贯通始末,内容通俗易懂,图文并茂,易于操作,实训内容相互关联,衔接紧密,具有实用性、灵活性。

本书既适于作为中等职业学校会计电算化专业及财经类相关专业的教材,也可以作为技能大赛、春季高考、会计电算化软件培训参考用书。

前言

Preface

本书根据《教育部关于制定中等职业学校教学计划的原则意见》(教职成〔2009〕2号)的精神,依据《山东省中等职业学校会计电算化专业教学指导方案》(2013年)和近几年《山东省春季高考财经类专业技能考试大纲》,参照财政部2014年公布的会计从业资格考试《会计电算化》考试大纲及财政部颁布的《小企业会计准则》(财会〔2011〕17号),结合企业的日常业务及主编多年来对企业会计人员培训、会计从业资格考试辅导经验,由校企双方联合编写完成。

通过本书学习,学生可了解会计电算化的基本内容;熟悉单位会计电算化组织和管理的基础知识;掌握会计电算化操作流程和常用方法;能根据单位实际需要选择适用的会计电算化软件,建立核算单位账套,配置操作员并进行账务分工;能对会计软件进行参数的设置、处理;能熟练应用总账核算系统进行初始设置、凭证处理、账表查询、转账定义及生成、期末等操作;能熟练掌握职工薪酬管理系统初始设置、薪酬变动、分摊及期末处理等操作功能;能熟练掌握固定资产管理系统初始设置、资产变动、折旧计算及期末处理等操作功能;能熟练掌握购销存核算系统及相关的应收、应付、核算处理系统的操作分工、操作流程及操作方法;能熟练运用财务报表系统生成财务报表;养成良好的工作方法、工作作风和职业道德,强化学生实践能力和职业技能,提高综合素质和综合职业能力,为学生的就业、创业和可持续发展奠定基础。

一、本书特点

(1) 本书把软件操作与企业的日常业务融合在一起,以当地企业实际日常业务作为案例引领整个会计核算软件的操作。以模块形式分解说明财务软件的各个功能及操作,介绍通俗易懂,操作步骤完整、详细,图文并茂,易于操作,便于记忆,模块操作中以工作任务为中心组织课程内容,把工作任务分解成一个个具体活动,在活动中配以实际案例。通过案例分析,找到做题方法,让学生在完成任务活动过程中掌握操作技能并构建相关理论知识,形成会计电算化职业能力。所有模块可分可合,方便操作。

(2) 本书实训内容相互关联、衔接紧密，从开始的账套建立、操作员配置、各操作模块启用、初始化设置、日常业务处理、期末处理直到报表制作输出均为同一核算单位的核算业务，完整体验了会计核算全过程。在操作步骤说明上，给学生留有一定的思考余地，以发挥学生的自主探索、独立思考能力。学生在操作步骤的导引下能够独立完成案例操作。每个任务后面以图例形式给出结果，让学生随时检验操作的正确性。

(3) 本书把企业的日常业务分解为一个个活动让学生来进行，以任务驱动的教学方式，让学生在活动过程中轻松完成任务并学习了解财务软件的使用。每个任务完成情况都会有一个及时评价，能鼓励学生积极参与实训，以便养成良好的工作方法、工作作风和职业道德。

(4) 本书把职业岗位业务、会计从业资格《会计电算化》考试及春季高考财经类专业技能考试融合一体，案例涉及面广，小企业的许多业务操作都尽量涉及，以备学生各方面需要，为学生的就业、创业和可持续发展奠定基础。

二、教学内容及课时(参考)分配

教学模块(课时分配)	教学内容(课时分配)
会计电算化概述(4)	任务一 认知会计电算化(2) 任务二 认知会计信息化软件(2)
系统管理(6)	任务一 认知系统管理操作人员(2) 任务二 系统管理的基本操作(4)
基础设置(10)	任务一 完成机构设置、往来单位、财务等财务方面的基础设置(6) 任务二 完成购销存业务方面的基础设置(4)
总账系统(26)	任务一 总账系统期初设置(4) 任务二 总账系统日常业务处理(10) 任务三 总账系统期末处理(12)
工资管理(12)	任务一 工资管理系统期初设置(4) 任务二 工资管理系统日常业务处理(4) 任务三 工资管理系统期末业务处理(4)
固定资产管理(14)	任务一 固定资产管理系统期初设置(4) 任务二 固定资产管理系统日常业务处理(6) 任务三 固定资产管理系统期末业务处理(4)
购销存系统(4)	任务一 认知购销存系统(2) 任务二 认知购销存各子系统之间的数据关系(2)
采购管理(30)	任务一 采购管理系统期初设置(8) 任务二 采购管理系统日常业务处理(18) 任务三 采购管理系统期末业务处理(4)
销售管理(22)	任务一 销售管理系统期初设置(4) 任务二 销售管理系统日常业务处理(14) 任务三 销售管理系统期末业务处理(4)
库存管理(8)	任务一 库存管理系统期初设置(2) 任务二 库存管理系统日常业务处理(4) 任务三 库存管理系统期末业务处理(2)

（续表）

教学模块(课时分配)	教学内容(课时分配)
核算管理(10)	任务一　核算管理系统期初设置(2) 任务二　核算管理系统日常业务处理(4) 任务三　核算管理系统期末业务处理(4)
报表管理(10)	任务一　认知报表管理系统(2) 任务二　利用报表模板生成会计报表(4) 任务三　自定义会计报表(4)

本书由王节云、杨涛担任主编，另有刘静、周典军、孙秀宝、綦淑杰、张钰、李恩辉、于涛、杨丽花、王蕾（企业财务主管）、李珏（企业会计）参与本书编写。本书在编写过程中参考了许多文献资料。许多教师对本书的编写提出了宝贵意见，并得到了领导的大力支持，在此一并表示感谢！

限于编者水平，书中错误和不足之处在所难免，敬请广大读者批评指正。

编　者

2017年10月

作者简介

王节云，女，1963年1月出生，1988年参加教育教学工作，本科学历，中学高级教师，高级金融服务师，平度市教学能手，平度市学科带头人，平度市优秀教师。

2002～2015年担任会计组教研组长，2009～2013年被聘为青岛市中等职业学校财会教研中心组成员。担任平度市财会人员的培训任务。《会计电算化存在的问题与对策》等五篇论文分别在《职业技术教育》《现代教育》刊物发表。2004年参加青岛市财会教师说课比赛获二等奖。2014年至今，担任平度市中等职业学校高考部会计专业《会计电算化》课程的教学及研发工作。

多年来辅导学生参加职业资格证考试及高考并取得好成绩。2004年、2005年、2006年辅导学生参加青岛市技能比赛，获团体二等奖，个人获优秀辅导教师。

目　录

Contents

模块一　会计电算化概述

一、模块简介

当今社会，随着科技的不断创新和改革，国际贸易的发展，全球化的市场正在形成。企业正面临国内外同行竞争的压力，这就要求企业不断提高管理水平，并能快速获取管理信息。作为企业管理职能部门的会计部门，为适用企业管理需要，必须提高工作效率和质量。为此，多数企业现在都使用了会计电算化。

本模块介绍了会计电算化基础知识，以及会计信息化软件的结构、数据联系和会计信息化软件的操作流程。

二、任务目标

（1）了解会计电算化基础知识、会计信息化软件的结构。

（2）掌握会计信息化软件的操作流程。

三、模块任务

任务一 认知会计电算化

(一)会计电算化的概念

会计电算化的概念有广义和狭义之分。狭义的会计电算化是指电子计算机信息技术在会计工作中的应用,它是一个利用计算机来替代人工记账、算账、报账,以及自动完成部分会计信息的分析、预测和决策的过程。广义的会计电算化是指实现与会计工作电算化有关的所有工作,包括软件开发与应用、人才培养、发展规划、制度建设、软件市场的培育与发展等。

(二)会计电算化的作用

(1) 能够提高会计信息质量,有利于提高会计核算和企业经营管理水平,促进财务会计管理由事后管理向事中控制、事先预测的转变。

(2) 能够保证会计信息的及时性,大大提高会计信息使用价值,是提高经济效益的重要手段和有效措施。

(3) 会计电算化提高了会计人员的劳动效率,减轻了劳动强度,为会计人员提高素质、加强会计工作管理创造了条件,也是促进会计基础工作规范化的重要手段和有效措施。

(4) 会计电算化的实现,推动了会计技术、方法、理论创新和会计观念的更新,促进了会计科学技术的发展。

(三)会计电算化管理体制

财政部管理全国的会计电算化工作,地方各级财政部门管理本地区的会计电算化工作,各单位在遵循国家统一的会计制度和财政部门会计电算化发展规划的前提下,结合本单位的具体情况,具体组织实施本单位的会计电算化工作。

财政部门管理会计电算化的基本任务是:制定会计电算化规划并组织实施;制定会计电算化法规制度,对会计电算化软件及生成的会计资料符合国家统一的会计制度的情况实施监督;促进各单位逐步实现会计电算化,提高会计工作水平;组织开展会计电算化人才培训。

任务二 认知会计信息化软件

(一)会计信息化

会计在其发展过程中,核心内容就是收集、处理和提供会计信息。在电子计算机和网络技术飞速发展的形势下,会计信息化已成为会计发展的大趋势。会计信息化是指利用计算机、网络通信等现代信息技术手段开展会计核算,以及利用上述技术手段将会计核算与其他经营管理活动有机结合的过程。

相对于会计电算化而言,会计信息化是一次质的飞跃。会计信息化利用现代信息技术手段能够实时便捷地获取、加工、传递、存储和应用会计信息,为企业经营管理、控制决策和经济运行提供充足、实时、全方位的信息。

会计电算化解决了利用信息技术进行会计核算和报告的问题,是会计信息化的初级阶段和基础工作;会计信息化在会计电算化的基础上,集成管理企业的资源和信息,是会计电算化发展到高级阶段的必然结果。

（二）会计电算化核算软件

1. 会计核算软件概念

会计信息化是通过会计信息化系统（会计核算软件）完成的（图 1-1）。会计信息化系统是一个对会计数据进行采集、存储、加工、传输并输出大量会计信息的系统。它通过输入原始凭证和记账凭证，运用本身具有的功能，对本单位的生产经营活动以及经营成果进行全面、连续和系统的记录，用账簿、报表和计划分析的形式输出并反馈给有关部门，为企业的经营活动和决策活动提供帮助，为投资人、债权人、政府部门等提供会计信息。

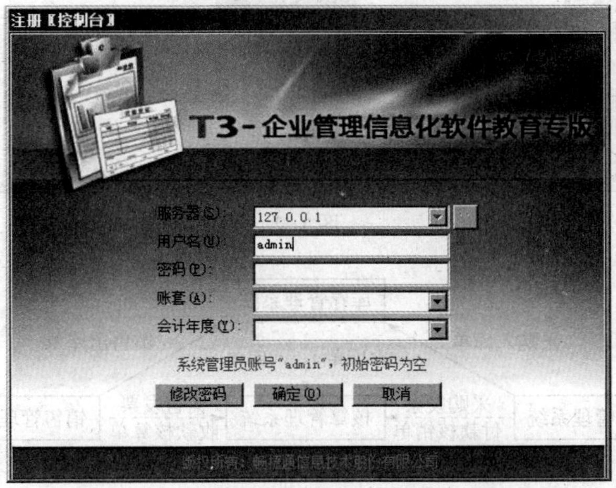

图 1-1

由此可见，会计核算软件是指专门用于会计核算、财务管理的计算机应用软件，是具有相对独立完成会计数据输入、处理和输出功能模块的软件，如账务处理（总账系统）、固定资产核算、工资核算软件等均可视为会计核算软件。

2. 会计核算软件的构成

会计核算软件是由功能模块组成的，这些主要的功能模块经常被称为子系统。主要的功能模块一般可以划分为账务处理模块（总账系统）、报表处理模块、工资核算模块、固定资产核算模块、购销存核算模块等（图 1-2）。

各功能模块之间的关系如图 1-3 所示。总账模块是会计核算软件的核心模块，能够单独完成会计从填制凭证、审核凭证、记账、结账全部工作过程；其他功能模块只能完成特定的任务后，生成记账凭证传递给总账系统，在总账系统中完成审核、记账等工作，最后通过财务报表和财务分析系统输出各种报表及分析数据。总账模块以记账凭证为接口与其他功能模块有机连接在一起，构成完整的会计核算软件系统。

会计核算软件系统的各个子系统之间关系密切，它们以业务单据、记账凭证、会计账簿和财务报表等数据相互联动，实现相关业务的高度集成和自动化处理，使财务与业务数据成为一体。任何一项经济业务的发生都能迅速、及时地反映为企业管理信息，极大地提高了管理的效率，为管理者使用会计信息提供了有效的服务。

图 1-2

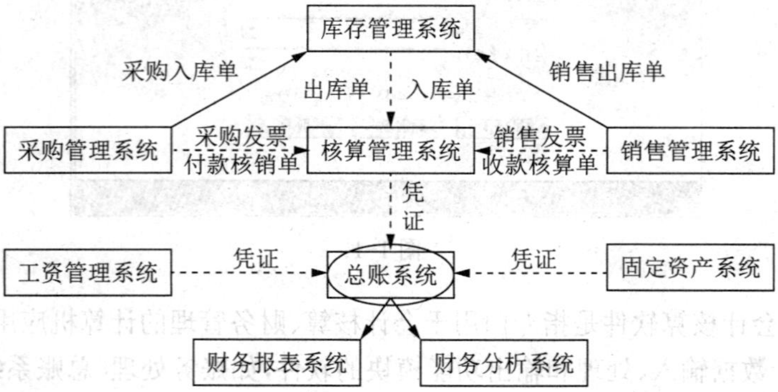

图 1-3

3. 会计核算软件的分类

按硬件结构划分，会计核算软件可分为单用户会计核算软件和多用户（网络）会计核算软件。

按适用范围划分，会计核算软件可分为专用会计核算软件和通用会计核算软件。

专用会计核算软件是指由使用单位根据自身会计核算与管理的需要自行开发或委托其他单位开发，专供本单位使用的会计核算软件；其特点是把使用单位的会计核算规则，如会计科目、报表格式、工资项目、固定资产项目等编入会计软件，非常适合本单位的会计核算，使用起来简便易行。但其缺点是，受使用范围和时间限制，系统只适用于个别单位。

通用会计核算软件是指由专业软件公司研制，公开在市场上销售，能适应不同行业、不同单位会计核算与管理基本需要的会计核算软件。为了体现“通用”的特点，通用会计核算软件一般都设置“初始设置”模块，用户在首次使用通用会计核算软件时，必须首先使用初始设置模块，对本单位的所有会计核算规则进行初始化设置，从而把通用会计核算软件转化为一个适合本单位核算情况的专用会计核算软件。

（三）会计核算软件的应用流程

会计核算软件的应用流程一般包括系统初始设置、日常业务处理、账表管理和期末处理环节。

1. 系统初始设置

初始设置也称初始化，是系统首次使用时，根据企业的实际情况进行建立账套、参数设置，并录入基础档案与初始数据的过程。

系统初始化是会计软件运行的基础，它是针对通用会计核算软件为了能满足特定企业的需要而进行的先前准备。通过初始化的设置，使通用会计核算软件转化为专用会计核算软件，使手工环境下的会计核算和数据处理工作得以在计算机环境下延续和正常运行。

系统初始化在系统初次运行时一次性完成，但部分设置可以在系统使用后进行修改。系统初始化将对系统的后续运行产生重要影响，因此系统初始化工作必须完整且尽量满足企业的需求。

系统初始设置的内容一般包括系统管理、基础信息设置、系统参数与核算规则设置、输入期初数据。前面两个内容属于所有功能模块的公用内容，不特定专属于某个模块，可以统一设置；后面两个内容属于每个功能模块运行过程中所需要的内容，需要分别在各功能模块中设置。

2. 日常业务处理

日常业务处理是指在每个会计期间内，企业日常运营过程中重复、频繁发生的业务处理过程。

初始化设置完成后，就可以开始日常业务处理了。日常业务处理主要是输入和处理各种业务单据，通过对原始业务的记录，完成填制或生成记账凭证，经过审核后，完成记账工作。

3. 账表管理

记账工作完成后，就形成了各种账表，通过输入一定的条件就可以查询各种账表。例如，总账、明细账、日记账等。

4. 期末处理

期末处理是指在每个会计期间的期末所需完成的特定业务。

每个会计期末，企业都需要完成一些特定的会计工作，主要包括各种费用的计提和分配、一些转账业务、对账、结账等工作。由于各会计期间的许多期末业务均具有较强的规律性，因此会计核算软件核心模块通过设置可以在每个会计期末固定生成转账业务，各系统期末也要完成对账、结账等工作。

5. 财务报表的编制

会计核算软件为用户设置了会计报表的编制功能，通过会计报表子系统，可以利用内置模板和自定义的方式生成财务报表。

（四）会计核算软件的安装

第一，检查计算机名字。

不要带有“-”等特殊符号，不要以中文和数字打头；最好纯英文。操作顺序：我的电脑—鼠标右键—属性—网络标识（计算机名）—更改（属性）。

第二，安装数据库。

T3 软件是基于数据库运行的。所以安装软件之前要先安装数据库。

双击光盘上的数据库文件夹 MSDE2000Re1A，再双击 setup. exe 文件，自动完成数据安装。

重启计算机，电脑右下角显示数据库启动图标（机箱图标显示绿色），或者从“开始”菜单，点击程序，点击启动，看是否显示“服务管理器”。

第三，安装软件。

双击光盘上的 T3- 企业管理信息化软件文件夹，双击 setup. exe 文件，进行软件安装。安装路径最好不要和操作系统安装在同一个路径下；安装类型选择“全部安装”。

第四，启动服务。

重启电脑后，进入操作系统，完成对用友通服务的启动过程。桌面上显示“系统管理”和“T3- 企业管理信息化软件教育专版”两个图标。

评价：

将实训记录和评分结果填入表 1-1 中。

表 1-1 学生学习情况评价表

任务名称： 座位号： 姓名：

项目	分值	自我记录	自我评价	小组评价	教师评价
什么是会计电算化	10				
会计信息化与会计电算化的不同	10				
什么是会计核算软件	20				
会计核算软件的构成	10				
会计核算软件的分类	20				
会计核算软件的应用流程	30				

模块二　系统管理

一、模块简介

会计核算软件的各个功能模块分别提供不同的服务，且各个模块之间相互联系、数据共享。为了使各功能模块能够共同“侍奉”一个会计主体，使他们紧密相连，因此会计核算软件为各个子系统提供了一个公共平台——系统管理，用于对整个系统的公共任务进行集中、统一的管理。

第一次使用会计核算软件必须首先注册进入系统管理进行一些基本设置，才能进行其他模块的操作。

系统管理基本功能包括：

（1）账套管理。账套是一组相关联的数据，每一个企业或核算部门的数据在系统内部都体现为一个账套。一个账套相当于我们日常生活中所说的一套账。在会计核算系统中，可以为多个企业或企业内部独立核算部门分别建立账套，且各账套之间相互独立，数据互不影响，使软件得到最大限度的利用。用友会计核算软件最多允许建立999个账套。账套管理包括账套的建立、修改、删除、引入和输出等内容。

（2）年度账管理。

（3）系统操作员及操作权限管理。为了保证系统及数据的安全与保密，系统管理模块提供了系统操作员及操作权限的集中管理功能。通过对系统操作员的角色定义和权限划分，一方面可以避免与业务无关的人员进入系统，另一方面可以对系统所包含的各个子系统的操作进行协调，以保证各负其责，系统运行正常。

（4）系统启用。系统启用是设定各个子系统开始使用的日期。只有启用后的子系统才能进行登录。

二、任务目标

（1）理解系统管理基础知识及基本功能。

（2）掌握系统管理的操作流程，熟练操作系统管理的各项内容。

三、模块操作流程

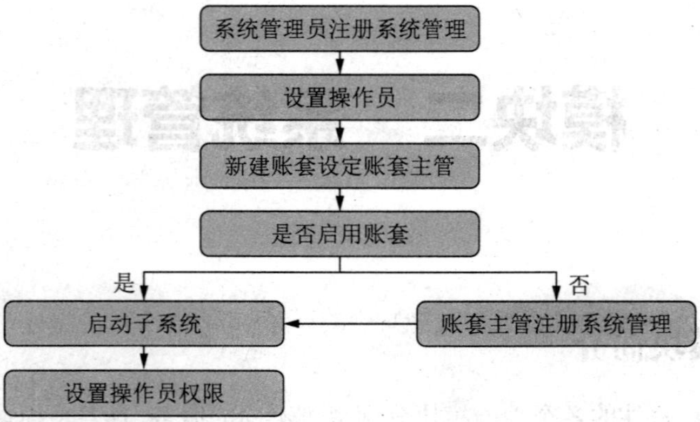

图 2-1

四、模块操作

任务一 认知系统管理操作人员

系统允许以系统管理员和账套主管两种身份注册进入系统管理。

（1）系统管理员(admin)。负责整个系统的总体控制和维护工作，可以管理该系统中所有账套。在系统管理中可以建立、引入、备份账套，设置操作员以及权限，监控系统运行过程，清除异常任务等。

（2）账套主管。一般由系统管理员指定，负责所管账套的维护工作，拥有该系统所有模块的操作权限，账套主管在系统管理中可以修改所辖账套相关信息、对企业年度账进行管理(包括账套的创建、清空、引入、输出，以及各子系统的年末结转)、为所辖账套的操作员分配权限等。

任务二 系统管理的基本操作

活动 2.1

活动内容

以系统管理员身份注册进入系统管理并进行增加操作员的操作。

活动案例 1

青岛流星服饰有限公司是当地一家经营多年服饰用品的厂家，今年想用用友 T3 会计核算系统进行账务处理。下面我们一起来学习如何对企业进行账务处理。首先，需要增加一部分操作员。

操作员：admin。

资料见下表。

编号	姓名	口令	部门
01	李敏	1	财务部
02	张海	2	财务部
03	王少平	3	财务部
04	孙翼	4	财务部

案例分析

第一次进入系统管理要以系统管理员身份注册进入，admin 是系统默认的系统管理员的账号，其初始密码为空。

操作员是指有权限登录系统，对系统进行操作的人员，又称为“用户”。每次注册登录系统，都要进行操作员身份的合法性检查。只有具有操作权限的操作员登录相应系统之后，才能进行相关操作。操作员管理主要完成操作员的增加、删除、修改等维护工作。

本案例属于增加操作员内容，可以通过“权限”模块里的“操作员”功能来完成。

案例操作

第一，以系统管理员身份注册进入系统管理。

步骤 1：执行“开始”→“程序”→“T3- 企业管理信息软件教育专版”→“T3”→“系统管理”命令，进入“畅捷通 T3- 企业管理信息化软件教育专版营改增版〖系统管理〗”窗口。或者直接双击桌面上的系统管理快捷图标

。

步骤 2：在“畅捷通 T3〖系统管理〗”窗口中，执行“系统”→“注册”命令，打开“注册〖控制台〗”对话框。

步骤 3：在“注册〖控制台〗”对话框中，输入 admin（密码空）。

步骤 4：单击【确定】按钮，即可进入系统管理，如图 2-2 所示。

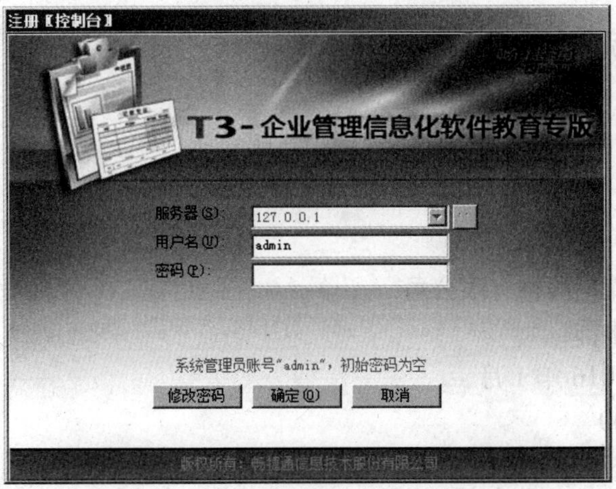

图 2-2

第二，增加操作员。

步骤 1：系统管理员登录系统管理，在系统管理界面执行“权限”→“操作员”命令，进入

“操作员管理”窗口，单击【增加】按钮，进入增加操作员对话。

步骤 2：在“增加操作员”窗口下录入操作员的编号、姓名、口令、所属部门等信息后再单击【增加】按钮，如图 2-3 所示。按此方法，完成其他增加操作员的操作。

图 2-3

注意事项

(1) 系统管理员的初始密码为空，在实际工作中可以设置密码，但在练习过程中，一定不要给系统管理员输入密码，防止影响别人操作。

(2) 操作员的编号要唯一，不能重复。

(3) 在操作员管理窗口可以对操作员进行删除或修改，在修改窗口可以进行操作员的注销，被注销的操作员就不能登录本系统。

活动 2.2

活动内容

建立账套、启用系统。

活动案例 2

为青岛流星服饰有限公司建立账套并启用总账系统。

1. 账套信息

账套号：666

账套名称：青岛流星服饰有限公司

单位简称：流星服饰

账套启用时间：2016 年 1 月

邮政编码：266000

联系电话：0532-7654321

税号：3702156789012

本币名称：人民币

企业类型：工业企业

行业性质：2007 年新会计准则

账套主管：李敏

按行业性质预置科目

基础信息：存货、供应商不分类，客户分类，无外币核算

业务流程：采购流程、销售流程均为标准流程

2. 科目编码方案

科目编码：4-2-2-2-2

客户编码：1-2

单价小数位：5

数量小数位：2

系统启用：总账

时间：2016 年 1 月 1 日

操作员：admin

案例分析

在使用会计信息系统之前，首先需要在系统里建立企业的基本信息，然后在此基础上启用各个子系统，进行相应的业务处理，这个过程称为创建账套。创建账套的主要内容如下。

（1）单位信息。即用于记录本单位的基本情况，主要包括单位名称、地址、法人代表、邮政编码、固定电话、传真电话、电子邮件、企业性质、纳税人登记号，以及增值税纳税人性质及其适用税率等信息。

（2）系统启用日期，即账套被启用的时间，规定启用日期就是为了便于确定应用系统的起点，确保证、账、表数据的连续性。这些日期应在第一次初始设置时设定。

（3）会计数据，即用于记录本单位的基本核算信息，包括的项目有记账本位币、企业类型、行业性质、会计科目等。

（4）编码方案，即编码的级次方案。编码级次和各级编码长度的设置，将决定使用单位如何对经济业务数据进行分级核算、统计和管理。它通常采用群码方案，这是一种分段组合编码，每一段有固定的位数。例如，会计科目的编码方案假设确定为 4-2-2-2，则可以理解为该单位的会计科目共有 4 级，第一位数的“4”为第 1 级次，其级长为 4 位，即第一级次的科目编码要从 0001 开始排序一直到 9999 结束；第二位数的“2”为第 2 级次，其级长为 2 位，即第二级次的科目编码要从 01 开始排序一直到 99 结束。

（5）数据精度，即数据的小数位。

本案例属于建立企业核算账套内容，可以通过“账套”模块里的“建立”功能来完成。

案例操作

第一，建立账套的操作。

步骤 1：以系统管理员（admin）的身份登录系统管理，单击“账套”→“建立”，在“账套信息”录入界面，录入账套号“666”，账套名称“青岛流星服饰有限公司”，启用日期“2016 年 1 月 1 日”，账套路径按默认，单击【下一步】按钮，进入“单位信息”录入界面，如图 2-4、图 2-5 所示。

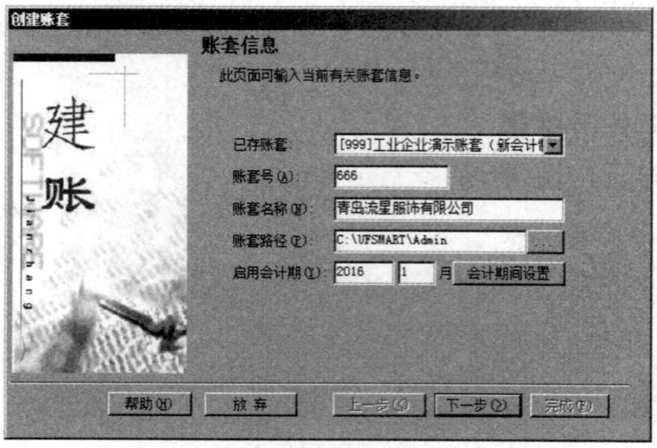

图 2-4

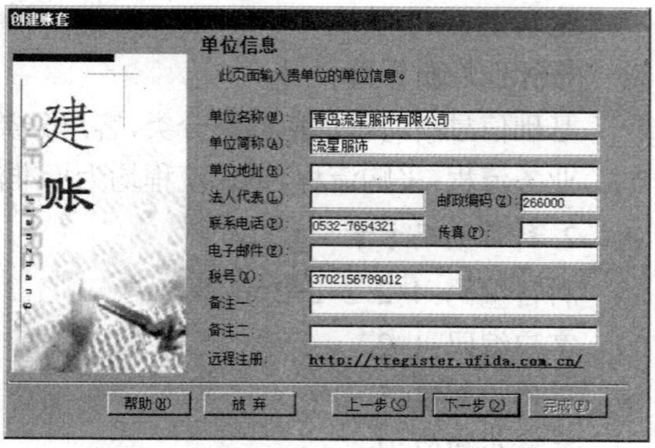

图 2-5

步骤 2：在“单位信息”录入界面，录入单位相关信息后单击【下一步】按钮，进入“核算类型”界面。

步骤 3：在“核算类型”界面，选择企业类型“工业”、行业性质“2007 年新会计准则”、账套主管“01 李敏”、在“按行业性质预置科目”前打上☑后单击【下一步】按钮进入“基础信息”录入界面，如图 2-6、图 2-7 所示。

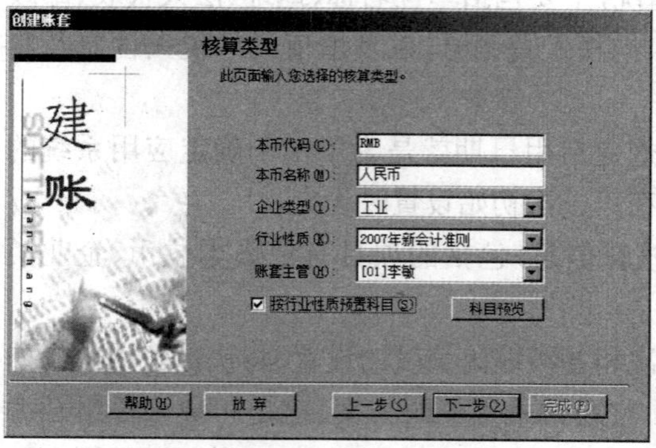

图 2-6

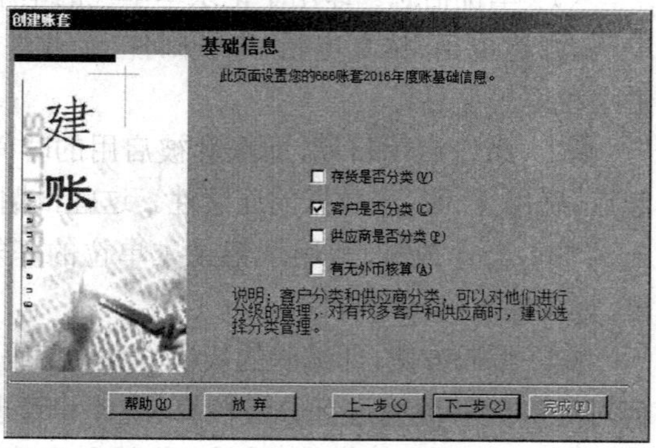

图 2-7

步骤 4：在“基础信息”录入界面，在“客户是否分类”前打上☑，单击【下一步】按钮进入“业务流程”界面，选择业务流程后单击【完成】按钮，如图 2-8 所示。

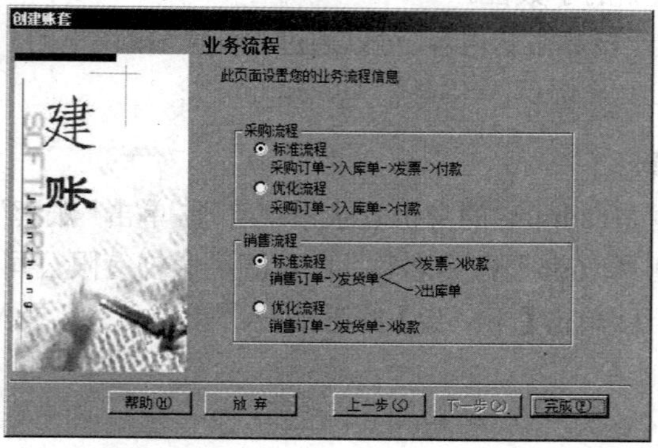

图 2-8

步骤 5：系统显示“可以创建账套了么”的提示框，在提示框选择【是】按钮，建立账套，进入“分类编码方案”界面，如图 2-9 所示。

步骤 6：按要求设置分类编码方案后单击【确认】按钮，进入“数据精度定义”界面，确定数据精度定义后单击【确认】按钮，如图 2-10 所示。

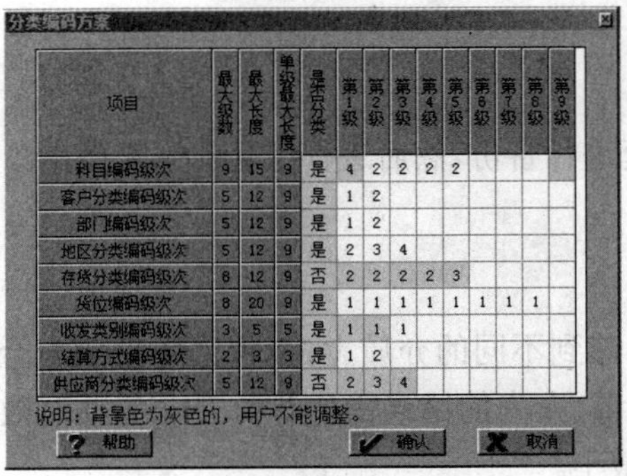

图 2-9

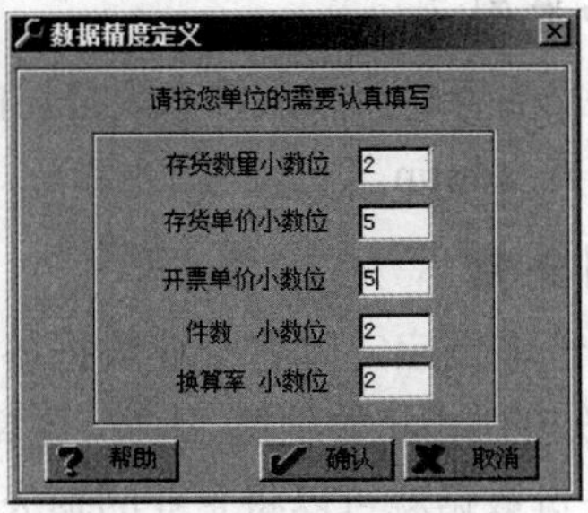

图 2-10

第二，启用系统的操作。

步骤 1：账套建立成功后在“是否立即启用账套”对话框中单击【是】按钮，如图 2-11 所示。

步骤 2：在系统启用界面，选择启用模块总账，确定启用日期“2016. 01”后单击【确定】按钮，如图 2-12 所示。

图 2-11

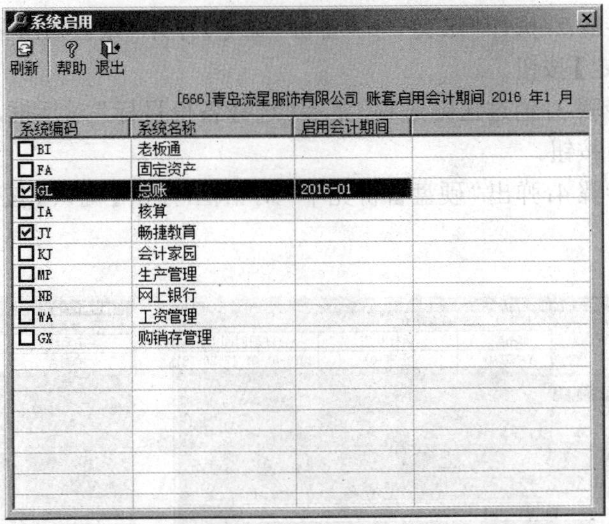

图 2-12

注意事项

（1）如果在建立账套之后未直接进行系统启用的操作，则应以账套主管的身份登录系统管理，在“账套”→“启用”中进行系统启用的操作。

（2）账套启用时间和系统启用时间要分清，输入准确。系统的启用时间必须晚于或等于账套的启用时间，账套启用时间一旦录入，就不能修改。

活动 2.3

活动内容

备份账套、恢复账套。

活动案例 3

对建立的青岛流星服饰有限公司的账套进行备份、然后进行账套的恢复操作。

操作员：admin。

案例分析

系统管理员应定时将企业数据备份，存储到不同的介质上，以保证数据的安全。如果由于不可预知的原因（如地震、火灾、计算机病毒、人为的错误操作等），企业需要对数据进行恢复，此时备份数据就可以将企业的损失降到最小。

账套的恢复即引入账套是指把 U 盘、移动硬盘或光盘上的数据恢复到硬盘指定目录下，即利用现有数据恢复到最近状态。

本案例属于账套备份与恢复内容，可以通过“账套”模块里的“备份”“恢复”功能来完成。

案例操作

第一，备份账套。

步骤 1：以系统管理员身份注册进入系统管理。

步骤 2：执行“账套”→“备份”命令，打开“账套输出”对话框，选择需要备份的账套，单击【确定】按钮。

步骤 3：经过压缩进程，显示“选择备份目标”对话框，选择要备份的文件夹，然后点击【确认】按钮。

步骤 4：弹出“硬盘备份完毕”对话框，点击【确认】按钮，完成操作，如图 2-13、图 2-14 所示。

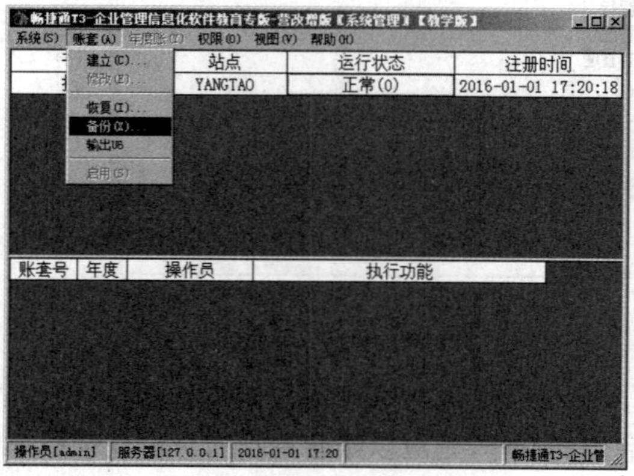

图 2-13

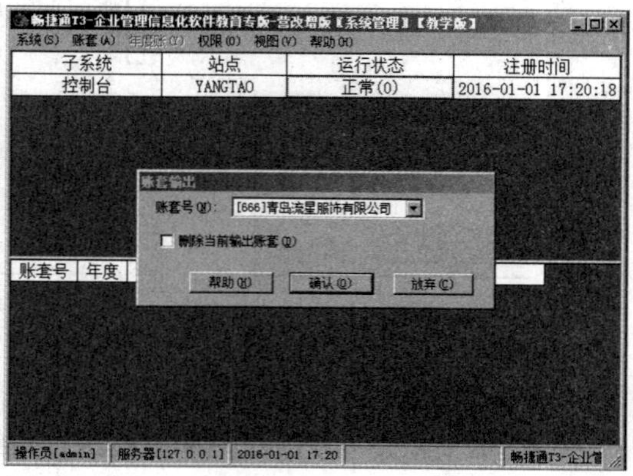

图 2-14

第二，恢复账套。

步骤 1：以系统管理员（admin）身份登录系统管理，在系统管理界面单击“账套”→“恢复”，进入“恢复账套数据”界面，如图 2-15 所示。

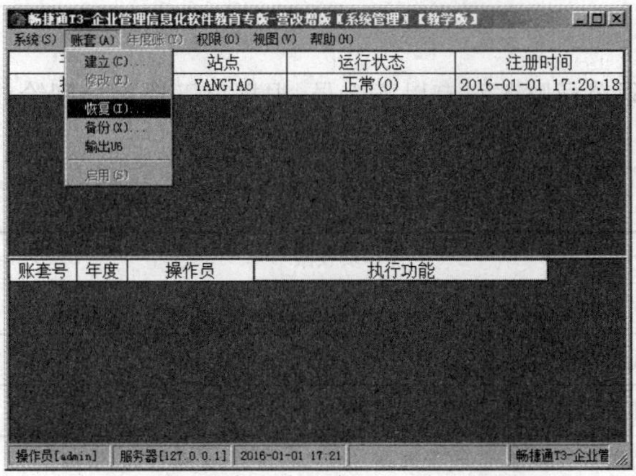

图 2-15

步骤 2：选择账套文件后单击【打开】按钮，根据操作指引操作后在“账套恢复成功！”提示框中单击【确定】按钮，如图 2-16 所示。

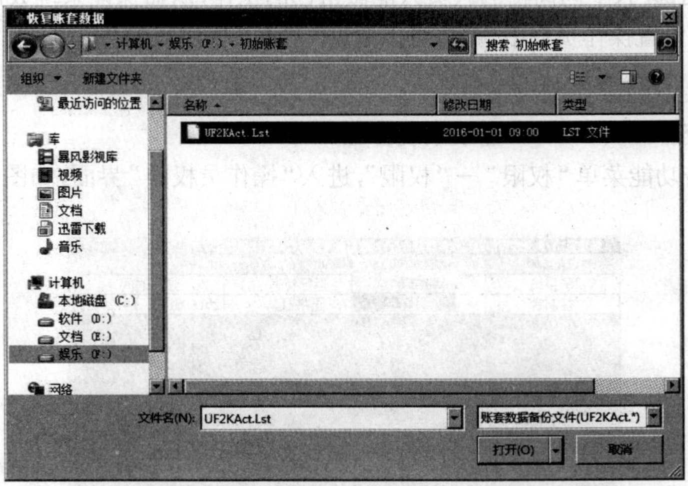

图 2-16

注意事项

（1）在备份账套时务必将目标文件夹打开；否则，将不能备份到目标文件夹。备份需要一段时间，确定后，要耐心等待，不要多次单击。

（2）账套恢复后将覆盖现在的数据，所以，一定要谨慎操作。

活动 2.4

活动内容

设置操作员权限。

活动案例 4

青岛流星服饰有限公司财务科有以下人员，根据以下资料分别给他们设置一定的操作权限。

操作员：admin。

操作员姓名	操作员权限	角色
李敏	账套主管	账套主管
张海	现金管理、出纳签字	出纳
王少平	往来、固定资产、工资管理、总账	财务会计
孙翼	公用目录设置、应收管理、应付管理、核算、采购管理、销售管理、库存管理	业务会计

案例分析

设置操作员权限又称为财务分工，是指对允许使用系统的操作员规定操作权限。通过权限控制，使得不同部门、不同岗位的人员只能做自己的工作，从而保证系统数据的安全性。

本案例属于设置操作员权限内容，可以通过“账套”模块里的“权限”功能来完成。

案例操作

步骤 1：系统管理员（admin）登录系统管理。

步骤 2：单击功能菜单“权限”→“权限”，进入“操作员权限”界面，如图 2-17 所示。

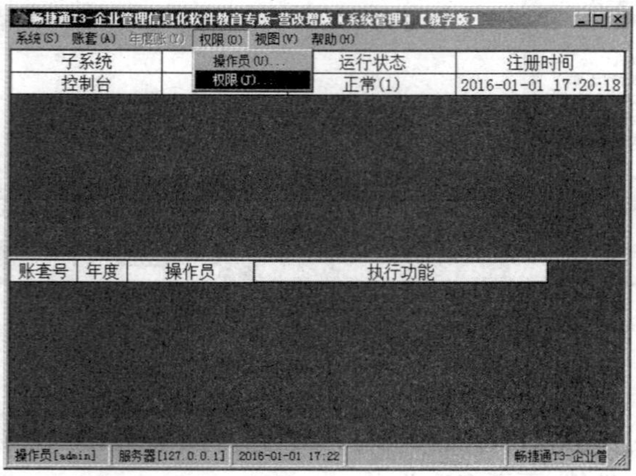

图 2-17

步骤 3：在“操作员权限”界面中选择授权账套“666”、年度“2016”和授权对象“李敏”，在“账套主管”前打上☑，然后选择授权对象“张海”，单击【增加】按钮，进入“增加权限”操作界面，如图 2-18 所示。

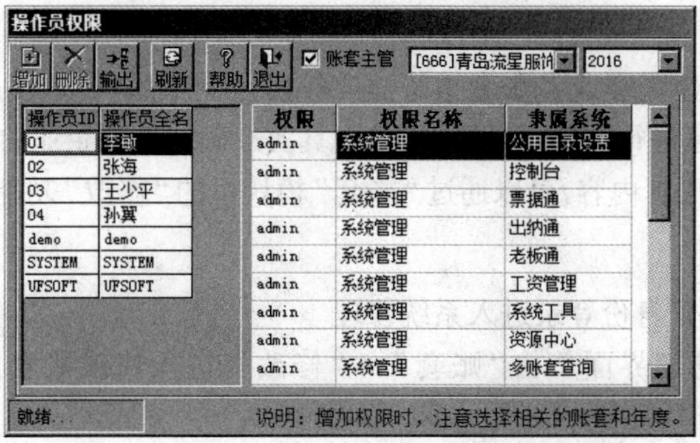

图 2-18

步骤 4：在“增加权限”界面中，在“产品分类选择”中，双击“现金管理”权限（若所选区域变为深蓝色，就是选中授权权限了），接着再单击左框中的“总账”，在右框“明细权限选择”中，双击“出纳签字”（颜色变为深蓝色即可）。按此办法继续完成其他操作员的权限的设置。如需要放弃某项权限，则双击已选择的权限，如图 2-19 所示。

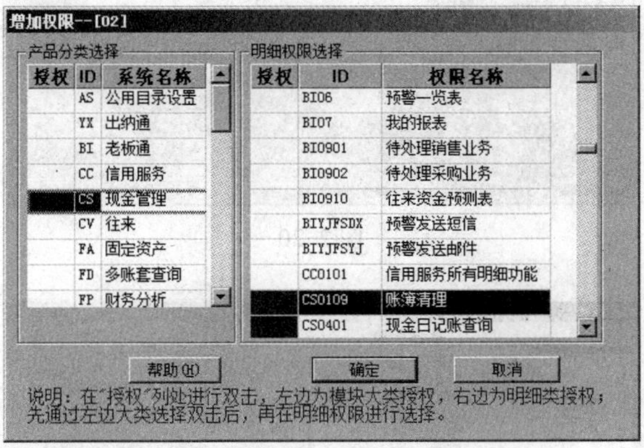

图 2-19

注意事项

系统管理员可以设置所有操作员的权限包括账套主管，但账套主管只可以设置本账套操作员的权限。账套主管进入系统，系统默认其自动拥有全部权限，无须进行增加或删除权限的操作。

活动 2.5

活动内容

修改账套。

活动案例 5

将建立的流星服饰有限公司账套进行以下修改：在基础信息里勾选“外币核算”。

操作员：01 李敏。

案例分析

当系统管理员创建账套或者账套主管建立年度账完毕后，在未使用相关信息的基础上，账套主管可对某些信息进行调整，以便使信息更真实准确地反映企业的相关内容。

本案例属于修改账套内容，可以通过“账套”模块里的“修改”功能来完成。

案例操作

步骤1：以账套主管身份登录进入系统管理

步骤2：在系统管理界面单击“账套”→“修改”，进入修改账套的界面，如图2-20、图2-21所示。

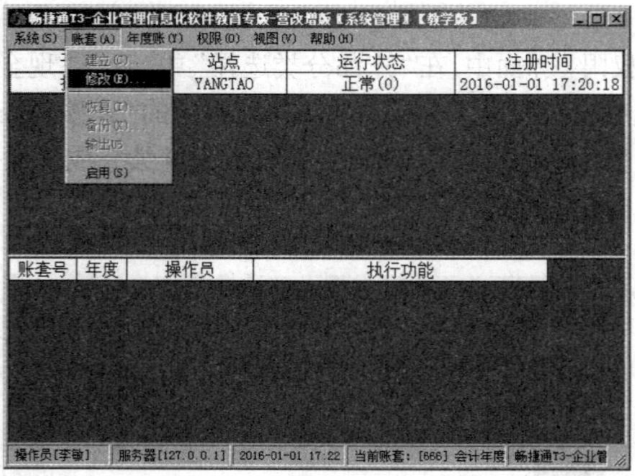

图 2-20

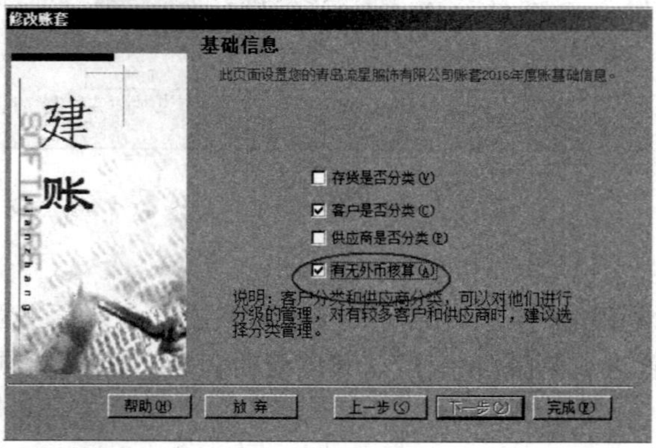

图 2-21

步骤3：系统自动列出注册进入时所选账套的账套信息、单位信息、核算信息、基础设置信息。在基础信息界面中勾选外币核算。

步骤4：单击【完成】按钮，表示确认修改内容；如放弃修改，则单击【放弃】按钮。

注意事项

只有账套主管可以修改其具有权限的年度账套中的信息，系统管理员无权修改。

模块任务小结

本任务主要由系统管理员来操作，通过具体的实际案例对本任务中涉及的内容进行了实训操作，对系统管理的基本功能都进行了练习巩固，并为企业建立起一个完整的初始账套，设置了操作员和各自的操作权限。操作员就可以根据自己的操作权限来进一步操作会计信息化软件中的各个功能模块。

模块备份

把本任务操作内容全部备份到“系统管理备份”文件夹中，以备练习使用。

评价

将实训记录和评分结果填入表 2-1 中。

表 2-1 学生学习情况评价表

任务名称： 座位号： 姓名：

项目	分值	自我记录	自我评价	小组评价	教师评价
账套备份的作用，设置是否正确	15				
增加操作员由谁来操作，操作是否正确	20				
账套在什么时间启用，设置是否正确	30				
系统启用有什么作用，设置是否正确	10				
操作员权限设置起到什么作用，设置是否正确	20				
账套恢复的作用，设置是否正确	5				

模块三　基础设置

一、模块简介

操作员利用会计核算软件处理企业日常业务时需要用到大量的基础信息，如部门、职员、会计科目、结算方式、客户、供应商等，这些信息很多是会计核算软件各个功能模块所公用的。由于很多企业选择会计核算软件时一般选择商品化的通用核算软件，因此，会计核算软件专门设置了“基础设置”功能，为各功能模块的正常使用做好准备。操作员应根据企业的实际情况，结合会计核算软件设置的要求，正确而合理地设置基础信息。

基础设置的主要功能就是对会计主体进行大量的基础档案设置。基础档案是系统运行和业务发生的基础资料，会随时被日常业务引用，是初始化最重要的内容之一。基础设置的主要内容包括机构设置、往来单位、存货、财务、收付结算、购销存设置等。

二、任务目标

（1）理解基础设置的基础知识及基本功能。

（2）掌握基础设置的操作流程，熟练操作基础设置的各项内容。

三、模块操作流程

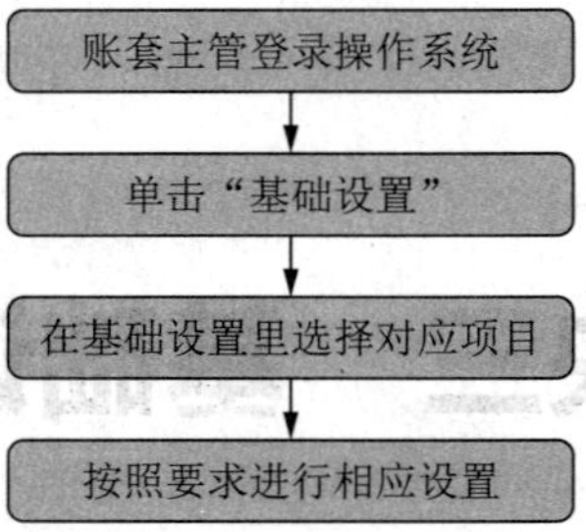

图 3-1

四、模块操作

任务一 完成机构设置、往来单位、财务等财务方面的基础设置

活动 3.1

活动内容

机构设置。

活动案例 6

青岛流星服饰有限公司职能部门和人员见下表，根据表格建立部门档案及职员档案。

操作员：01 李敏。

（1）部门档案。

部门编码	部门名称	部门属性	负责人
1	行政部	管理	王陆
2	财务部	管理	李敏
3	生产部	开发、生产	孙海涛
4	市场部	营销	刘洁

（2）职员档案。

职员编号	姓名	所属部门	职员属性
101	王陆	行政部	总经理
102	孙建国	行政部	行政管理
203	李敏	财务部	财务主管
204	张海	财务部	出纳
205	王少平	财务部	财务会计
206	孙翼	财务部	业务会计
307	孙海涛	生产部	部门经理

（续表）

职员编号	姓名	所属部门	职员属性
308	周亚欣	生产部	研发
309	钱明宇	生产部	生产
410	刘浩	市场部	部门经理
411	李斯	市场部	采购
412	孔浩	市场部	销售

案例分析

为保证企业资源的有效利用与业务活动的开展，企业应设立相应的职能机构和人员，以保证企业能将相关职能加以整合，实现企业目标。

本案例属于机构设置内容，可以通过“基础设置”模块里的“机构设置”功能来完成。

案例操作

首先恢复“系统管理备份”操作内容。

第一，建立部门档案。

步骤 1：以账套主管身份登录 T3 系统。

步骤 2：执行“基础设置”→“机构设置”→“部门档案”命令，进入“部门档案”对话框，如图 3-2 所示。

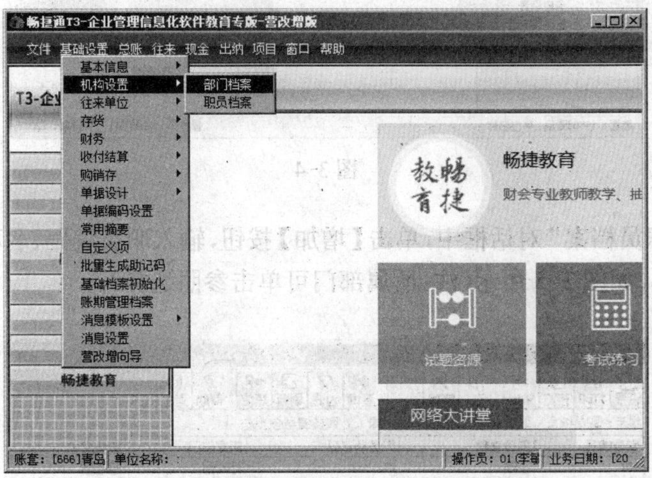

图 3-2

步骤 3：单击【增加】按钮，输入第一个部门的编码“1”、名称“行政部”、部门属性“管理”，然后单击【保存】按钮。如此，继续输入其他三个部门的档案信息，如图 3-3 所示。

第二，建立职员档案。

步骤 1：执行“基础设置”→“机构设置”→“职员档案”命令进入“职员档案”对话框，如图 3-4 所示。

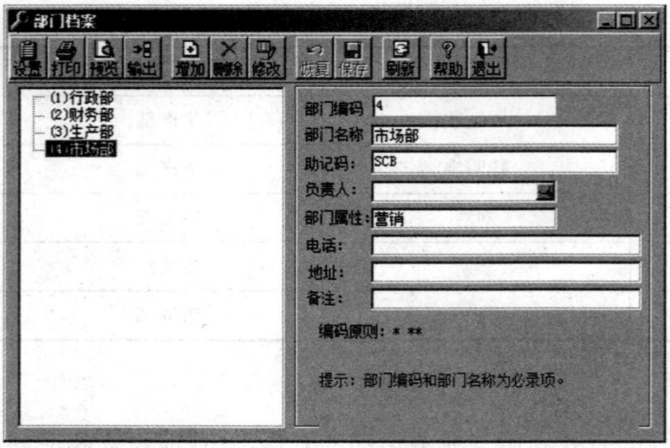

图 3-3

图 3-4

步骤 2：在“职员档案”对话框中，单击【增加】按钮，输入职员编码、名称、所属部门、职员属性等信息后回车，如图 3-5 所示(注：所属部门可单击参照选择)。

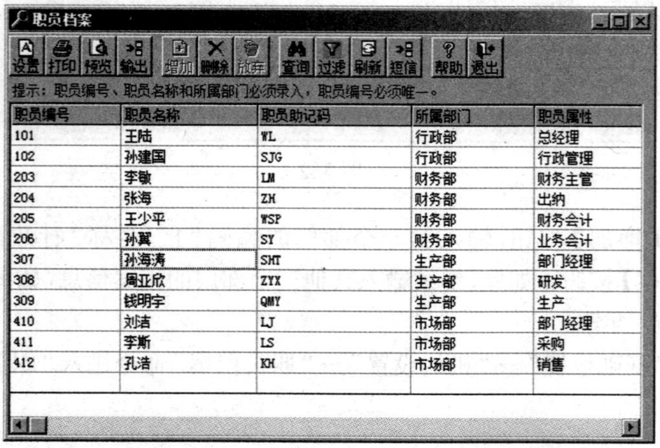

职员编号	职员名称	职员助记码	所属部门	职员属性
101	王陆	WL	行政部	总经理
102	孙建国	SJG	行政部	行政管理
203	李敏	LM	财务部	财务主管
204	张海	ZH	财务部	出纳
205	王少平	WSP	财务部	财务会计
206	孙翼	SY	财务部	业务会计
307	孙海涛	SHT	生产部	部门经理
308	周亚欣	ZYX	生产部	研发
309	钱明宇	QMY	生产部	生产
410	刘洁	LJ	市场部	部门经理
411	李斯	LS	市场部	采购
412	孔浩	KH	市场部	销售

图 3-5

第三，添加部门负责人。

步骤1：执行“基础设置”→“机构设置”→“部门档案”命令，进入“部门档案”对话框。

步骤2：选择“行政部”，单击【修改】按钮，然后选择负责人“王陆”，单击【保存】按钮。继续完成其他三个部门负责人的选择后退出。

注意事项

（1）进入部门档案窗口后，先点击【增加】按钮，录入完毕，每一个必点保存。由于在进行部门档案设置时，还没有设置职员档案，因此，此时不能设置部门的负责人。待设置完职员档案后，再回来设置负责人。

（2）职员档案中所录入的职员信息主要是与财务部门发生业务往来的职员信息，可以随时增加。已被使用的职员不允许删除。

活动3.2

活动内容

往来单位设置。

活动案例7

青岛流星服饰有限公司客户分类见下列表格，根据表格建立客户分类及客户档案和供应商档案。

操作员：01 李敏。

（1）客户分类。

分类编码	分类名称
1	省内客户
2	省外客户

（2）客户档案。

编码	客户名称	简称	所属分类码	行业	银行账号	税号	开户行
01	山东仁海商贸有限公司	仁海	1	商业	58419-8	3701765321596	中行
02	青岛美盛网络商贸有限公司	美盛	1	商业	36529-3	3702745633258	中行
03	天津饰乐佳实业有限公司	饰乐佳	2	商业	84210-6	8456254754854	中行

（3）供应商档案。

编码	供应商名称	简称	行业	银行账号	税号	开户行
01	青岛恒顺纺织有限公司	恒顺	商业	37158-6	3702470931458	中行
02	山东金达利工贸有限公司	金达利	商业	36954-1	3701234567890	中行

案例分析

往来单位包括客户和供应商。如果企业往来客户较多并且跨区域，应对客户进行分类设置及管理，企业可以根据实际需要进行客户分类，同时要建立客户档案。为了便于企业对供应商进行管理，也往往需要事先对供应商进行分类，同时要建立供应商档案。

本案例属于往来单位设置内容，可以通过“基础设置”模块里的“往来单位”功能来完成。

案例操作

第一，建立客户分类。

步骤 1：执行“基础设置”→“往来单位”→“客户分类”命令，进入“客户分类”对话框，如图 3-6 所示。

图 3-6

步骤 2：在“客户分类”对话框，单击【增加】按钮，输入类别编码、类别名称等信息，单击【保存】按钮或直接回车，如图 3-7 所示。

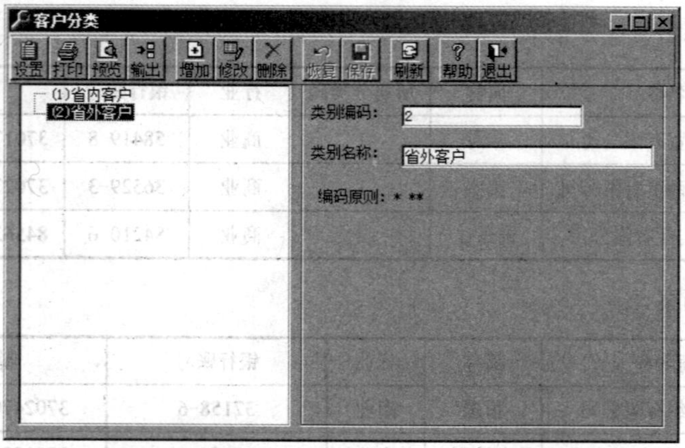

图 3-7

第二，建立客户档案。

步骤 1：执行“基础设置”→“往来单位”→“客户档案”命令，进入“客户档案”对话框，如图 3-8 所示。

图 3-8

步骤 2：在“客户档案”对话框中单击【增加】按钮，进入“客户档案卡片”，根据档案资料选择“基本”“联系”“信用”“其他”等选项卡，选择或录入相关信息后单击【保存】按钮，如图 3-9 所示。

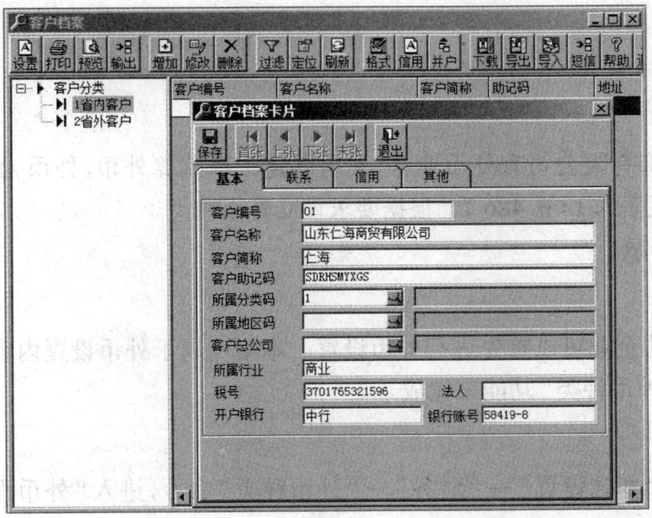

图 3-9

第三，建立供应商档案。

步骤 1：执行“基础设置”→“往来单位”→“供应商档案”命令，进入“供应商档案”对话框，如图 3-10 所示。

步骤 2：在“供应商档案”对话框中，单击【增加】按钮，进入“供应商档案卡片”，根据档案资料选择“基本”“联系”“信用”“其他”等选项卡，选择或录入相关信息后单击【保存】按钮，如图 3-11 所示。

注意事项

各种档案设置要填制完整，有利于后面操作的使用。若在建账时选择了“客户分类”，则需要先进行客户分类的操作，否则客户档案无法操作。

图 3-10

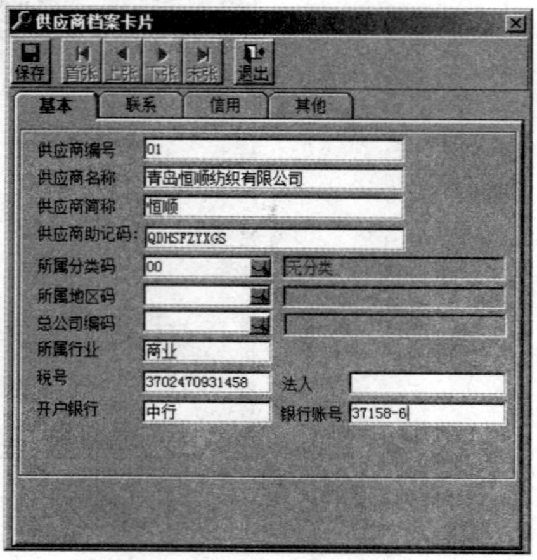

图 3-11

活动 3.3

活动内容

外币设置。

活动案例 8

青岛流星服饰有限公司有外币业务，采用固定汇率核算外币，外币为美元，美元币符为“$”；1 月份记账汇率为 1∶6. 486 7。根据要求设立外币种类。

操作员：01 李敏。

案例分析

有外币业务的企业可以首先进行外币设置。本案例属于外币设置内容，可以通过“基础设置”模块里的“外币种类”功能来完成。

案例操作

步骤 1：执行“基础设置”→“财务”→“外币种类”命令，进入“外币设置”对话框，如图 3-12 所示。

步骤 2：在“外币设置”对话框中，选择固定汇率，输入币符“$”、币名“美元”，其他项目采用默认值，然后单击【确认】按钮。

步骤 3：在“外币设置”对话框，选择 2016 年 1 月初的记账汇率栏，输入汇率 6. 486 7，按“Enter”键确认，如图 3-13 所示。

步骤 4：单击【退出】按钮，返回。

注意事项

在最后输入汇率后，一定要按一下回车键，然后再单击【退出】按钮。

图 3-12

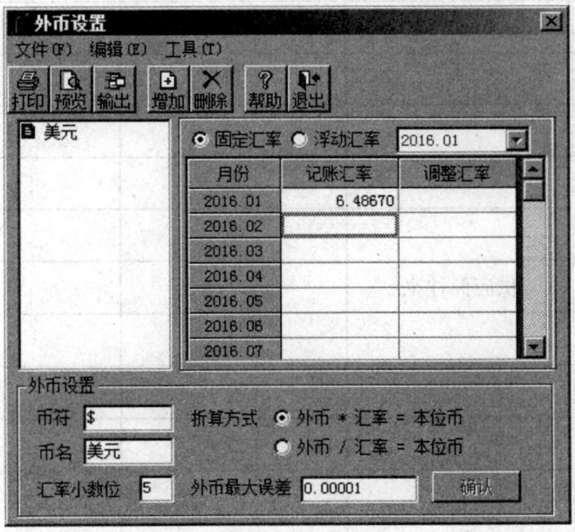

图 3-13

活动 3.4

活动内容

会计科目的设置。

活动案例 9

青岛流星服饰有限公司使用的会计科目见下表，根据要求设立。

（1）增加、修改会计科目。

科目名称	账类	方向	币别 / 计量单位	期初余额
库存现金（1001）	日记	借		3 810
银行存款（1002）	日记、银行	借		1 241 671. 78
人民币户（100201）	日记、银行	借		1 241 671. 78
美元户（100202）	日记、银行、外币	借	美元	

（续表）

科目名称	账类	方向	币别 / 计量单位	期初余额
应收票据(1121)		借		
应收账款(1122)	客户往来	借		491 400
预付账款(1123)	供应商往来	借		30 000
其他应收款(1221)	个人往来	借		3 000
在途物资(1402)		借		
原材料(1403)		借		239 100
库存商品(1405)		借		363 500
固定资产(1601)		借		1 429 700
累计折旧(1602)		贷		14 371. 78
固定资产清理(1606)		借		
无形资产(1701)		借		180 000
累计摊销(1702)		贷		12 000
短期借款(2001)		贷		200 000
应付票据(2201)		贷		
应付账款(2202)		贷		222 885
应付货款(220201)	供应商往来			202 410
暂估应付款(220202)				20 475
预收账款(2203)	客户往来	贷		30 000
应付职工薪酬(2211)		贷		
工资(221101)		贷		
工会经费(221102)		贷		
应交税费(2221)		贷		
应交增值税(222101)		贷		
进项税额(22210101)		贷		
销项税额(22210102)		贷		
应交所得税(222102)		贷		
应交个人所得税(222103)		贷		
未交增值税(222104)		贷		
应付利息(2231)		贷		
其他应付款(2241)		贷		
实收资本(4001)		贷		3 502 925
资本公积(4002)		贷		
盈余公积(4101)		贷		
本年利润(4103)		贷		

（续表）

科目名称	账类	方向	币别 / 计量单位	期初余额
利润分配(4104)		贷		
未分配利润(410401)		贷		
生产成本(5001)	项目核算	借		
直接人工(500101)	项目核算	借		
直接材料(500102)	项目核算	借		
制造费用(500103)	项目核算	借		
其他(500104)	项目核算	借		
生产成本转出(500199)	项目核算	借		
制造费用(5101)		借		
职工薪酬(510101)		借		
折旧费用(510102)		借		
其他费用(510103)		借		
主营业务收入(6001)		贷		
其他业务收入(6051)		贷		
营业外收入(6301)		贷		
主营业务成本(6401)		借		
其他业务成本(6402)		借		
营业税金及附加(6403)		借		
销售费用(6601)		借		
职工薪酬(660101)		借		
折旧费用(660102)		借		
办公费用(660103)		借		
其他费用(660104)		借		
管理费用(6602)	部门核算	借		
职工薪酬(660201)	部门核算	借		
折旧费用(660202)	部门核算	借		
办公费用(660203)	部门核算	借		
其他费用(660204)	部门核算	借		
财务费用(6603)		借		
营业外支出(6711)		借		
所得税费用(6801)		借		

（2）指定科目：现金总账科目—库存现金，银行存款总账科目—银行存款。

操作员：01 李敏。

案例分析

设置会计科目应由具有建账权限的操作员进行，其工作量是通用财务系统所有初始设置中工作量最大的也是最重要的设置。大部分通用会计核算软件中已预设了一级会计科目，用户只需进一步设置二级科目或明细科目。在设置会计科目时，输入的基本内容包括会计科目编码、科目名称、科目类型、账页格式、辅助账标记等项目。

本活动案例中，(1)属于增加二级科目和对部分一级科目进行辅助核算修改的内容，可以通过“基础设置”模块里的“会计科目”功能来完成。(2)属于指定出纳的专管科目，可以通过“编辑”模块里的“指定科目”功能来完成。

案例操作

第一，增加会计科目(以增加银行存款人民币户为例)。

步骤1：执行“基础设置”→“财务”→“会计科目”命令，进入“会计科目”对话框，如图3-14所示。

图 3-14

步骤2：在“会计科目”对话框中单击【增加】按钮，打开“会计科目__新增”对话框，依据案例资料录入科目编码、科目名称等会计科目信息，并选择相应辅助核算“日记账”“银行账”后单击【确定】按钮保存，如图3-15所示，以此增加其他二级科目后退出。

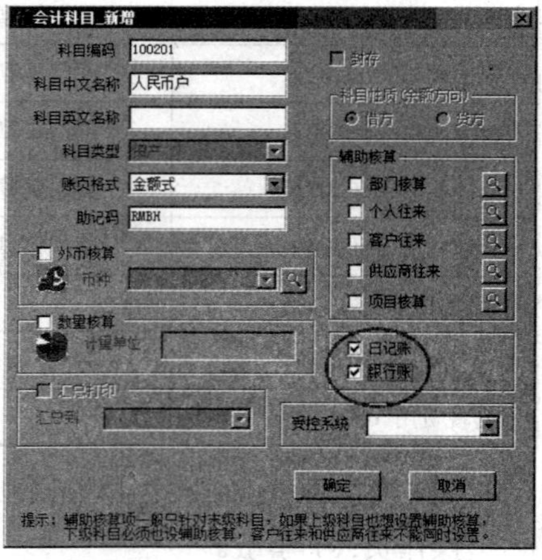

图 3-15

第二，修改会计科目(修改库存现金科目辅助核算为“日记账”)。

步骤1：在“会计科目”界面，双击“1001库存现金”科目或选择该科目后单击工具栏上的【修改】按钮，进入“会计科目__修改”对话框。

步骤2：在“会计科目__修改”对话框中，单击【修改】按钮进入修改状态，选中“日记账”复选框，然后单击【确定】按钮，如图 3-16 所示。

第三，指定会计科目。

步骤 1：在“会计科目”窗口中，单击“编辑”→“指定科目”，进入“指定科目”对话框，如图 3-17 所示。

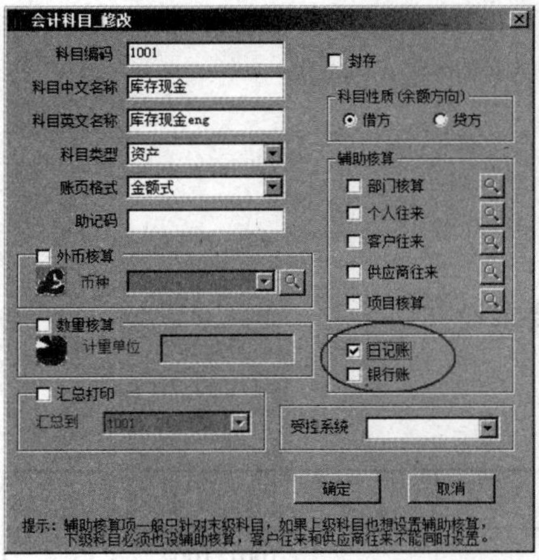

图 3-16

图 3-17

步骤 2：在“指定科目”窗口中，首先，选中【现金总账科目】单选按钮，从“待选科目”列表框中选择“1001 库存现金”科目，单击按钮，将库存现金科目添加到已选科目列表中，然后选中“银行总账科目”单选按钮，从“待选科目”列表框中选择“1002 银行存款”科目，单击按钮，将银行存款科目添加到已选科目列表中，最后单击【确认】按钮保存，如图 3-18 所示。

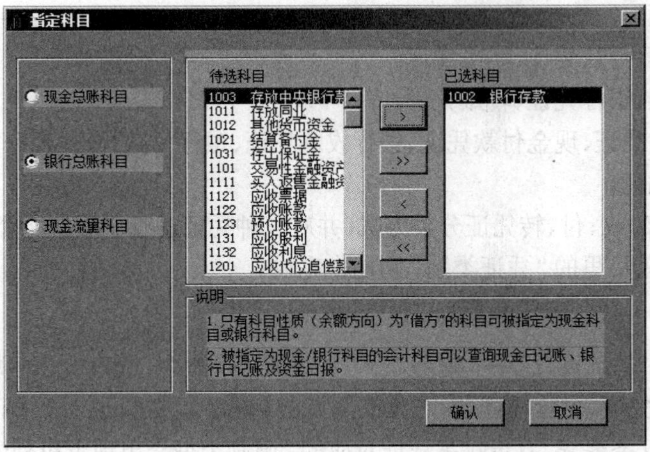

图 3-18

注意事项

（1）根据案例资料，确认哪些会计科目需要进行修改，哪些需要在系统给定的会计科目表中进行增加的操作。对于已经使用过的末级会计科目不能再修改科目编码。

（2）已有数据的科目不能修改其性质。

（3）指定会计科目是指定出纳的专管科目，一般是指现金科目和银行存款科目。只有指定科目后，才能执行“出纳签字”，从而实现现金、银行存款的保密性，才能查看现金、银行存款日记账。

（4）在会计科目界面，可以对不使用的会计科目进行删除，还可以通过“查找”功能查找到某一会计科目。

活动 3.5

活动内容

设置凭证类别。

活动案例 10

青岛流星服饰有限公司使用的会计凭证如下，根据要求设立。

操作员：01 李敏。

会计凭证分类方式：收款凭证、付款凭证、转账凭证。

类型名称	限制类型	限制科目
收款凭证	借方必有	1001，1002
付款凭证	贷方必有	1001，1002
转账凭证	凭证必无	1001，1002

案例分析

使用总账系统之前，应正确选择凭证类别的分类方式。凭证类别有以下几种常用分类方式：

（1）记账凭证。

（2）收款凭证、付款凭证、转账凭证。

（3）现金凭证、银行凭证、转账凭证。

（4）现金收款凭证、现金付款凭证、银行收款凭证、银行付款凭证、转账凭证。

（5）自定义凭证。

本案例选择(2)收、付、转凭证分类方式，并对三种凭证进行了限制类型和限制科目，可以通过“基础设置”模块里的“凭证类别”功能来完成。

案例操作

步骤 1：执行“基础设置”→“财务”→“凭证类别”命令，进入“凭证类别预置”窗口，选择分类方式“收款凭证、付款凭证、转账凭证”，点击【确定】按钮，进入“凭证类别”设置界面。

步骤 2：根据任务要求，双击收款凭证对应的“限制类型”，出现下拉列表框，选择“借方必有”，在“限制科目”中输入相应限制科目“1001，1002”。

步骤 3：同样，设置其他凭证限制类型与科目，如图 3-19 所示。

注意事项

在只设置“记账凭证”的情况下，不须设置限制科目。

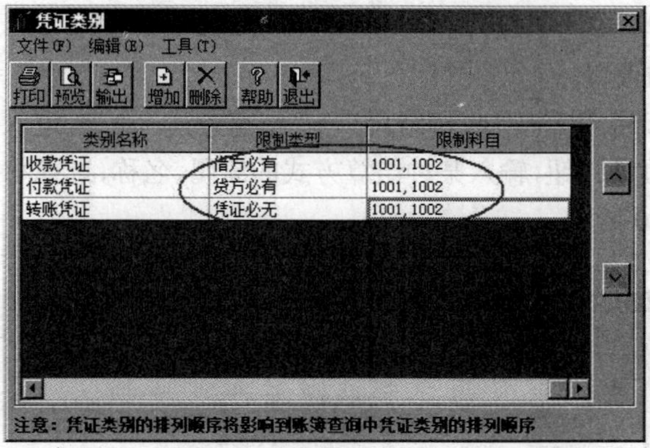

图 3-19

活动 3.6

活动内容

收付结算设置。

活动案例 11

青岛流星服饰有限公司使用的结算方式种类以及开户银行如下，根据要求设立。

(1) 结算方式。

结算方式编码	结算方式名称	票据管理方式
1	现金结算	否
2	支票	否
201	现金支票	是
202	转账支票	是
3	商业承兑汇票	否
4	银行承兑汇票	否
9	其他	否

(2) 开户银行。

编号	开户银行	银行账号	暂封标志
01	中行平度支行	955660532001	否

操作员：01 李敏。

案例分析

为便于管理和提高与银行的对账效率，系统提供了设置银行结算方式的功能，用来建立和管理企业在经营活动中所涉及的结算方式，如现金结算、支票结算等。

本活动案例中，(1)属于结算方式的内容，可以通过“基础设置”模块里的“结算方式”功能来完成，(2)属于开户银行设置的内容，可以通过“基础设置”模块里的“开户银行”功能来完成。

案例操作

第一，结算方式的设置。

步骤 1：执行“基础设置”→“收付结算”→“结算方式”命令，进入“结算方式”对话框。

步骤 2：单击【增加】按钮，输入某种结算方式的编码、名称，选择相应票据管理方式，单击【保存】按钮，如图 3-20 所示。

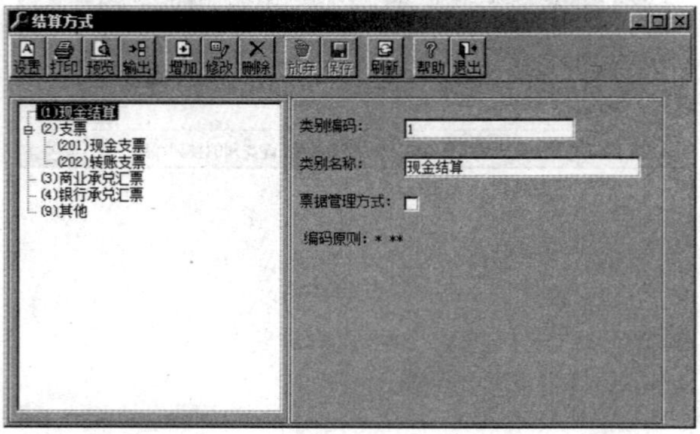

图 3-20

第二，开户行设置。

步骤 1：执行“基础设置”→“收付结算”→“开户银行”命令，进入“开户银行”对话框。

步骤 2：在“开户银行”对话框中输入编号、开户银行名称、账号，选择暂封标志，按回车键出现下一行，上一行内容则自动保存，如图 3-21 所示。

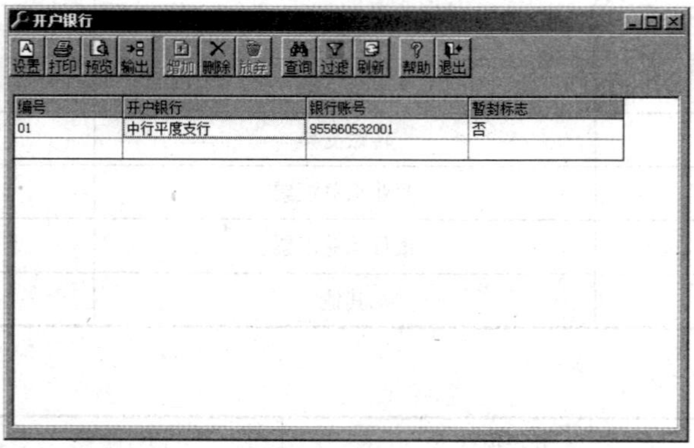

图 3-21

注意事项

票据管理方式是软件为辅助出纳对银行结算票据的管理而设置的功能，类似于手工系统中的支票登记簿管理方式。

活动 3.7

活动内容

项目目录的设置。

活动案例 12

青岛流星服饰有限公司设立了一个项目大类如下，根据要求设立项目档案。

项目目录 / 核算科目	项目大类:产品生产			
	1 家纺		2 服装	
	001 毛巾被	002 四件套	003 运动服	004 休闲服
5001 生产成本				
500101 直接人工				
500102 直接材料				
500103 制造费用				
500104 其他				
500199 生产成本转出				

操作员:01 李敏。

案例分析

在实际工作中，有许多项目（如在建工程、科研课题、新产品开发等）是作为项目管理进行核算的。为了满足企业的管理需要，可定义多类项目核算，将具有相同特性的一类项目定义成一个项目大类，一个项目大类可以核算多个项目。然后，再对这些项目进行分级管理。进行项目目录建立之前应将这些科目的账类设为“项目核算”即可。

本案例属于项目目录设置的内容，可以通过“基础设置”模块里的“项目目录”功能来完成。

案例操作

步骤 1:执行“基础设置”→“财务”→“项目目录”命令或直接在菜单栏选择“项目”→“设置”→“项目目录”，进入“项目档案”对话框，如图 3-22 所示。

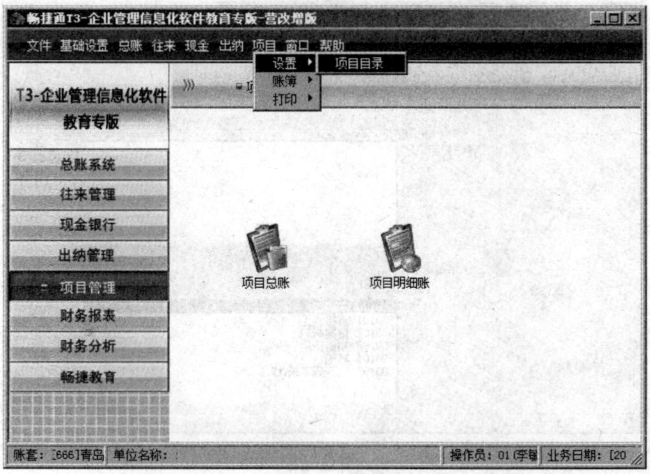

图 3-22

步骤 2:单击【增加】按钮，打开“项目大类定义__增加”对话框，如图 3-23 所示。

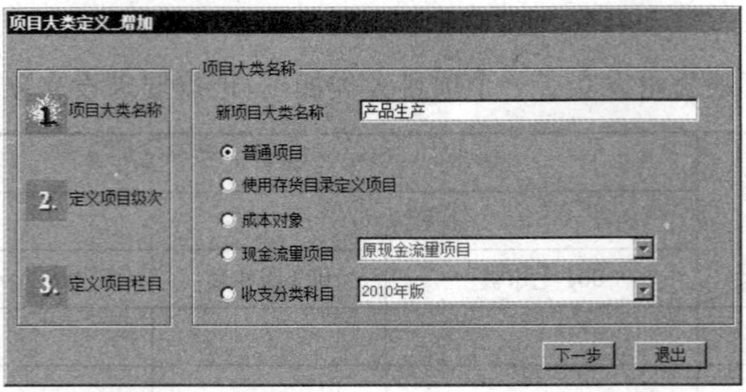

图 3-23

步骤 3：输入项目大类名称“产品生产”，选择项目大类的属性“普通项目”。单击【下一步】按钮，打开定义项目级次对话框，设定项目级次——一级 1 位。单击【下一步】按钮，打开定义项目栏目对话框，取系统默认设置，不做修改。单击【完成】按钮，返回“项目档案”对话框，如图 3-24、图 3-25 所示。

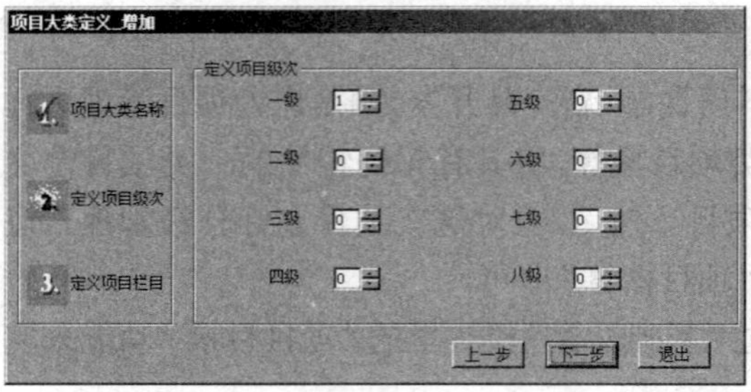

图 3-24

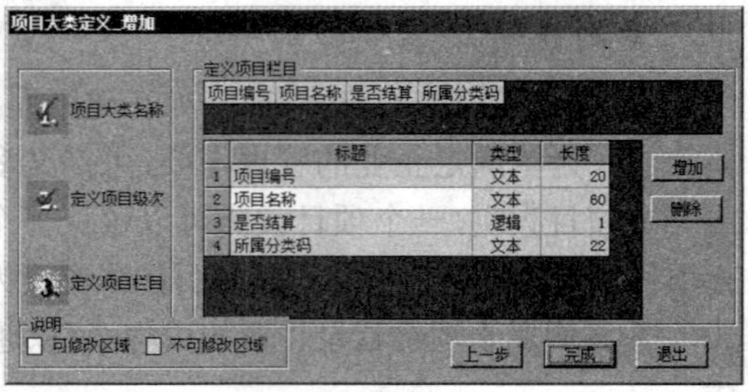

图 3-25

步骤 4：在“项目档案”对话框中，选中【核算科目】单选按钮，单击⏬按钮，将全部待选科目选择为按产品项目大类核算的科目，然后单击【确定】按钮保存，如图 3-26 所示。

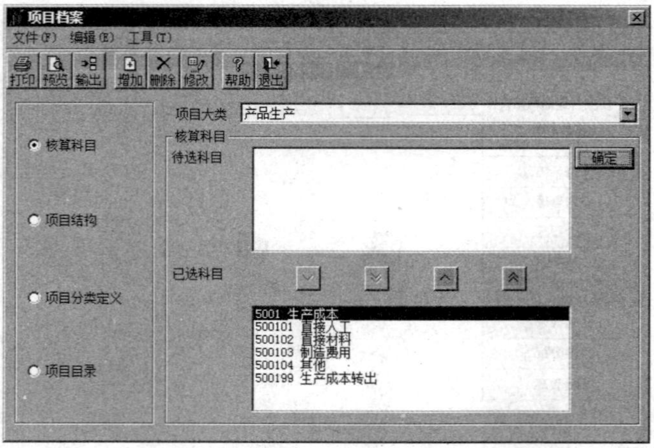

图 3-26

步骤 5：在“项目档案”对话框中，选中【项目分类定义】单选按钮，输入项目分类编码及名称，如输入分类编码“1”，则对应的分类名称为“家纺”，然后单击【确定】按钮，随后继续输入“2 服装”，如图 3-27 所示。

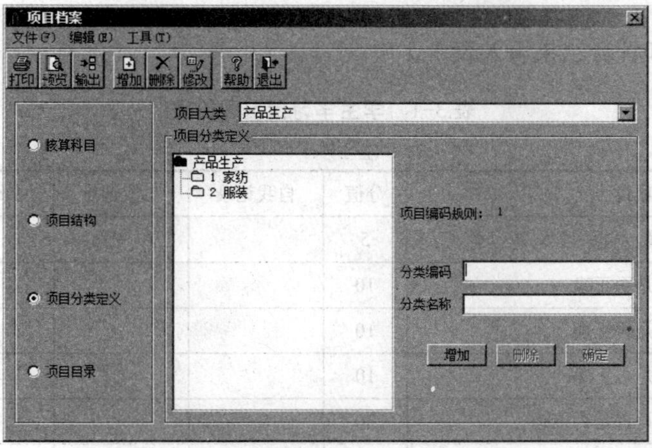

图 3-27

步骤 6：在“项目档案”对话框中，选中【项目目录】单选按钮，单击【维护】按钮，打开“项目目录维护”对话框，然后单击【增加】按钮，依次输入四个项目的信息，输入最后一个项目后，单击回车按钮保存，如图 3-28 所示。

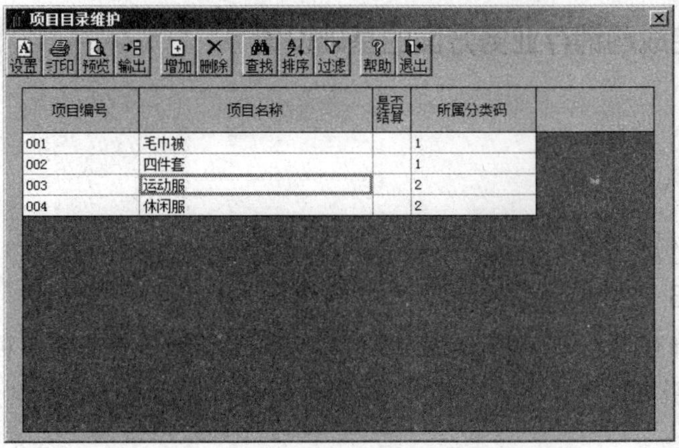

图 3-28

注意事项

（1）当不想输入某项内容而系统又提示必须输入时，可按“ESC”键取消输入。

（2）项目目录操作里的核算科目的账类要设置为“项目核算”。

模块任务一小结

本任务由账套主管来操作，通过具体的实际案例对本任务中涉及的内容进行了实训操作，对财务系统基础设置的基本功能都进行了练习巩固，并为企业建立的初始账套设置好了财务基础档案。操作员便可以进行财务系统模块（总账模块、工资模块、固定资产模块）的操作。

模块备份

把本任务操作内容备份到“财务系统基础设置”文件夹中，以备练习使用。

评价

将实训记录和评分结果填入表 3-1 中。

表 3-1 学生学习情况评价表

任务名称： 座位号： 姓名：

项目	分值	自我记录	自我评价	小组评价	教师评价
账套恢复设置是否正确	5				
机构设置的作用，设置是否正确	10				
往来单位的作用，设置是否正确	10				
外币设置的作用，设置是否正确	10				
会计科目设置的作用，设置是否正确	30				
设置凭证类别设置的作用，设置是否正确	10				
收付结算设置的作用，设置是否正确	10				
项目目录的作用，设置是否正确	10				
账套备份设置是否正确	5				

任务二 完成购销存业务方面的基础设置

活动 3.8

活动内容

仓库、存货的相关设置。

活动案例 13

青岛流星服饰有限公司有两个仓库，原材料库和成品库，仓库里有多种存货，具体资料见下列表格，根据表格进行设置。

（1）仓库档案。

编码	仓库名称	所属部门	负责人	计价方式	是否货位管理
001	原材料库	生产部	孙海涛	先进先出法	否
002	成品库	市场部	刘洁	先进先出法	否

（2）存货档案。

存货编码	存货名称	计量单位	存货属性	税率
001	针织布	米	外购、生产耗用	17
002	涤棉布	米	外购、生产耗用	17
003	珊瑚绒	片	外购、生产耗用	17

（续表）

存货编码	存货名称	计量单位	存货属性	税率
004	硬质棉	米	外购、生产耗用	17
005	毛巾被	条	销售、自制	17
006	四件套	套	销售、自制	17
007	运动服	套	销售、自制	17
008	休闲服	套	销售、自制	17
999	运输费	元	劳务费用	7

（3）采购类型。

采购类型编码	采购类型名称	入库类别
01	材料采购	采购入库
02	其他采购	采购入库

（4）销售类型。

销售类型编码	销售类型名称	处库类别
01	批发	销售出库
02	零售	销售出库

（5）费用项目。

编号	费用项目名称
01	运输费代垫

操作员：01 李敏。

案例分析

企业在生产经营活动中，都需要进行一些采购、生产加工、销售等业务活动，会计核算软件把企业的日常经营活动集成到购销存系统中，为了能完成购销存的日常业务，对购销存系统也需要进行基础设置。

购销存基础设置主要包括仓库档案、存货档案、存货分类、采购类型、销售类型等内容。

本案例属于购销存业务方面的基础设置的内容，可以通过“基础设置”模块里的“购销存”功能来完成。

案例操作

首先恢复“财务系统基础设置”操作内容。

第一，建立仓库档案。

步骤 1：在“畅捷通 T3- 企业管理信息化软件教育专版—营改增版”窗口中，单击“基础设置”→“购销存”→“仓库档案”，进入“仓库档案”对话框，如图 3-29 所示。

步骤 2：在“仓库档案”对话框中，单击【增加】按钮，打开“仓库档案卡片”对话框，输入仓库档案信息，单击【保存】按钮，如图 3-30 所示。

图 3-29

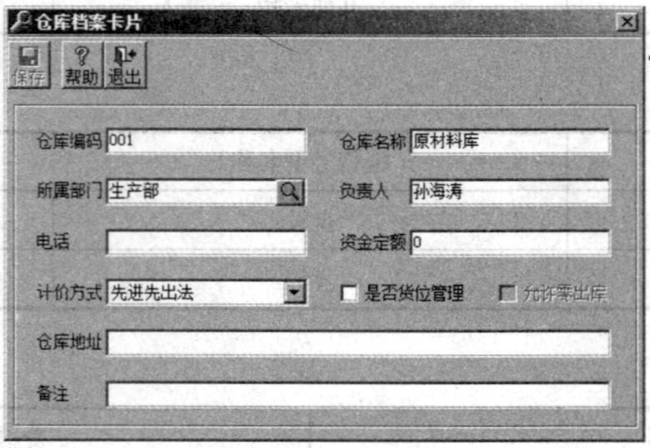

图 3-30

第二，存货档案设置。

步骤 1：在“畅捷通 T3- 企业管理信息化软件教育专版—营改增版”窗口中，执行“基础设置”→“存货”→“存货档案”命令，进入“存货档案”对话框，如图 3-31 所示。

图 3-31

步骤2:在“存货档案”对话框中,选中相应的末级分类项目,单击“增加”按钮,输入存货编号、名称和计量单位,选择存货属性后,单击【保存】按钮,如图3-32所示。

第三,设置采购类型。

步骤1:在“畅捷通T3-企业管理信息化软件教育专版—营改增版”窗口中,执行“基础设置”→“购销存”→“采购类型”命令,进入“采购类型”窗口,如图3-33所示。

步骤2:在“采购类型”窗口中,输入各项内容后,按“Enter”键,完成采购类型的输入,如图3-34所示。

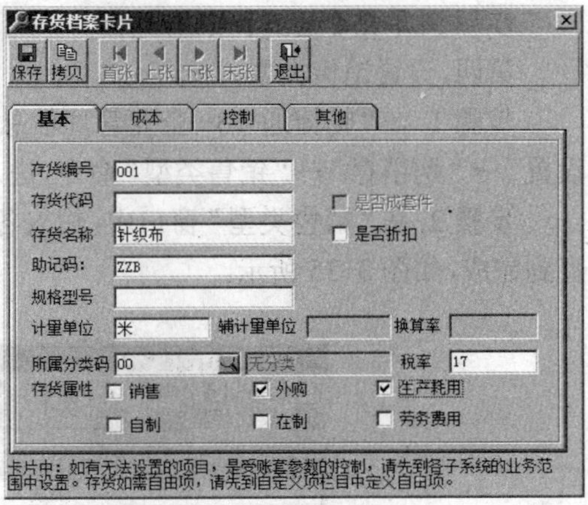

图3-32

图3-33

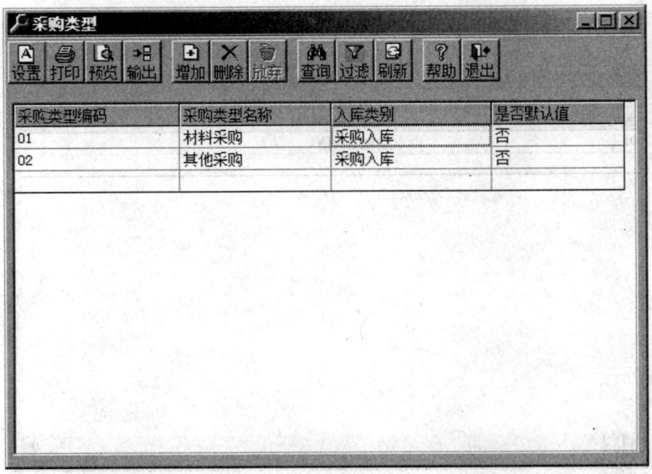

采购类型编码	采购类型名称	入库类别	是否默认值
01	材料采购	采购入库	否
02	其他采购	采购入库	否

图3-34

步骤 3：单击【退出】按钮，返回。

第四，设置销售类型。

步骤 1：在“畅捷通 T3- 企业管理信息化软件教育专版—营改增版”窗口中，执行“基础设置”→“购销存”→“销售类型”命令，进入“销售类型”窗口。

步骤 2：在“销售类型”窗口中，输入各项内容后，按“Enter”键，继续输入其他销售类型直到完成，如图 3-35 所示。

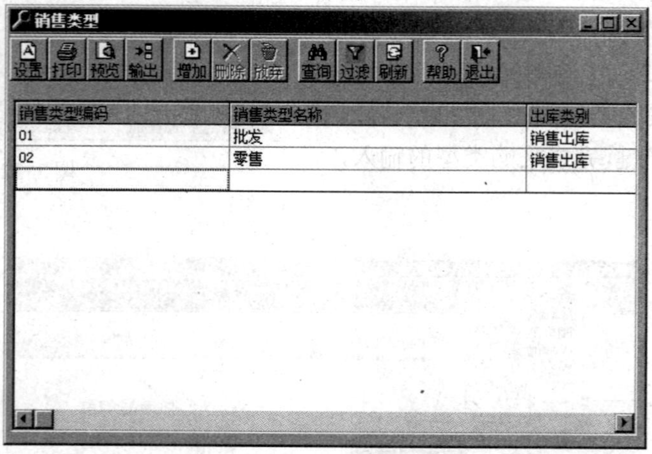

图 3-35

步骤 3：单击【退出】按钮，返回。

第五，设置费用项目。

步骤 1：在“畅捷通 T3- 企业管理信息化软件教育专版—营改增版”窗口中，执行“基础设置”→“购销存”→“费用项目”命令，进入“费用项目”窗口。

步骤 2：在“费用项目”窗口中，输入费用项目。

步骤 3：输入各项内容后，按“Enter”键，如图 3-36 所示。

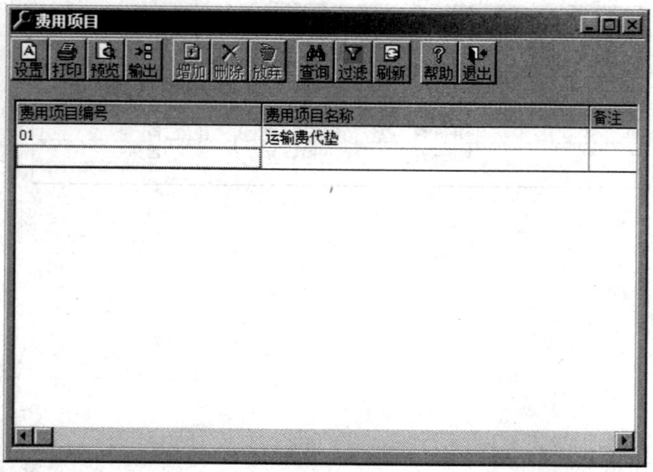

图 3-36

注意事项

存货属性要针对存货的实际情况认真勾兑，避免影响下面操作。

模块任务二小结

任务二由账套主管或具有操作权限的操作员来操作，通过具体的实际案例对本任务中涉及的内容进行了实训操作，业务系统基础设置的基本功能都进行了练习巩固，并为企业建立的初始账套设置好了业务基础档案。

模块备份

把本任务操作内容备份到“业务系统基础设置”文件夹中，以备练习使用。

评价

将实训记录和评分结果填入表 3-2 中。

表 3-2　学生学习情况评价表

任务名称：　　　　　　　　　座位号：　　　　　　　　　姓名：

项目	分值	自我记录	自我评价	小组评价	教师评价
账套恢复设置是否正确	5				
仓库档案的作用，设置是否正确	30				
存货档案的作用，设置是否正确	40				
设置采购类型的作用，设置是否正确	10				
设置销售类型的作用，设置是否正确	10				
账套备份设置是否正确	5				

模块四　总账系统

一、模块简介

总账系统是会计信息化软件的一个子系统，会计信息化软件为了管理的需要，把设置账户、复式记账、填制和审核凭证、登记账簿等统称为账务处理。完成账务处理工作的系统称为总账系统。总账系统在整个会计信息系统中，处于最基础和最核心的地位，与报表系统结合，能够完成整个会计核算工作的全部过程。同时，总账系统还能够接受其他进行专项核算任务的各子系统传递过来的记账凭证并进行进一步账务处理，实现同其他子系统的无缝联结。

总账系统最基本的功能包括初始设置、凭证处理、账簿管理和期末处理，还提供诸如支票控制、预算控制、出纳管理、部门收支分析等管理职能。

二、任务目标

（1）能熟练完成总账系统初始化。

（2）能熟练完成总账系统日常业务处理（填制凭证、出纳签字、审核凭证和记账）。

（3）能熟练完成总账系统期末业务处理（银行对账、自定义结转、对应结转、汇兑损益结转、销售成本结转、期间损益结转、期末对账和结账）。

三、模块操作流程

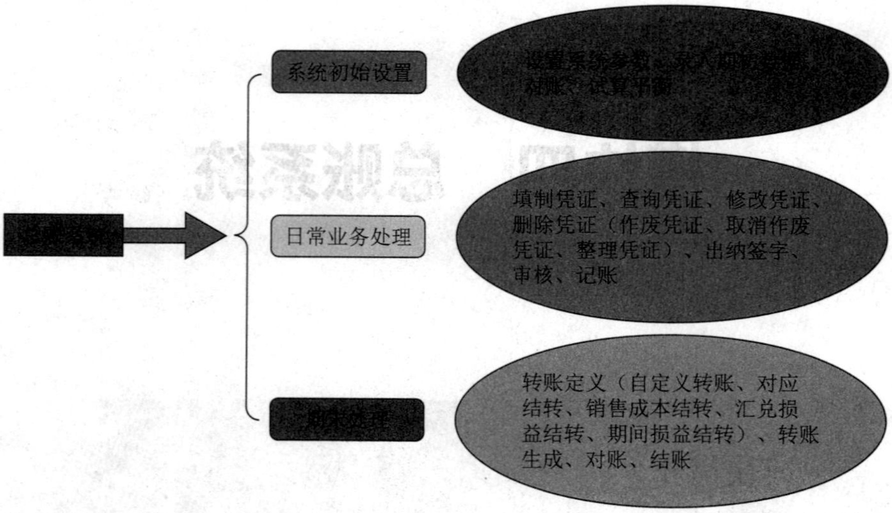

图 4-1

四、模块操作

任务一 总账系统期初设置

总账的期初设置首先包括系统控制参数设置，其次是录入总账和辅助账的期初余额，最后要进行对账和试算平衡等内容。

活动 4.1

活动内容

设置总账“选项”。

活动案例 14

青岛流星服饰有限公司总账控制参数要求如下，根据要求进行设置。

凭证：制单不序时控制、资金及往来赤字控制，允许修改、作废他人填制的凭证，可以使用其他系统受控科目，出纳凭证必须经由出纳签字，实行支票控制、预算控制。

账簿：明细账打印方式为按年排页。

其他：数量、单价小数位为 2 位，部门、个人、项目排序方式为按编码排序。

操作员：01 李敏。

案例分析

在首次启动总账系统时，需要确定反映总账系统核算要求的各种参数，以便适应本企业的具体核算要求。

总账系统内预设了一系列总账系统业务处理控制参数，企业可根据具体需要进行更改。总账系统可以实现凭证、账簿、会计日历和其他四个方面参数的调整。

本案例属于总账“选项”设置的内容，可以通过“总账”模块里的“选项”功能来完成。

案例操作

恢复“业务系统基础设置”操作内容。

步骤1：执行“总账”→“设置”→“选项”命令，进入总账选项参数设置界面。

步骤2：点开“选项”下“凭证”“账簿”“会计日历”和“其他”页签进行相关参数设置，如图4-2所示。

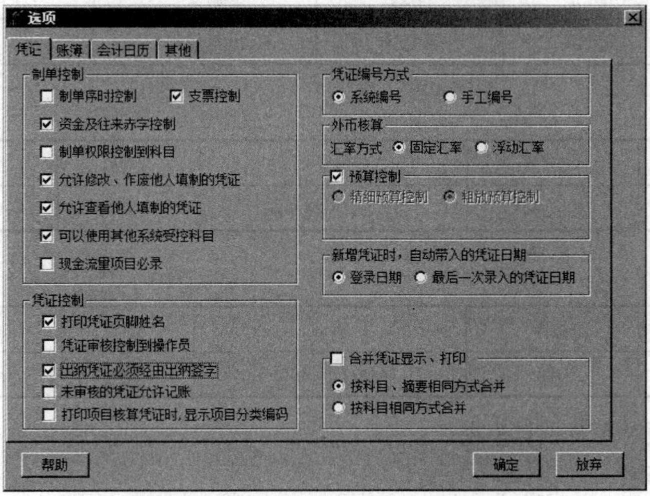

图4-2

步骤3：设置完成后，单击【确定】按钮。

注意事项

总账系统的业务参数将决定总账系统的输入控制、处理方式、数据流向、输出格式等，设定后一般不能随意更改。

活动 4.2

活动内容

录入期初余额并进行期初余额对账及试算平衡。

活动案例 15

青岛流星服饰有限公司各账户的期初余额情况如下，根据要求进行设置。

（1）输入总账期初余额（参照会计科目设置）。

（2）输入明细账期初余额。

① 应收账款。

单据类型	单据编号	单据日期	客户	科目	摘要	方向	金额	业务员
专用发票	9638	2015-11-13	仁海	1122	销售毛巾被3000条	借	210 600	孔浩
专用发票	7823	2015-12-5	饰乐佳	1122	销售运动服1000套	借	280 800	孔浩

② 应付账款。

单据类型	单据编号	单据日期	供应商	科目	摘要	方向	金额	业务员
专用发票	4935	2015-10-31	金达利	220201	购买硬质棉 6 000 米	贷	1 40 400	李斯
专用发票	5493	2015-11-25	恒顺	220201	购买针织布 10 000 米	贷	62 010	李斯

③ 其他应收款。

日期	部门	个人	摘要	方向	金额
2015-12-22	行政部	孙建国	出差借款	借	3 000

④ 预付账款。

日期	供应商	摘要	方向	金额	业务员
2015-12-25	金达利	预付购买材料款	借	30 000	李斯

⑤ 预收账款。

日期	客户	摘要	方向	金额	业务员
2015-11-20	仁海	预收仁海货款	贷	30 000	孔浩

（3）期初余额对账及试算平衡。

操作员：01 李敏。

案例分析

在应用总账系统前，需要将一些基础数据输入系统中。首先将各账户的年初余额或启用月份的月初余额，以及年初到该月的各月借贷方发生额或累计发生额计算清楚，然后输入总账系统中。

“期初余额”功能包括两个方面：一方面输入科目期初余额；另一方面核对期初余额，并进行试算平衡。

（1）没有设置辅助核算—总账期初余额录入，直接录入期初余额。

（2）没有设置辅助核算—明细科目余额录入—自动汇总。

（3）有辅助核算科目期初余额录入。对于设置为辅助核算的科目，系统会自动地为其开设辅助账页。在输入期初余额时，这类科目总账的期初余额是由辅助账的期初明细汇总而来的，也就是说不能直接输入总账期初数。

本案例属于总账和明细账期初余额录入的内容，可以通过“总账”模块里的“期初余额”功能来完成。

案例操作

第一，期初余额录入。

步骤 1：执行“总账”→“设置”→“期初余额”命令，进入期初余额录入界面

步骤 2：白色单元格区域——单击科目对应的“期初余额”栏，直接录入期初数据，如“库存现金”科目，在其对应的余额栏录入“3 810.00”。

步骤 3：黄色单元格表示是有下级科目，只需输入下级科目余额即可，如“银行存款”，在

人民币户行录入“1 241 671. 78”，如图 4-3 所示。

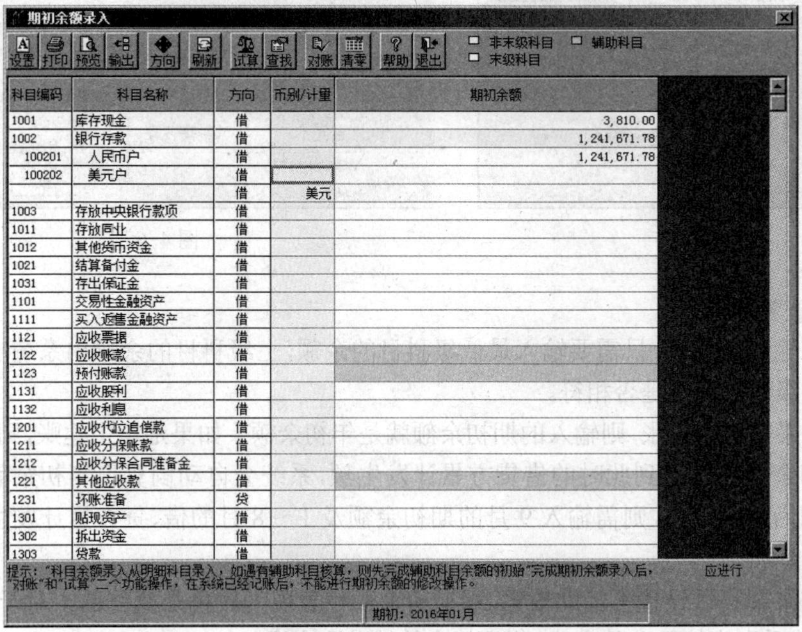

图 4-3

步骤 4：蓝色单元格表示该科目有辅助核算，需要双击该单元格进入辅助账期初余额录入界面，如“应收账款”，录完后单击【退出】按钮，如图 4-4 所示。

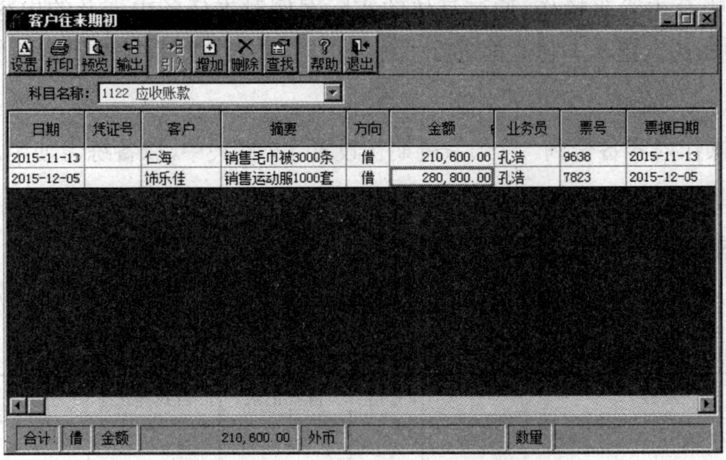

图 4-4

第二，期初余额对账及试算平衡。

步骤 1：执行“总账”→“设置”→“期初余额”→“对账”→“开始”命令，如图 4-5 所示。

步骤 2：在“期初余额”界面单击【试算】按钮，系统显示期初试算平衡表，单击【确认】按钮，如图 4-6 所示。

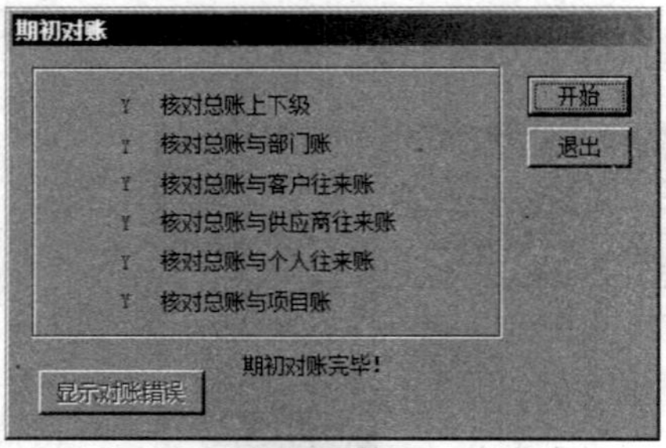

图 4-5

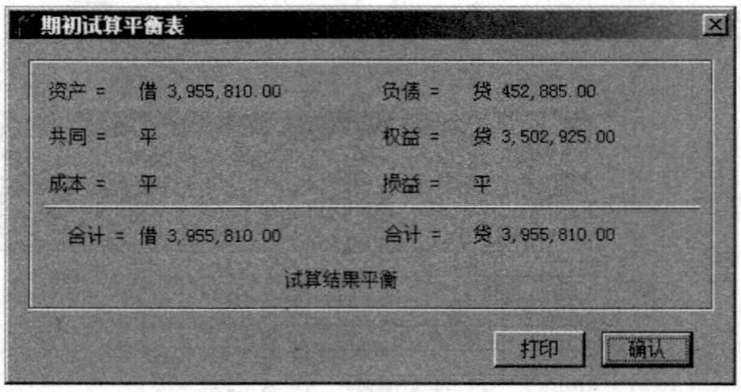

图 4-6

注意事项

（1）在输入余额时，只需要输入最低级科目的余额，上级科目的余额由系统自动计算，以便检查上下级科目余额是否相符。

（2）如果是年初建账，则输入的期初余额就是年初余额。如果是年中建账，则应输入建账月份的期初余额和年初到此时的借贷方累计发生额，系统会自动倒算出年初余额。例如，假设建账日期为 9 月 1 日，则需输入 9 月的期初余额及 1～8 月的借、贷方累计发生额，系统自动计算年初余额。

（3）如果某科目设置了辅助核算，则期初余额栏表现为底色是蓝色的。对于辅助核算期初余额，不能采取直接录入的方式，要到相应的辅助账中进行。

（4）如果试算不平衡，系统会出现“试算结果不平衡”的红字警告信息，这时就要检查期初余额数字录入错误的地方进行修改，修改结束后再进行试算平衡，一直到试算结果平衡。

模块任务一小结

本任务由账套主管来操作，通过具体的实际案例对本任务中涉及的内容进行了实训操作，总账系统的期初设置基本功能都进行了练习巩固，并为总账系统的日常使用做好了准备。

模块备份

把本任务操作内容备份到“总账系统期初设置”文件夹中，以备练习使用。

评价

将实训记录和评分结果填入表 4-1 中。

表 4-1 学生学习情况评价表

任务名称： 座位号： 姓名：

项目	分值	自我记录	自我评价	小组评价	教师评价
账套恢复设置是否正确	5				
总账选项设置的作用，设置是否正确	20				
总账期初余额录入的意义，录入是否正确	50				
总账期初余额试算平衡的作用，试算平衡是否平衡	30				
账套备份设置是否正确	5				

任务二 总账系统日常业务处理

总账系统日常业务的主要任务就是利用建立的基础档案，输入和处理各种记账凭证，并对记账凭证进行审核、出纳签字、记账等工作，查询各种总账、明细账、日记账和辅助账等。

总账系统日常业务流程，如图 4-7 所示。

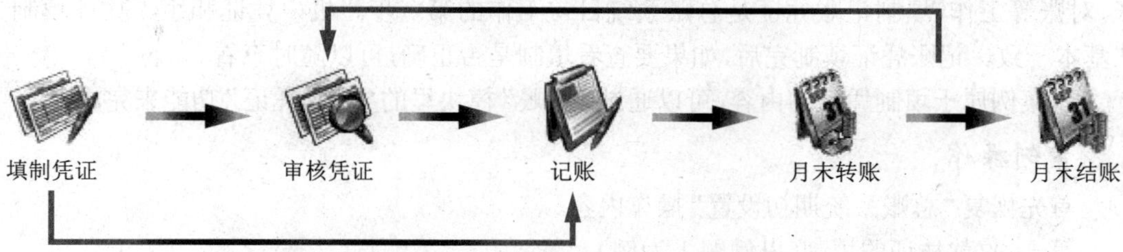

图 4-7

活动 4.3

活动内容

填制并查询凭证。

活动案例 16

青岛流星服饰有限公司 1 月份发生了以下业务，制单会计王少平将发生的业务填制记账凭证。凭证填制完保存后，由会计王少平查询 1 月 8 日的现金付款凭证。

（1）1 月 2 日，行政部孙建国购买办公用品归来，报销 2 574 元，交回现金 426 元（附单据 2 张）。

借：管理费用—办公费　　2 574

库存现金　　426

贷：其他应收款　　3 000

（2）1 月 3 日，出纳张海提取现金 1 000 元（现金支票号 2345，附单据 1 张）。

借：库存现金　　1 000

贷：银行存款—人民币户　　1 000

（3）1 月 5 日，从银行借得短期借款 500 000 元（附单据 1 张）。

借：银行存款—人民币户　　500 000

贷：短期借款　　500 000

（4）1 月 6 日，市场部刘洁报销广告费用 5 000 元（转账支票号 1112，附单据 2 张）。

借：销售费用—其他费用　　5 000

贷：银行存款—人民币户　　5 000

（5）1 月 7 日，生产部孙海涛支付水电费 2 356 元（转账支票号 1113，附单据 2 张）。

借：制造费用—其他费用　　2 356

贷：银行存款—人民币户　　2 356

（6）1 月 8 日，出纳张海将当日现金 2 000 元存入银行存款（附单据 1 张）。

借：银行存款—人民币户　　　　　2 000

贷：库存现金　　　　　　　　　　　2 000

操作员：03 王少平。

案例分析

总账系统最基本的日常业务就是输入和处理各种记账凭证，并对记账凭证进行审核、记账、对账等工作，填制记账凭证是总账系统日常工作的第一步。机内凭证和手工凭证填制方法基本一致。记账凭证填制完后，如果要查看填制是否正确，可以随时查看。

本案例属于填制凭证的内容，可以通过“总账”模块里的“填制凭证”功能来完成。

案例操作

首先恢复“总账系统期初设置”操作内容。

第一，收款凭证的填制（以例题 1 为例）。

步骤 1：执行“总账”→“凭证”→“填制凭证”命令或直接单击“填制凭证”，显示凭证填制界面，如图 4-8 所示。

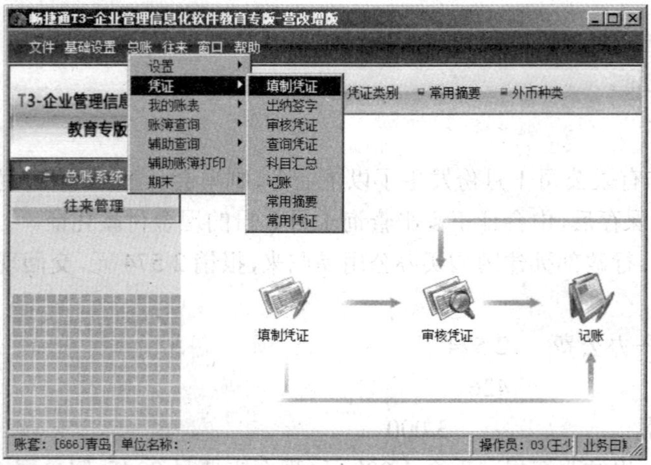

图 4-8

步骤 2：单击工具栏【增加】按钮，增加一张新凭证。

步骤 3：选择凭证类别为“收”。

步骤 4：凭证编号，系统自动生成（如设置“手工编号”方式则需要录入凭证编号）。

步骤 5：凭证日期，可修改或单击参照录入，在此录入 2016. 01. 02。

步骤 6：录入附单据张数为 2，如图 4-9 所示。

步骤 7：录入业务摘要、科目名称、业务金额、辅助信息等，如图 4-10、图 4-11 所示。

步骤 8：单击【保存】按钮，完成凭证填制。凭证保存后凭证下方显示辅助项、制单人等，如图 4-12 所示。

第二，付款凭证的填制（以例题 2 为例，操作过程同收款凭证）。

步骤 1：付款凭证的填制。在填制凭证界面，选择凭证类别为“付”，日期为“2017. 01. 03”，附单据数为“1”，摘要为“提取现金”，第一行会计科目为“库存现金”，金额为“1000”，按【确认】按钮。

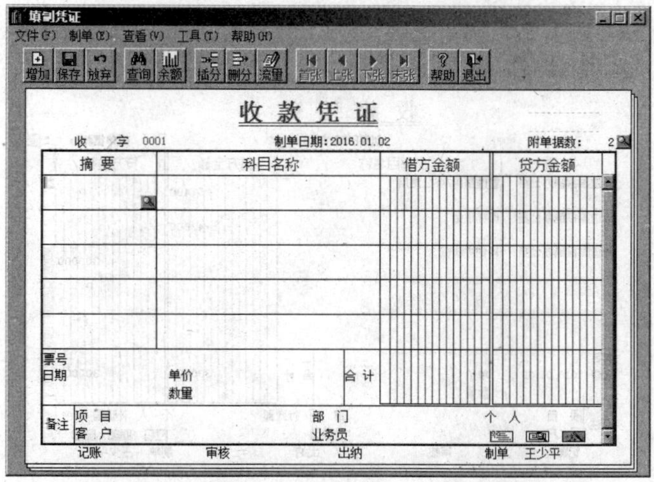

图 4-9

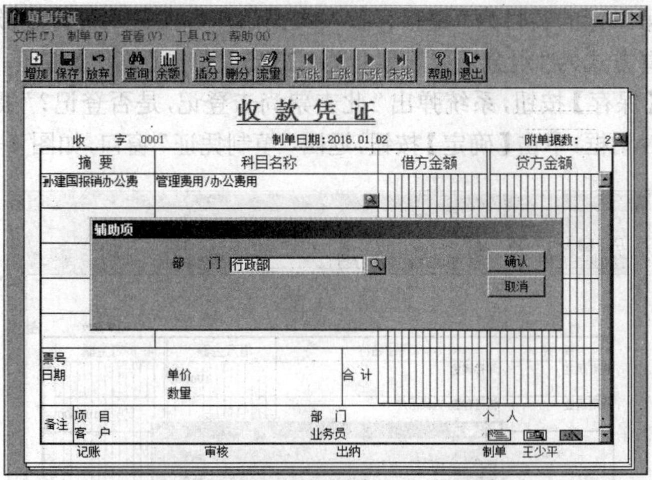

图 4-10

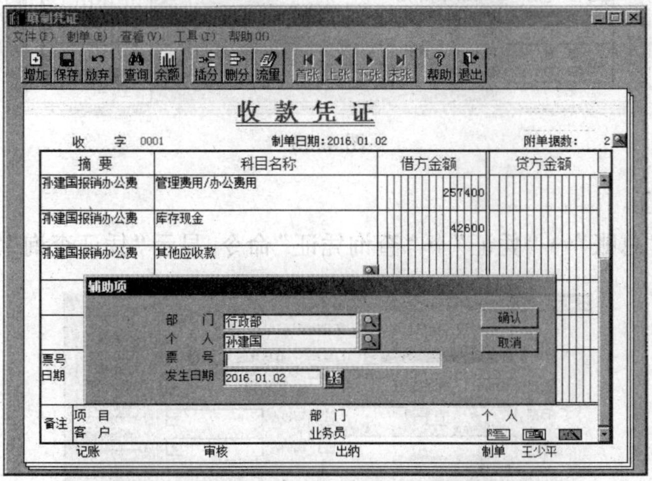

图 4-11

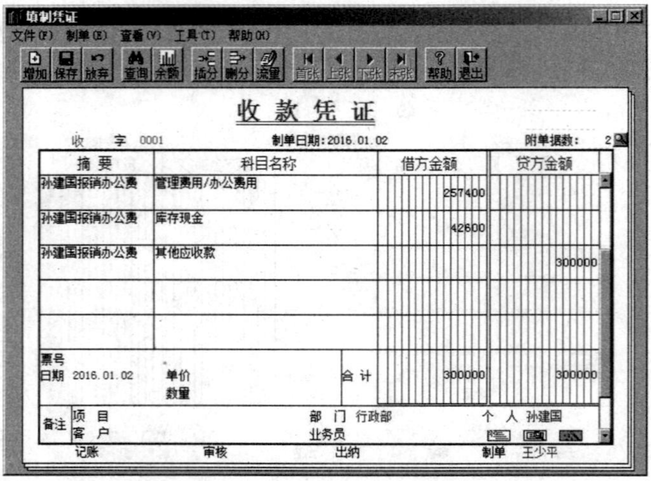

图 4-12

步骤 2：输入第二行的科目为“银行存款－人民币户”，在输入贷方金额时，系统弹出辅助项对话框，选择结算方式为“现金支票”，票号为“2345”，单击【确认】按钮。

步骤 3：单击【保存】按钮，系统弹出“此支票尚未登记，是否登记？”提示框，点击“是”，打开“票号登记”对话框，单击【确定】按钮，返回“填制凭证”窗口，如图 4-13 所示。

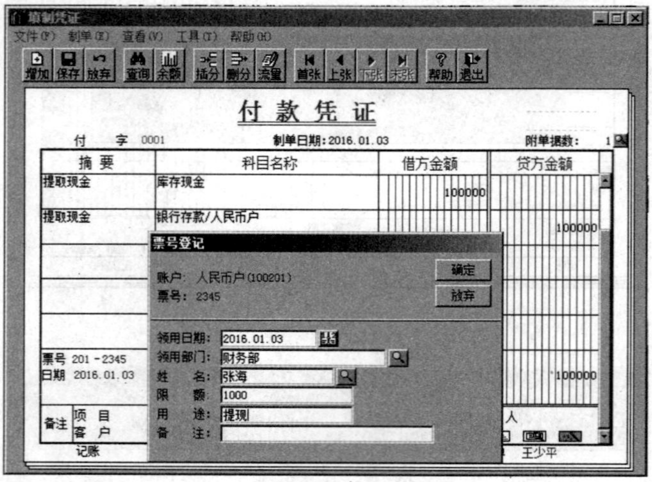

图 4-13

第三，查询凭证。

步骤 1：执行“总账”→“凭证”→“查询凭证”命令，显示“凭证查询”对话框，如图 4-14

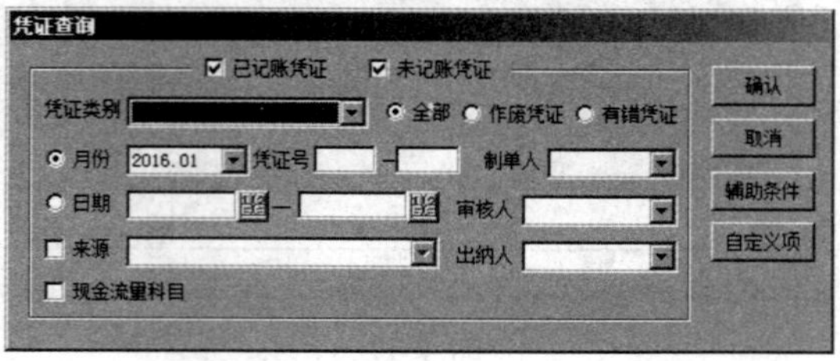

图 4-14

所示。

步骤 2：在“凭证查询”对话框中，录入查询条件，时间 2016. 01，选择未记账凭证，单击【确认】按钮，显示“查询凭证”一览表。

步骤 3：在凭证一览表中双击要查询的凭证或先选择需要查询的凭证然后单击【确认】按钮，则屏幕显示此张凭证，如还需要查询其他相同条件的凭证可单击【首张】【上张】【下张】【末张】按钮翻页查找。

注意事项

（1）填制凭证的日期，不能在当前系统日期之后，采用制单序时控制时，日期只能随凭证号的递增而增加。

（2）填制时按照从上到下、从左到右的原则填制。

（3）金额的填制，即该笔分录的借方或贷方本币发生额，金额不能为零，但可以是红字，红字金额以负数形式输入。如果方向不符，可按空格键调整金额方向。不能确定的辅助核算信息可不输入。最后一个会计科目的金额可以按“=”键即可自动实现借贷平衡。

（4）会计科目带辅助项的，在填制凭证时会弹出辅助项内容，填制完成后按【确认】按钮即可。

（5）填制凭证中的查询按钮只能查未记账的凭证，查出后可修改。通过“总账→凭证→查询凭证”命令，记账或没记账的凭证都能查，但是只能看不能改。

活动 4.4

活动内容

修改凭证与删除（作废、整理）凭证。

活动案例 17

（1）1 月 10 日，发现 2 日的收款凭证是三张原始单据，所以会计王少平对 2 日凭证进行修改，把所附原始凭证张数修改为三张。

（2）发现 1 月 8 日的现金付款凭证由于存在错误，会计王少平将其作废、删除。

操作员：03 王少平。

案例分析

填制凭证时，尽管系统提供了多种控制错误的措施，但出现错误凭证的情况还是存在的，记账凭证的错误必然影响系统的核算结果。现行会计电算化制度对错误凭证的修改有着严格的要求，因此，在总账系统中，对不同状态下的错误凭证有不同的修改方式。

（1）对已经输入但未审核的机内记账凭证，可随时找到错误凭证，在填制状态下由操作员本人或者具有修改权限的操作员直接进行修改。

（2）已通过审核但还未记账的凭证不能直接修改，可以先通过凭证审核功能取消审核后，再通过填制凭证功能直接修改。

（3）通过审核又记账的凭证也不能直接修改，需要通过更正错账的方法。由于制度要求会计核算必须留下审计线索，因此可以采用红字冲销法或补充登记法进行更正。练习操作可以先取消记账、取消审核后，再通过填制凭证功能直接修改。

如果遇到有非法的凭证需要删除时，则可以使用“作废／恢复”“整理凭证”功能，将这些凭证进行作废删除。作废凭证仍保留凭证内容及编号，只显示“作废”字样。作废凭证不能修改，不能审核。在记账时，已作废的凭证应参与记账，否则月末无法结账，但不对作废凭证做数据处理，相当于一张空凭证。账簿查询时，查不到作废凭证的数据。如果不想保留作废凭证，则可以通过“整理凭证”功能，将其彻底删除，并对未记账凭证重新编号。

本案例属于修改、删除凭证的内容，由于都是未审核、未记账，可以在填制凭证界面直接修改、删除。

案例操作

第一，修改凭证。

步骤 1：在填制凭证界面中，通过【首张】【上张】【下张】【末张】按钮翻页查找或直接在“填制凭证”界面单击【查询】按钮，找到要修改的凭证。

步骤 2：将光标移到需修改的地方进行修改。

步骤 3：单击【保存】按钮保存当前的修改。

第二，凭证的作废。

步骤 1：在填制凭证界面中，通过按【首张】【上张】【下张】【末张】按钮翻页查找或按【查询】按钮输入查询条件，找到要作废或恢复的凭证。

步骤 2：在填制凭证界面，选择“制单”→“作废／恢复”，凭证左上角显示“作废”字样，表示已将该凭证作废，如图 4-15 所示。

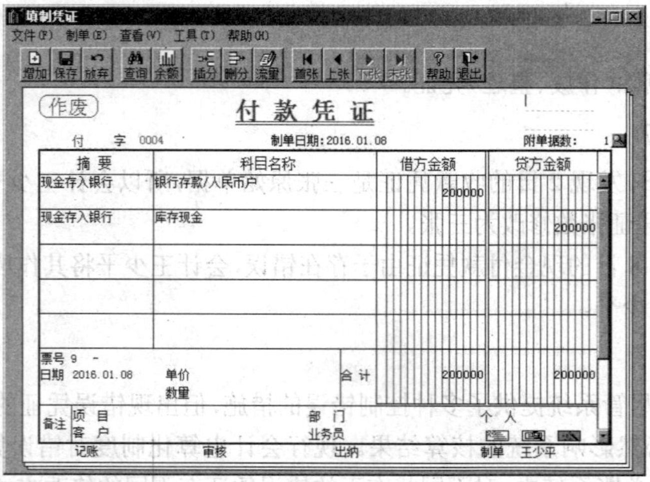

图 4-15

第三，凭证的整理。

步骤 1：在填制凭证界面，执行“制单”→“整理凭证”命令，→选择要整理的月份，单击【确定】按钮，进入“作废凭证表”界面。

步骤 2：选择要真正删除的作废凭证（如全部选择，可单击【全选】按钮），按【确定】按钮。

注意事项

（1）对于由工资、固定资产等外部系统传过来的凭证不能在总账中修改，只能在生成该凭证的系统中进行修改。

（2）对已作废的凭证可以通过“作废 / 恢复”命令取消作废标志，恢复为有效凭证。

（3）凭证整理功能只针对未记账有作废标记的凭证，能够将其彻底删除。

活动 4.5

活动内容

出纳签字和取消出纳签字。

活动案例 18

1 月 10 日，全部凭证填制、修改完成后，由出纳张海对记账凭证进行出纳签字。

操作员：02 张海。

案例分析

为加强企业货币资金的管理，出纳人员可通过凭证处理功能对制单人员填制的带有库存现金或银行存款科目的凭证进行检查核对并签字，主要核对收付款凭证的科目金额是否正确，这一过程称为出纳签字。对于审查认为有错误或有异议的凭证，应予以退回，待制单人员修改后再做核对。

本案例属于出纳签字的内容，可以通过“总账”模块里的“出纳签字”功能来完成。

案例操作

步骤 1：执行“总账”→“凭证”→“出纳签字”命令，进入出纳签字界面，选择出纳签字凭证条件后，单击【确认】按钮，屏幕显示凭证一览表，如图 4-16 所示。

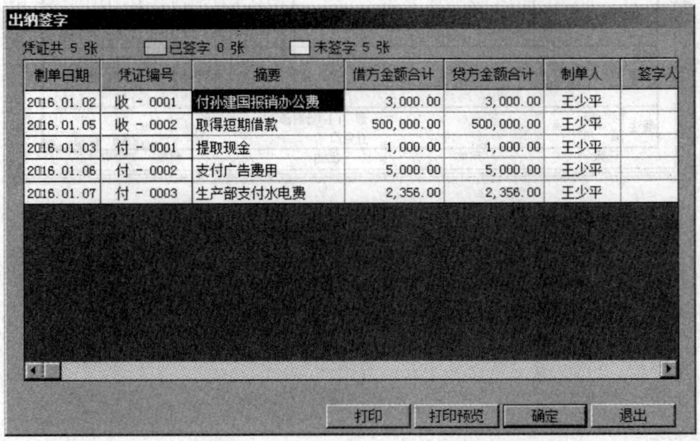

图 4-16

步骤 2：在凭证一览表中双击某张凭证，则屏幕显示此张凭证，如果此凭证不是需要进行签字的凭证，可通过【首张】【上张】【下张】【末张】按钮翻页查找需要签字的凭证，如图 4-17 所示。

步骤 3：出纳人员在确认该张凭证正确后，单击“出纳”菜单下的“签字”或“成批出纳签字”，也可单击“出纳签字”工具栏上的【签字】按钮，如图 4-18 所示。

步骤 4：如果想取消出纳签字，则可以在图 4-18 的界面中，单击“出纳”菜单下的“取消签字”或“成批取消签字”，也可单击“出纳签字”工具栏上的【取消签字】按钮。

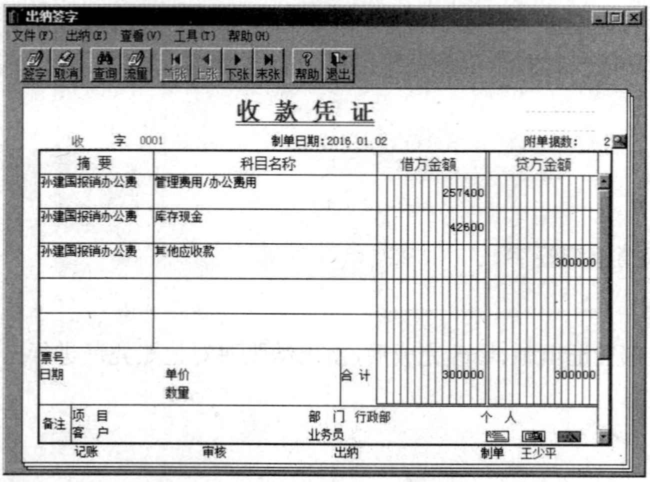

图 4-17

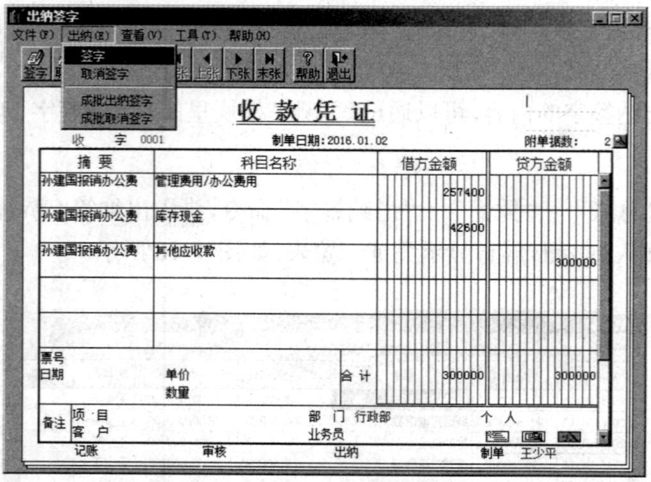

图 4-18

注意事项

在进行出纳签字之前，通常应更换相应的操作员。

活动 4.6

活动内容

审核凭证和取消凭证审核。

活动案例 19

1 月 10 日，由账套主管或具有审核权限人员对填制的记账凭证进行审核。

操作员：01 李敏。

案例分析

审核凭证工作主要审核记账凭证是否与原始凭证相符，会计分录是否正确等。同样，如果审查认为错误或有异议的凭证，应予以退回，待制单人员修改后再做审核。

本案例属于审核凭证的内容，可以通过“总账”模块里的“审核凭证”功能来完成。

案例操作

步骤1：执行“总账”→“凭证”→“审核凭证”命令或直接单击“审核凭证”图标，进入“审核凭证”界面，录入凭证审核的条件后，屏幕显示凭证一览表，如图4-19所示。

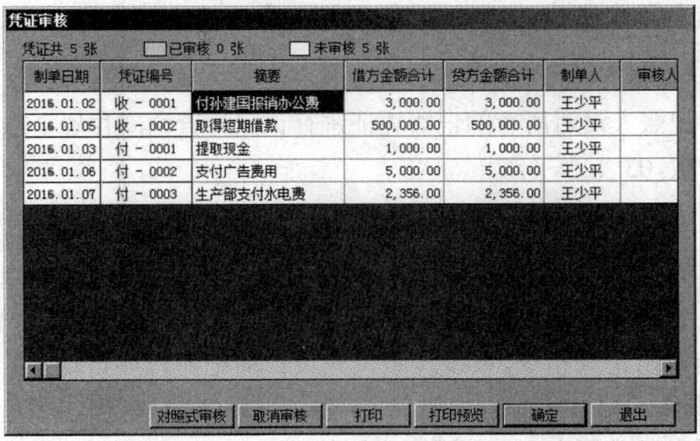

图4-19

步骤2：选择需要审核的凭证。在凭证一览表中双击某张凭证，在凭证界面单击【首张】【上张】【下张】【末张】按钮翻页查找或按【查询】按钮查找输入条件查找需要审核的凭证。

步骤3：执行“审核”→“审核凭证”或“成批审核凭证”命令，或直接单击“审核凭证”界面的【审核】按钮，完成凭证的审核，如图4-20所示。

步骤4：如果想取消出纳审核，则可以在图4-20的界面中，单击“审核”菜单下的“取消审核”或“成批取消审核”，也可单击“审核凭证”工具栏上的【取消审核】按钮。

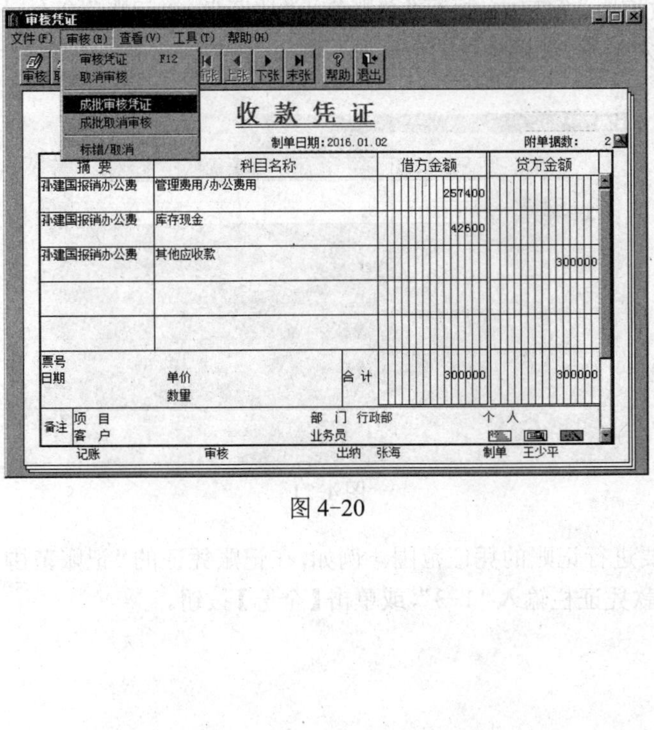

图4-20

注意事项

审核人和制单人不能是同一个人，取消审核只能由审核人进行。

活动 4.7

活动内容

记账以及查询各种账簿。

活动案例 20

1 月 10 日，由记账人员对所有的记账凭证进行记账并查询库存现金总账。

操作员：01 李敏，03 王少平。

案例分析

在总账系统中，记账凭证经审核签字后，即可用来登记总账和明细账、日记账、部门账、往来账及备查账等。记账即登记账簿，也称登账或过账。在计算机方式下，登记账簿是由具有记账权限的操作员发出记账指令，系统按照预先设计的记账程序自动进行合法性检验、科目汇总、登记账簿等操作。

当记账结束后发现前面存在问题需要进行修改时，可以通过取消记账的功能来完成。取消记账前要先进行恢复记账前状态操作，然后再取消记账。

总账系统设置了查询功能，通过查询功能可以查询总账科目的余额、发生额，查询明细账、序时账、多栏账等，同时还可进行多种辅助账的查询。

本案例属于总账里记账的内容，可以通过"总账"模块里的"记账"功能来完成。

案例操作

第一，记账。

步骤 1：以记账会计或账套主管身份登录总账系统。在"畅捷通 T3- 企业管理信息化软件教育专版—营改增版"窗口中，执行"总账"→"凭证"→"记账"命令，打开"记账""1. 选择本次记账范围"对话框，如图 4-21 所示。

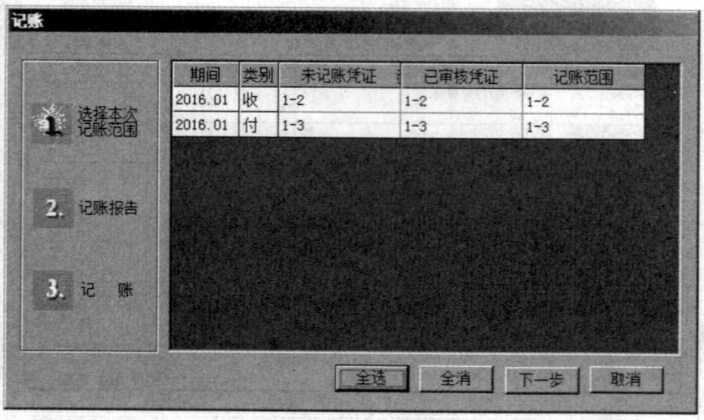

图 4-21

步骤 2：输入要进行记账的凭证范围。例如，在记账凭证的"记账范围"栏中的收款凭证栏，输入"1-2"，付款凭证栏输入"1-3"，或单击【全选】按钮。

步骤 3：单击【下一步】按钮，打开“记账”“2. 记账报告”对话框，如图 4-22 所示。

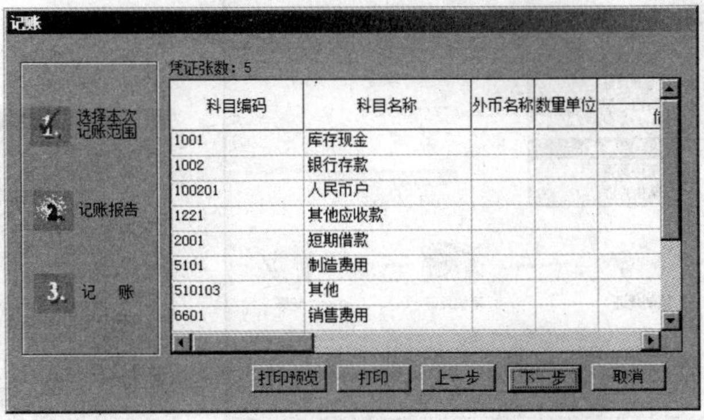

图 4-22

步骤 4：单击【下一步】按钮，打开“记账”“3. 记账”对话框。

步骤 5：单击【记账】按钮，打开“期初试算平衡表”对话框。

步骤 6：单击【确认】按钮，系统开始登记有关的总账和明细账、辅助账，结束后系统打开“记账完毕！”提示对话框。

步骤 7：单击【确定】按钮，记账完毕，如图 4-23 所示。

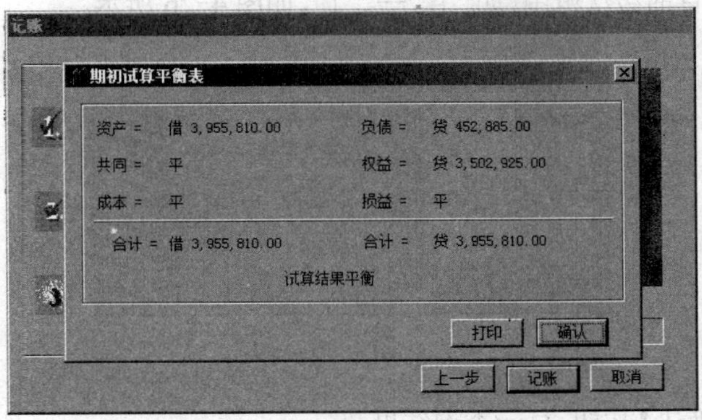

图 4-23

第二，取消记账。

步骤 1：执行“总账”→“期末”→“对账”命令，打开“对账”窗口。按下“Ctrl + H”键，弹出“恢复记账前状态功能已被激活”，单击【确定】按钮后退出。

步骤 2：执行“总账”→“凭证”→“恢复记账前状态”命令，系统显示恢复记账前状态窗口，如图 4-24 所示。

步骤 3：进入本功能后，根据需要选择“最近一次记账前状态”或“月初状态”，如图 4-25 所示。

步骤 4：选择完成后，单击【确定】按钮，弹出“输入—请输入主管口令”对话框。

步骤 5：输入会计主管口令，单击【确认】按钮，系统开始进行恢复工作。

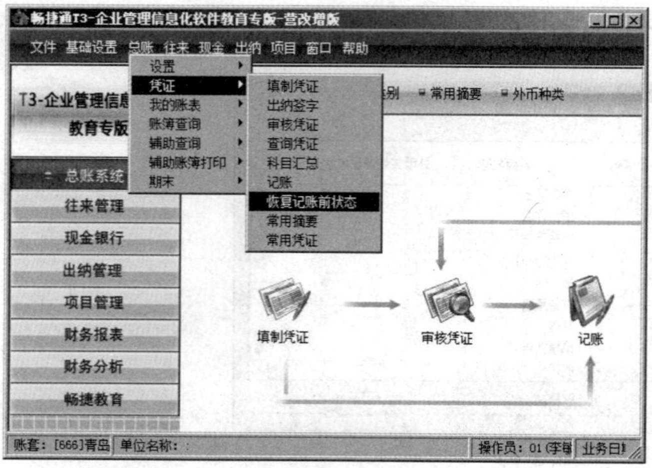

图 4-24

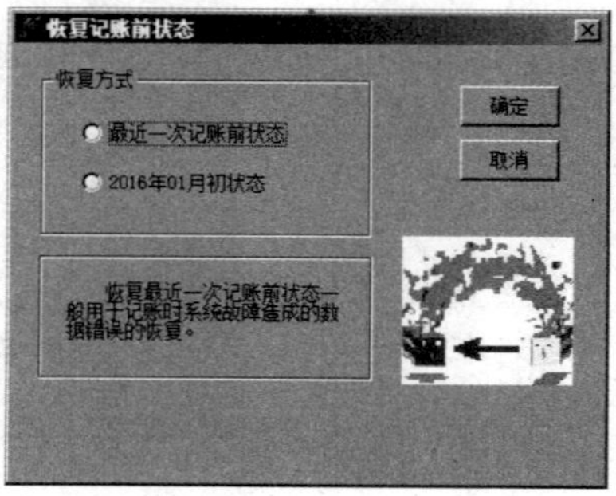

图 4-25

第三,查询库存现金总账。

步骤 1:以账套主管身份登录总账系统。在“畅捷通 T3- 企业管理信息化软件教育专版—营改增版”窗口中,执行“总账”→“账簿查询”→“总账”命令,打开“总账查询条件”对话框。

步骤 2:在“总账查询条件”对话框中,确定科目范围,如“1001”—“1001”。

步骤 3:确定科目的级次范围,如“1”—“1”,如图 4-26 所示。

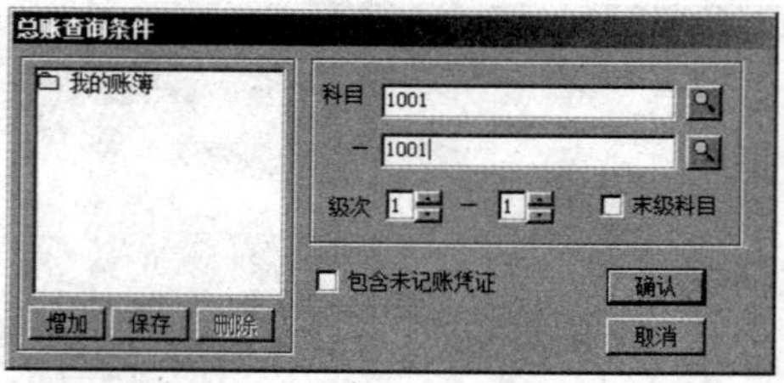

图 4-26

步骤 4:单击【确认】按钮,显示查询结果。

注意事项

(1)对于未审核签字的凭证不能记账,记账范围应小于等于已审核范围。

(2)取消记账后,根据资料需要一定要重新记账;如果本月已结账,则不能取消记账。

模块任务二小结

本任务由制单会计或具有操作权限的操作人员来操作,通过具体的实际案例对本任务中涉及的内容进行了实训操作,对总账系统日常业务的基本功能都进行了练习巩固,为企业建立的账套完成了日常业务处理,为期末业务处理做好了准备。

模块备份

把本任务操作内容备份到“总账系统日常业务处理”文件夹中,以备练习使用。

评价

将实训记录和评分结果填入表 4-2 中。

表 4-2 学生学习情况评价表

任务名称： 座位号： 姓名：

项目	分值	自我记录	自我评价	小组评价	教师评价
账套恢复设置是否正确	5				
输入记账凭证的方法，输入是否正确	20				
出纳签字的范围，操作是否正确	20				
记账凭证进行审核的作用，操作是否正确	20				
记账的前提条件，操作是否正确	20				
账簿查询的作用，操作是否正确	10				
账套备份设置是否正确	5				

任务三 总账系统期末处理

会计期末，会计人员将本月所发生的日常业务全部登记入账后，在每个会计期末都需要完成一些特定的会计工作，主要包括期末转账业务、试算平衡、对账以及结账。由于各会计期间的许多期末业务均具有较强的规律性，因此用计算机来处理期末会计业务，不但可以规范会计业务的处理，还可以大大提高处理期末业务的工作效率。

总账系统期末业务的主要内容：一是总账系统内部自动转账，包括定义转账公式并生成转账凭证，具体包括自定义结转、对应结转设置、销售成本结转设置、汇兑损益结转设置和期间损益结转设置五个方面；二是银行账处理，包括银行对账和输出银行存款余额调节表；三是期末的系统对账和结账等工作。

活动 4.8

活动内容

设置自定义转账。

活动案例 21

到了月末，会计就特别忙，因为月末有好多工作要做，特别是一些转账工作，并且这些转账工作每个月都基本相同。为避免重复做同样的工作，因此账套主管就可以在第一个月进行总账内部转账的设置。首先进行自定义转账的设置。

操作员：01 李敏。

资料如下：

转账序号	摘要	科目编码	项目	方向	金额公式
0001	结转制造费用	500103	毛巾被	借	JG（）× 0.2
0001	结转制造费用	500103	四件套	借	JG（）× 0.2
0001	结转制造费用	500103	运动服	借	JG（）× 0.3
0001	结转制造费用	500103	休闲服	借	JG（）× 0.3

（续表）

转账序号	摘要	科目编码	项目	方向	金额公式
0001	结转制造费用	510101		贷	QM（510101，月）
0001	结转制造费用	510102		贷	QM（510102，月）
0001	结转制造费用	510103		贷	QM（510103，月）

案例分析

由于各个企业情况不同，各种计算方法也不尽相同，特别是对各类成本费用分摊结转方式的差异，必然会造成各个企业这类结转方式的不同。因此，企业可以根据实际需要使用自定义结转功能。

本案例属于利用自定义结转功能设置制造费用结转的内容，可以通过“总账”模块里的“自定义转账”功能来完成。

案例操作

恢复“总账系统日常业务处理”备份内容。

步骤1：执行“总账”→“期末”→“转账定义”→“自定义转账”命令，进入“自动转账设置”窗口，如图4-27所示。

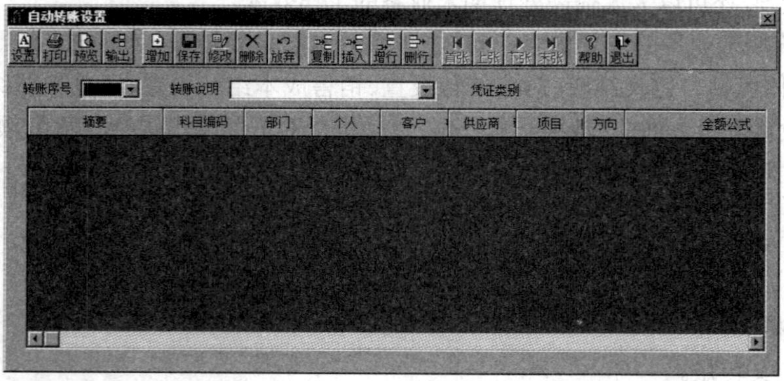

图4-27

步骤2：在自动转账设置窗口中，单击【增加】按钮，进入“转账目录”信息界面，如图4-28所示。

图4-28

步骤3：在“转账目录”信息界面输入转账序号、转账说明并选择凭证种类后单击【确定】按钮，返回到“自定义转账设置”界面，如图4-29所示。

图 4-29

步骤 4:在“自定义转账设置”界面第一行中,输入科目编码“500103 生产成本－制造费用”、项目“毛巾被”、方向“借”等信息,在“公式”一栏中,单击放大镜按钮,打开“公式向导”对话框。

步骤 5:在“公式向导”对话框中,选择“取对方科目计算结果”选项,然后单击【下一步】按钮,选中“继续输入公式”和运算符“乘”,如图 4-30、图 4-31 所示。

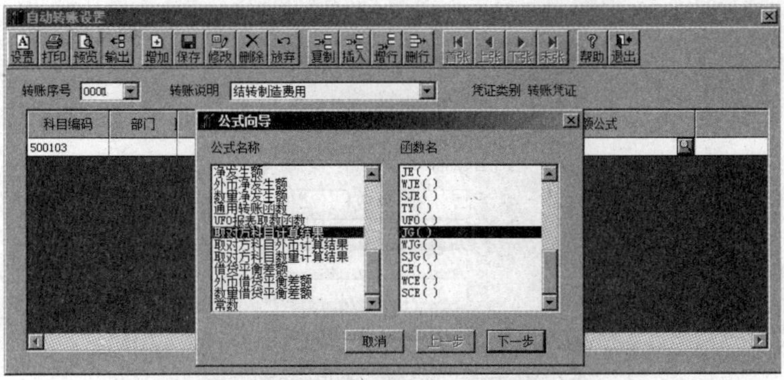

图 4-30

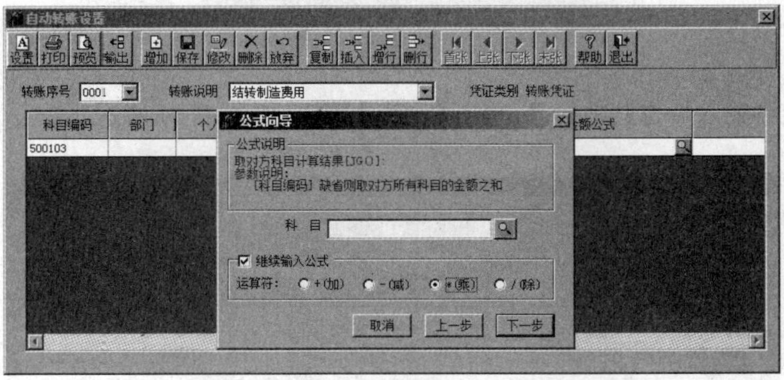

图 4-31

步骤 6:单击【下一步】按钮,在公式导向中继续输入,选中“常数”,单击【下一步】按钮,在常数栏中输入“0. 2”,单击【完成】按钮,完成了借方第一行公式录入的操作。单击【增行】

按钮，照此方法完成其他借方科目公式录入的操作。

步骤 7：借方科目信息录入完成后，单击【增行】按钮，在科目编码栏输入“510101 制造费用－职工薪酬”、方向选择“贷”，单击“金额公式”栏的放大镜按钮，打开“公式向导”对话框，选中“期末余额”选项，单击【下一步】按钮，如图 4-32 所示。

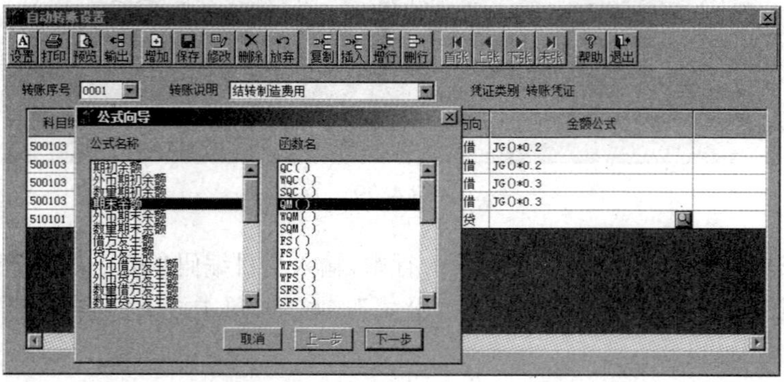

图 4-32

步骤 8：输入科目“510101”，期间选择“月”，单击【完成】按钮，如图 4-33 所示。

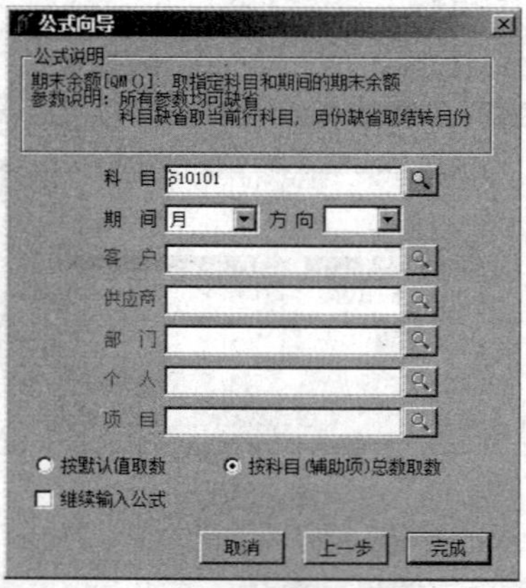

图 4-33

步骤 9：继续输入贷方其他信息，单击【退出】按钮，如图 4-34 所示。

图 4-34

注意事项

自定义转账的运用可以极大地提高总账系统的使用效率，但是由于其规则复杂、函数多样、不便于理解和操作，因此，建议在总账系统运行初期，可以不使用或少使用自定义转账功能。

活动 4.9

活动内容

期间损益结转。

案例 22

自定义转账的设置后，继续设置期间损益结转。

操作员：03 李敏。

案例分析

期间损益结转设置用于在一个会计期间终了时，将损益类科目的余额结转到本年利润科目中，从而及时反映企业利润的盈亏情况。

本案例属于期间损益结转的内容，可以通过“总账”模块里的“期间损益结转”功能来完成。

案例操作

步骤 1：执行“总账”→“期末”→“转账定义”→“期间损益结转”命令，屏幕显示“期间损益结转设置”对话框。

步骤 2：选择凭证类别为“转账凭证”，输入“本年利润”科目，单击【确定】按钮，如图 4-35 所示。

图 4-35

注意事项

（1）如果损益类科目与本年利润都有辅助核算，则辅助账类型必须相同。

（2）本年利润科目必须为末级科目。

活动 4.10

活动内容

自动转账生成凭证。

活动案例 23

1 月 31 日，由制单会计根据以上定义的自定义结转和期间损益结转，分别生成自定义结转和期间损益结转的凭证。

操作员：03 王少平。

案例分析

转账分录设置完毕后，每月月末只需执行转账生成功能即可快速生成转账凭证。一般情况下，独立转账分录可以在任何时候生成转账凭证。而对一组相关转账分录，它们之间及同期的其他经济业务有一定的联系，必须在全部相关的经济业务入账之后使用，并且要按照合理的先后次序逐一生成凭证，即在某些转账凭证已经记账的前提下，另一些转账凭证才能生成，否则计算金额时就会发生差错。

一般情况下，应首先生成和处理由其他系统转入总账系统的凭证；然后再生成和处理销售成本结转凭证、汇兑损益结转凭证、对应结转凭证或者自定义结转凭证；最后生成和处理期间损益结转凭证。

本案例属于转账生成凭证的内容，可以通过“总账”模块里的“转账生成”功能来完成。

案例操作

步骤 1：执行“总账”→“期末”→“转账生成”命令，进入“转账生成”对话框，如图 4-36 所示。

图 4-36

步骤 2：在“转账生成”对话框中，单击“自定义转账”单选按钮，选择要进行结转的月份，在业务列表中选择要结转的业务（在是否结转栏打上“Y”），选择“包含未记账凭证”，单击【确定】按钮，屏幕显示您将要生成的转账凭证，如图 4-37 所示。

步骤 3：对生成的凭证进行修改后，单击【保存】按钮，凭证上出现“已生成”字样。

备注：对生成的第一张凭证进行审核、记账。

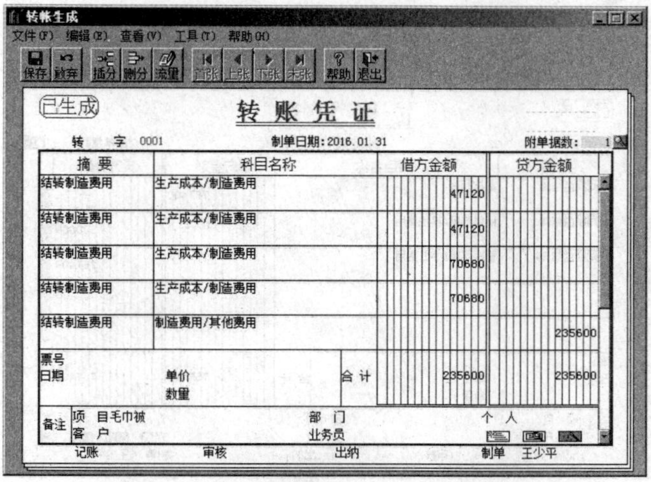

图 4-37

步骤 4：执行“总账”→“期末”→“转账生成”命令，进入“转账生成”对话框。选择“期间损益结转”、进行结转的月份“2016.01”和要结转的类型“全部”，在科目列表选择结转科目，这里单击【全选】按钮，选择“包含未记账凭证”，单击【确定】按钮，屏幕显示您将要生成的转账凭证，如图 4-38 所示。

图 4-38

步骤 5：对生成的凭证进行修改后，单击【保存】按钮，凭证上出现“已生成”字样，如图 4-39 所示。

备注：对生成的第二张凭证进行审核、记账。

注意事项

（1）由于期末转账生成的凭证数据大多来源于账簿。因此，在处理期末转账业务前必须先将其他业务登记入账。

（2）有些业务必须依据另一些业务所产生的数据，因此，期末转账需要根据业务特点分批按步骤处理，即对先转账生成的凭证审核记账，再逐一进行转账生成审核记账。

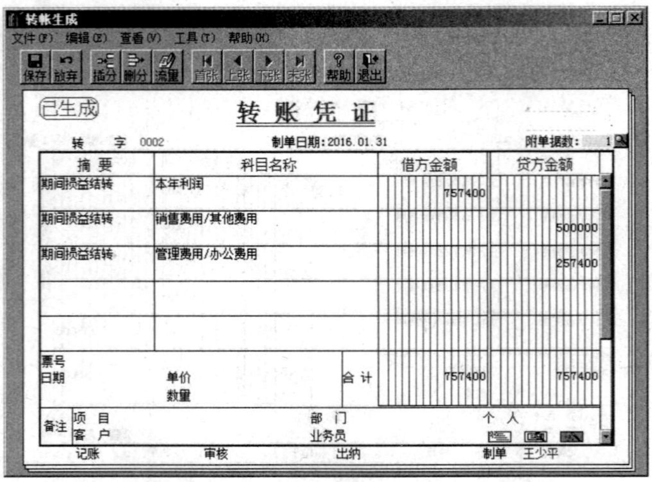

图 4-39

(3) 同一张转账凭证，年度内可根据需要多次生成，但每月一般只需结转一次。转账生成之前，转账月份必须为当前会计月份。生成的转账凭证，仍需审核才能记账。

(4) 生成记账凭证时，一般要选择“包含未记账凭证”，以保证不漏掉数据。

(5) 期间损益结转生成凭证时，可以选择“全部”类型生成一张凭证，也可以分别选择“收入”“支出”类型，生成两张凭证。

活动 4.11

活动内容

银行对账。

活动案例 24

1 月 31 日，由出纳进行银行对账并对支票登记簿进行查询。

(1) 银行账启用日期 2016.01.01，银行对账期初单位日记账期初余额为 1 241 671.78 元，银行对账单期初余额为 1 206 571.78 元。

日记账期初未达项：

日期	结算方式	借方金额	票据日期
2015.12.13	9	35 100	2015.12.13

(2) 银行对账单。

日期	结算方式	结算号码	收入	支出
2016.01.02	9			200
2016.01.03	201	2345		1 000
2016.01.05	9		500 000	
2016.01.07	202			2 356

操作员：02 张海。

案例分析

每到月末，会计都要进行对账，以保证账账相符、账实相符等，其中，货币资金的核对尤为重要。在计算机方式下，银行对账包括输入银行对账期初数据和当期银行对账单数据，以及编制银行存款余额调节表，还可对银行存款的收入与支出及长期未达账项等提供审计报告。银行对账工作流程如图 4-40 所示。

为了加强企业的支票管理，出纳人员通常要建立支票登记簿，以便详细登记支票领用人、领用日期、支票用途及是否报销等情况。在进行了“票据管理”情况下，支票登记簿由电脑自动登记，出纳查询一下支票登记簿就可以了。

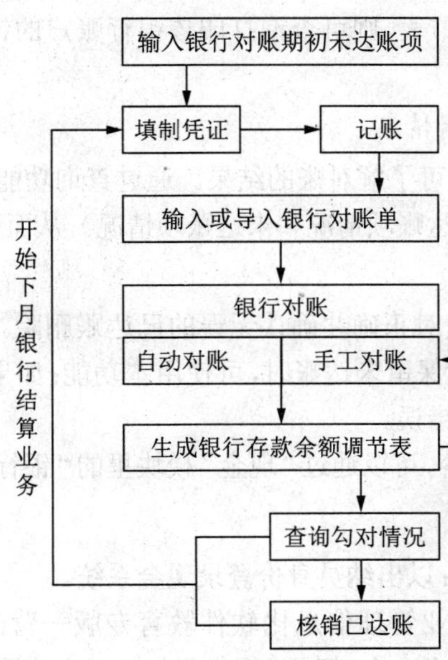

图 4-40

1. 输入银行对账期初数据

为了保证银行对账的正确性，在使用银行对账功能进行对账之前，必须首先要输入银行对账单和企业银行存款日记账的未达账项。

2. 输入银行对账单

凭证记账完毕后，系统将自动形成银行日记账，期末由出纳员到银行取回银行对账单，输入电脑中进行银行对账。

若企业在多家银行开户，对账单应与其对应账号所对应的银行存款下的末级科目一致。

3. 银行对账

银行对账采用自动对账与手工对账相结合的方式。

（1）自动对账是指计算机根据对账依据自动进行的核对与勾对。在核对与勾对中，借贷方向相同和金额相等是必要条件，其他条件可由使用者自行选择，包括结算方式相同、票号相同、日期在多少天之内等。对于已核对上的银行业务，系统将自动在银行存款日记账和银行对账单双方写上两清标志，并视为已达账项；对于在两清栏未写上两清符号的记录，则视其为未达账项。

由于自动对账是以银行存款日记账和银行对账单双方对账依据完全相同为条件的，所以为了保证自动对账的正确和彻底，使用者必须保证对账数据的规范与合理，如银行存款日记账和银行对账单的票号编码规则必须统一等。

（2）手工对账是对自动对账的补充。自动对账完毕后，可能还有一些特殊的已达账没有钩对出来，而被视为未达账项，为了保证对账更加彻底正确，可通过手工对账来加以补充和更正。

在对银行账进行两清钩对后，计算机便自动整理汇总未达账和已达账，生成银行存款余额调节表。

若选择需查看某科目的调节表，则可查询打印该银行账户的银行存款余额调节表，从而检查对账的正确性。

4. 查询对账单或日记账勾对情况

通过银行存款余额调节表，可了解对账的结果。通过查询功能，还可了解经过对账后，对账单上勾对的明细情况（包括已达账项情况和未达账项情况），从而进一步查询对账结果。

5. 核销已达银行账

核销已达银行账，用于将核对正确并确认无误的已达账删除。一般来说，在银行对账正确后，如果想将已达账删除并只保留未达账时，可使用本功能；如果银行对账不平衡，不要使用本功能，否则将造成以后对账错误。

本案例属于银行对账的内容，可以通过“现金”模块里的“银行对账”功能来完成。

案例操作

第一，录入银行对账期初数：以出纳员身份登录现金系统。

步骤 1：在“畅捷通 T3- 企业管理信息化软件教育专版—营改增版”窗口中，执行“现金”→“设置”→“银行期初录入”命令，打开“银行科目选择”对话框，如图 4-41 所示。

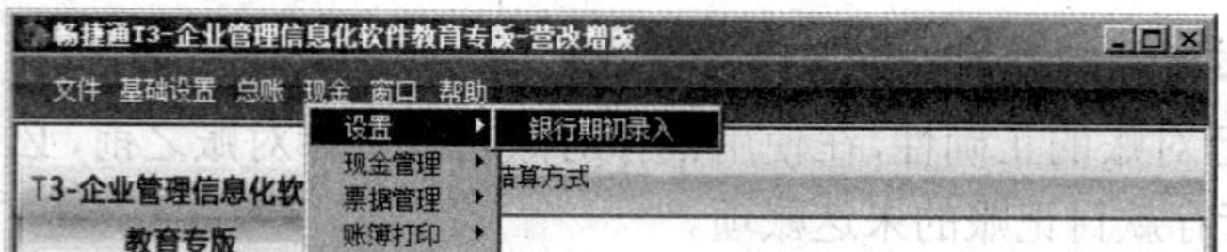

图 4-41

步骤2：在“银行科目选择”对话框中，在“科目”处选择“人民币户（100201）”，单击【确定】按钮，进入“银行对账期初”窗口，如图4-42所示。

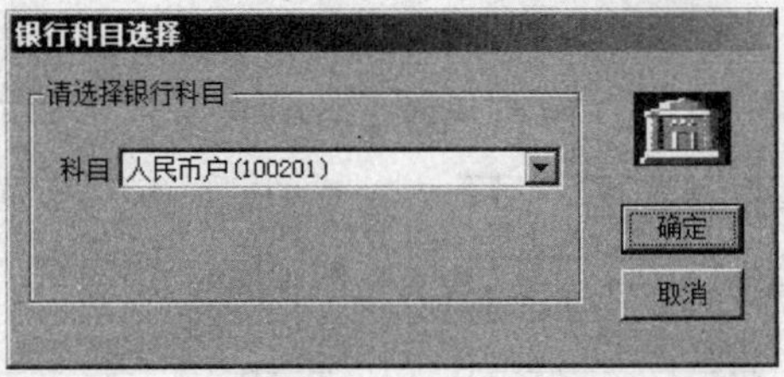

图4-42

步骤3：在“银行对账期初”窗口中，确定“启用日期”后，在单位日记账的“调整前余额”文本框中输入“1 241 671.78”，在银行对账单的“调整前余额”文本框中输入“1 206 571.78”，如图4-43所示。

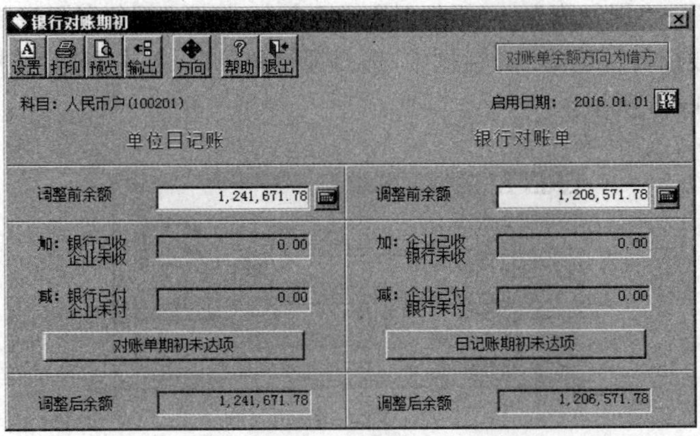

图4-43

步骤4：执行“日记账期初未达账”命令，打开“企业方期初”窗口，按照要求录入相关信息，并保存，如图4-44所示。

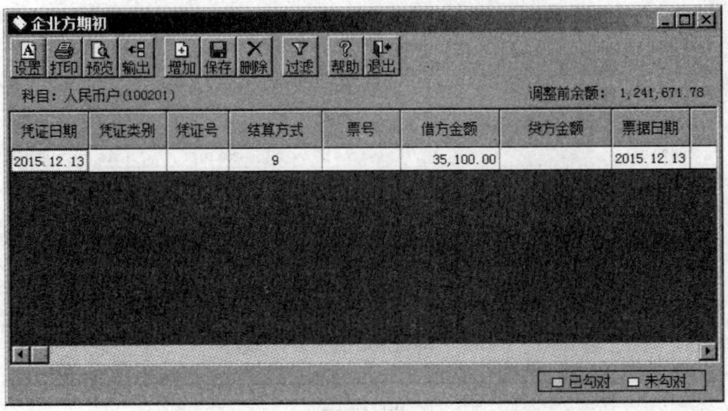

图4-44

步骤5：退出“企业方期初”窗口，核对调整余额相同后退出，如图4-45所示。

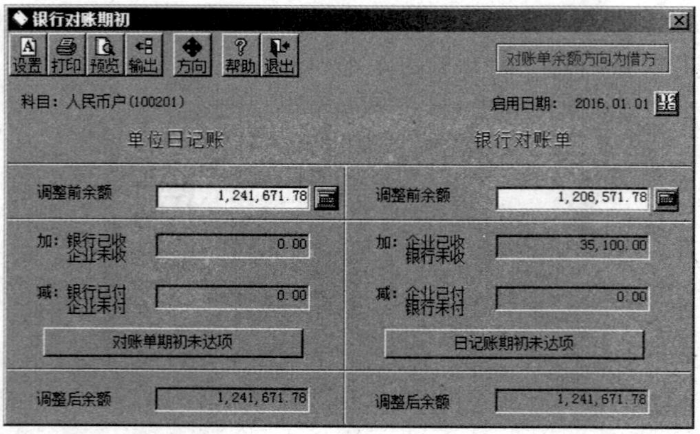

图 4-45

第二，录入银行对账单。

步骤 1：在“畅捷通 T3- 企业管理信息化软件教育专版—营改增版”窗口中，执行“现金”→“现金管理”→“银行账”→“银行对账单”命令，打开“银行科目选择”对话框。

步骤 2：在“银行科目选择”对话框中，选择银行科目后，单击【确定】按钮，进入“银行对账单”窗口，如图 4-46 所示。

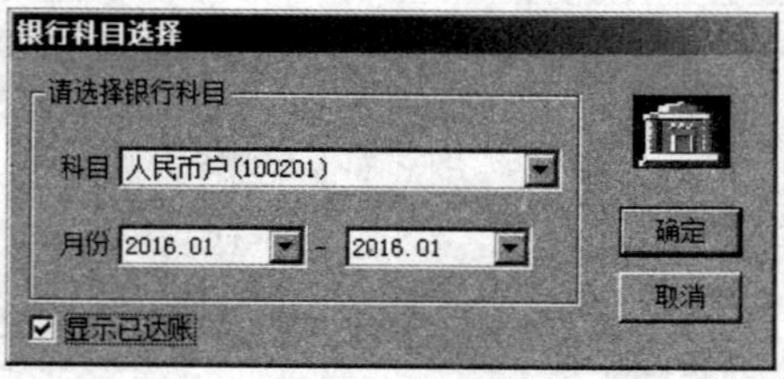

图 4-46

步骤 3：在“银行对账单”窗口中，单击【增加】按钮，依次输入日期、结算方式、票号及借方或贷方金额。

步骤 4：输入完毕后，单击【保存】按钮后，单击【退出】按钮，如图 4-47 所示。

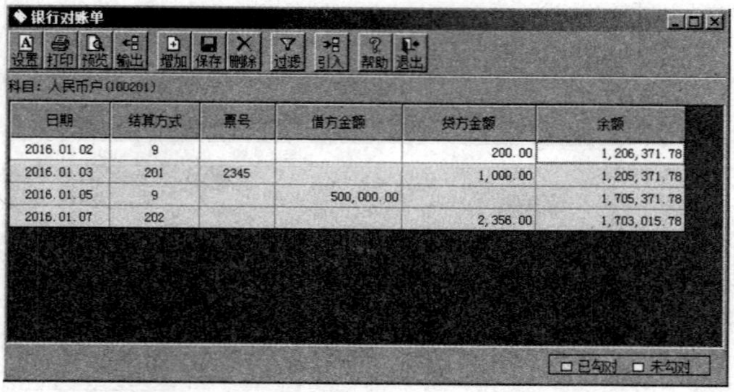

图 4-47

第三，银行对账。

（1）银行自动对账。

步骤 1：在“畅捷通 T3- 企业管理信息化软件教育专版—营改增版”窗口中，执行“现金”→“现金管理”→“银行账”→“银行对账”命令，打开“银行科目选择”对话框。

步骤 2：在“银行科目选择”对话框中，选择“银行科目和月份”后，单击【确定】按钮，进入“银行对账”窗口。

步骤 3：在“银行对账”窗口中，单击【对账】按钮，打开“自动对账”对话框，如图 4-48 所示。

图 4-48

步骤 4：在“截止日期”文本框中输入“2016. 01. 31”。默认系统提供的对账条件，并确定日期相差“30”天之内。

步骤 5：单击【确定】按钮，系统进行自动对账，并显示自动对账结果，如图 4-49 所示。

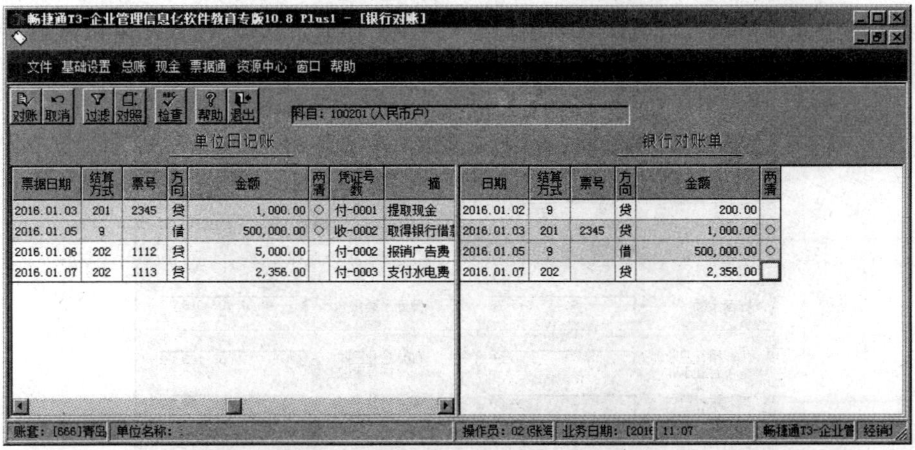

图 4-49

（2）银行手工对账。

步骤 1：对于一些应勾对而未勾对上的账项，可分别双击“两清”栏，直接进行手工调整，如图 4-50 所示。

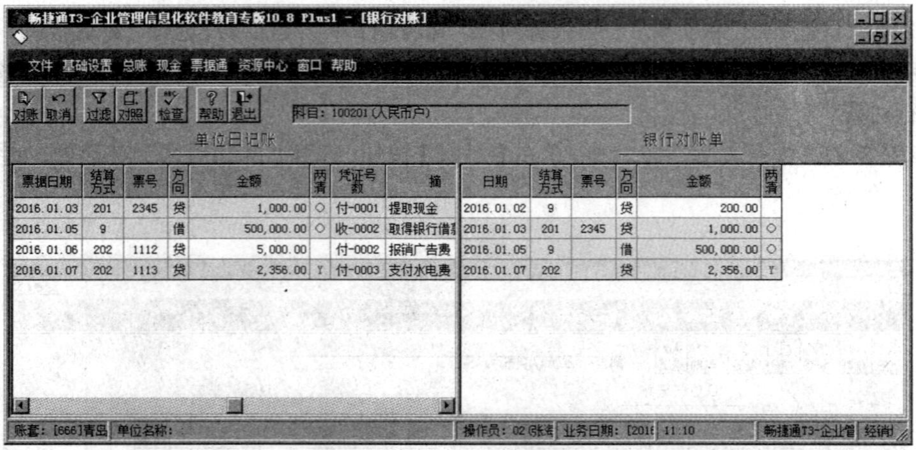

图 4-50

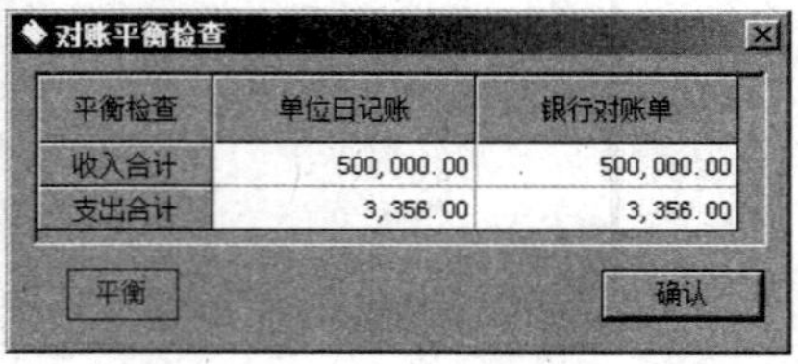

图 4-51

步骤 2：对账完毕，单击【检查】按钮，打开“对账平衡检查”对话框，如图 4-51 所示。

步骤 3：检查结果平衡，单击【确认】按钮，返回“银行对账”窗口。

步骤 4：单击【退出】按钮，返回。

第四，查询余额调节表。

步骤 1：以出纳或账套主管身份登录现金系统。在“畅捷通 T3- 企业管理信息化软件教育专版—营改增版”窗口中，执行“现金”→“现金管理”→“银行账”→“余额调节表查询”命令，进入“银行存款余额调节表”窗口。

步骤 2：在“银行存款余额调节表”窗口中，将光标定在“人民币户 100201”科目行上，单击【查看】按钮或双击该行，即显示该银行账户的银行存款余额调节表（如果余额调节表显示不平衡，则说明在勾对过程中出现了错误），如图 4-52 所示。

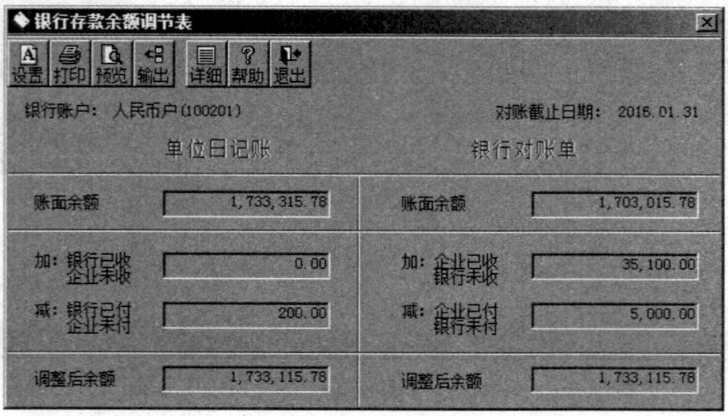

图 4-52

步骤 3：单击【退出】按钮，返回。

第五，支票登记簿查询。

步骤 1：执行“现金”→“票据管理”→“支票登记簿”命令，进入“银行科目选择”窗口中。

步骤 2：在“银行科目选择”窗口选中“人民币户（100201）”，单击【确定】按钮，进入“支票登记”窗口，如图 4-53 所示。

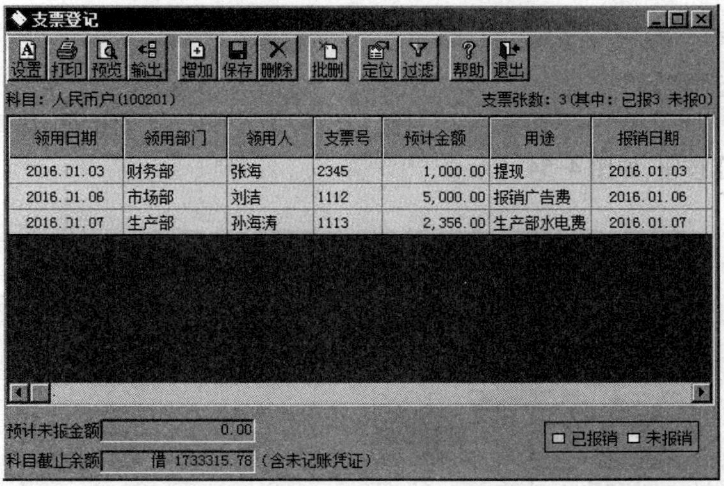

图 4-53

注意事项

（1）必须把“银行存款”科目指定成“银行总账科目”，否则会提示“请先设定银行科目”。

（2）必须设置“结算方式”，在“结算方式”功能中对需使用支票登记簿的结算方式选中相应的“票据管理方式”。

（3）在总账“设置”—“选项”—“凭证”页签中，把“支票控制”选项打上钩。

活动 4.12

活动内容

总账系统的对账、结账。

活动案例 25

1 月 31 日，进行了银行对账后，继续进行其他科目的对账，对完账后进行结账。

操作员：01 李敏。

案例分析

总账系统月末处理内容主要包括试算平衡、对账及月末结账等工作。

（1）试算平衡就是将系统中所设置的所有科目的期末余额按会计平衡公式“借方余额 =

贷方余额”进行平衡检验，并输出科目余额表及是否平衡信息。

(2) 对账是对各个账簿数据进行核对，以便检查各个对应记账数据是否正确和账簿是否平衡。它主要是通过核对总账与明细账、总账与辅助账数据来完成。

(3) 总账系统的结账主要完成如下工作：停止本月各账户的记账工作；合计本月各账户发生额；计算本月各账户期末余额并将余额结转下月月初。

本案例属于总账系统的对账、结账的内容，可以通过“总账”模块里的“对账、结账”功能来完成。

案例操作

第一，系统对账。

步骤 1：执行“总账”→“期末”→“对账”命令，进入“对账”对话框，选择对账内容及月份，单击【选择】按钮，如图 4-54 所示。

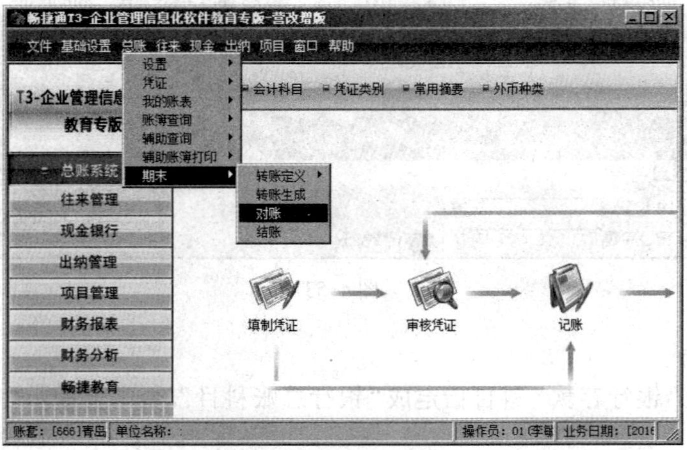

图 4-54

步骤 2：单击【试算】按钮，显示试算平衡表，如图 4-55 所示。

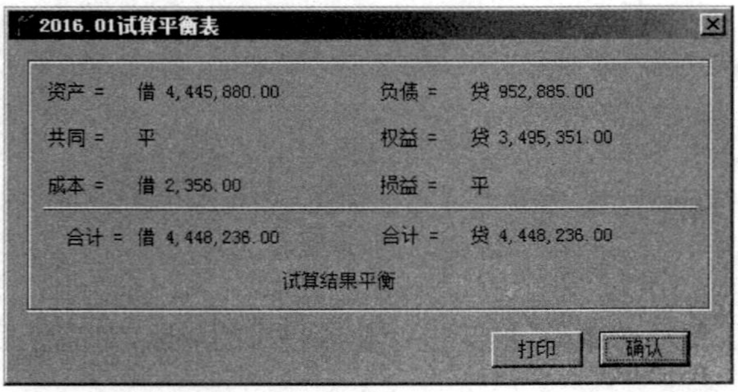

图 4-55

步骤 3：在 1 月份对应的“是否对账”地方双击，打上“Y”，单击【对账】按钮，显示对账结果，如图 4-56 所示。

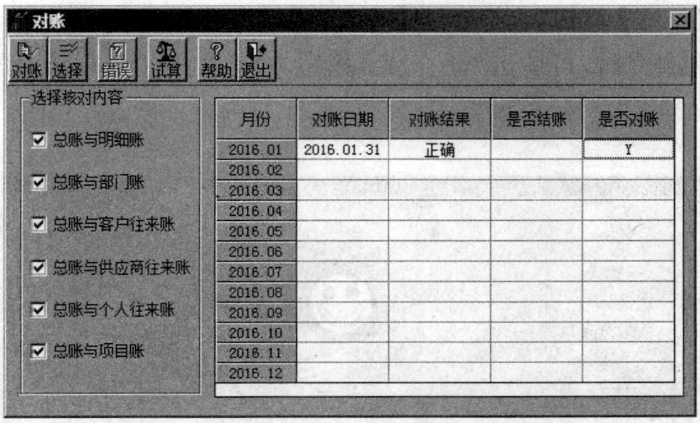

图 4-56

第二，系统结账。

步骤 1：执行“总账”→“期末”→“结账”命令，进入结账对话框，选择结账月份单击【下一步】按钮，如图 4-57 所示。

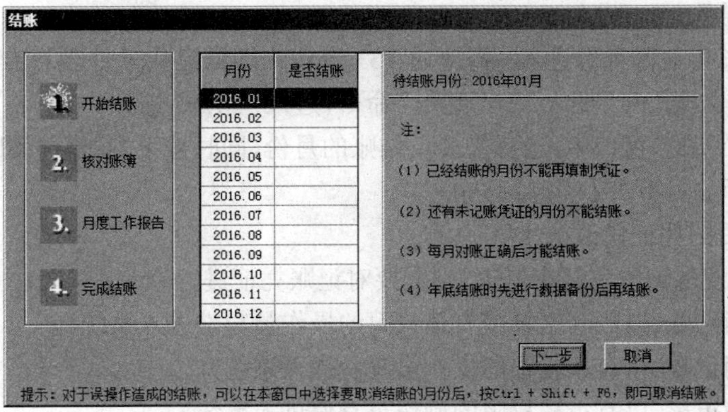

图 4-57

步骤 2：单击【对账】按钮，对账完毕后单击【下一步】按钮，系统进行账簿核对并给出工作报告，单击【下一步】按钮，如图 4-58 所示。

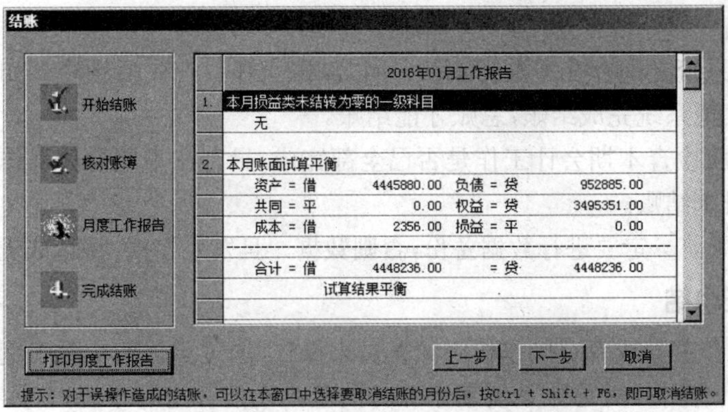

图 4-58

步骤3:单击【结账】按钮,若符合结账要求,系统将进行结账,否则不予结账。如果提示"未通过检查不能结账"时,可单击"上一步"按钮,查看月度工作报告,仔细查找原因,如图4-59所示。

图4-59

第三,取消结账。

步骤1:以账套主管身份进入"畅捷通T3-企业管理信息化软件教育专版—营改增版",在窗口中,执行"总账"→"期末"→"结账"命令,进入"结账"窗口。

步骤2:在"结账"窗口中,选择需要反结账的月份,同时按下"Ctrl + Shift + F6"键,输入账套主管的密码后,单击【确定】按钮。

第四,结账后的凭证修改。

如果结账后发现记账凭证有错误,则需要对记账凭证进行修改。

步骤1:取消结账(以账套主管或有该权限的操作员身份进入系统)。

步骤2:取消记账(以有该权限的操作员身份进入系统)。

步骤3:取消审核(以有审核权限的操作员身份进入系统)。

步骤4:取消出纳签字(以出纳权限的操作员身份进入系统)。

步骤5:完成以上四个步骤后,即可由填制凭证的操作员返回填制凭证界面中修改需要更正的凭证。

步骤6:凭证修改完成后,按正常的出纳签字、凭证审核、记账、对账、结账完成月末处理。

注意事项

(1)由于各系统之间存在着数据衔接,所以结账工作存在先后顺序。如果还启用了其他系统,就要先把其他系统完成结账,总账才能结账。

(2)结账前应检查本期会计工作是否已全部完成,只有在本期会计工作已全部完成的前提下,才能进行月末结账。

(3)月末结账前一定要进行数据备份,否则数据一旦发生错误,将造成无法挽回的后果。

模块任务三小结

本任务由账套主管或者有操作权限的人员来操作,通过具体的实际案例对本任务中涉及的内容进行了实训操作,对总账系统期末业务的基本功能都进行了练习,为企业建立的账套完成了期末业务处理。

模块备份

把本任务操作内容备份到“总账系统期末业务处理”文件夹，以备练习使用。

评价

将实训记录和评分结果填入表 4-3 中。

表 4-3　学生学习情况评价表

任务名称：　　　　　　座位号：　　　　　　姓名：

项目	分值	自我记录	自我评价	小组评价	教师评价
账套恢复设置是否正确	5				
自定义结转的作用，操作是否正确	30				
期间损益结转的作用，操作是否正确	20				
银行对账设置的作用，操作是否正确	30				
结账操作的意义，操作是否正确	10				
账套备份设置是否正确	5				

模块五 工资管理

一、模块简介

工资管理系统是会计信息化软件的一个子系统，主要负责对企业职工薪资方面的管理。工资管理是每个单位财会部门最基本的工作之一，也是一项重要的经常性工作，它不仅关系到每个职工的切身利益，也是影响产品成本的重要因素。手工进行工资核算，需要占用财会人员大量的精力和时间，并且容易出错，因此采用计算机进行工资核算可以有效地提高工资核算的准确性和及时性。

通过工资管理系统能够完成工资的计算、汇总和分配、计算个人所得税、查询工资数据等，最后把工资核算数据以记账凭证形式传递到总账系统。

工资管理系统不仅能提供简单方便的工资核算和发放功能，而且能提供强大的工资分析和管理功能，如单位工资增长情况分析、部门工资构成分析、考勤管理、人员档案管理等。

二、任务目标

(1) 能熟练建立工资账套，完成工资管理系统初始化。

(2) 能熟练完成工资管理系统日常业务处理。

(3) 能熟练完成工资管理系统期末业务处理。

三、模块操作流程

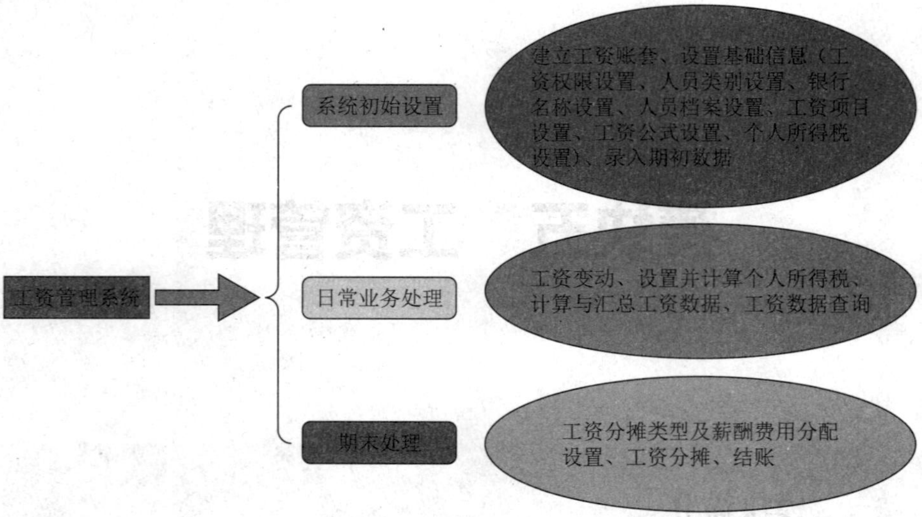

图 5-1

四、模块操作

任务一　工资管理系统期初设置

在首次启动工资管理系统时，需要将工资管理系统建立成适合本单位实际需要的专用系统。工资管理系统的业务参数将决定工资核算的准确性和及时性，设定后一般不能随意更改。本任务要建立工资账套、工资管理的基本信息设置（包括工资权限设置、人员类别设置、银行名称设置、人员档案设置、工资项目设置、工资公式设置、个人所得税设置）、期初数据录入等内容。要使用工资管理系统当然首先要启用工资管理系统。

活动 5.1

活动内容

建立工资账套。

活动案例 26

大家知道，每到月末，会计会花费很多时间计算企业每位员工的工资，并且要按部门汇总到一起，工作很麻烦。但有了会计信息化软件就可以节省很多时间了。所以青岛流星服饰有限公司会计人员决定使用软件里的工资模块。那么，如何使用工资模块？必须先启用工资管理系统，由账套主管或有操作权限的操作员启用。启用日期为 2016 年 1 月 1 日，人员编码长度为 3，工资类别个数为单个，要求从工资中扣除个人所得税，不进行扣零处理。

操作员：01 李敏。

案例分析

为了使每一个企业的工资核算资料集中存放，工资管理系统以工资账套的形式来实现。

因此，使用工资管理系统时首先需要建立一个工资账套。工资账套是企业核算账套的一个组成部分，在建立工资账套时，必须首先建立企业核算账套。

本案例属于建立工资账套的内容，可以通过“工资”模块里的“建立工资账套”功能来完成。

案例操作

恢复“总账系统期末业务处理”备份内容。

第一，启用工资管理系统。

步骤1：以账套主管的身份登录“系统管理”

步骤2：执行“账套”→“启用”命令，进入系统启用界面。

步骤3：选择启用工资管理，设置工资管理系统启用的时间为2016-01-01，如图5-2所示。

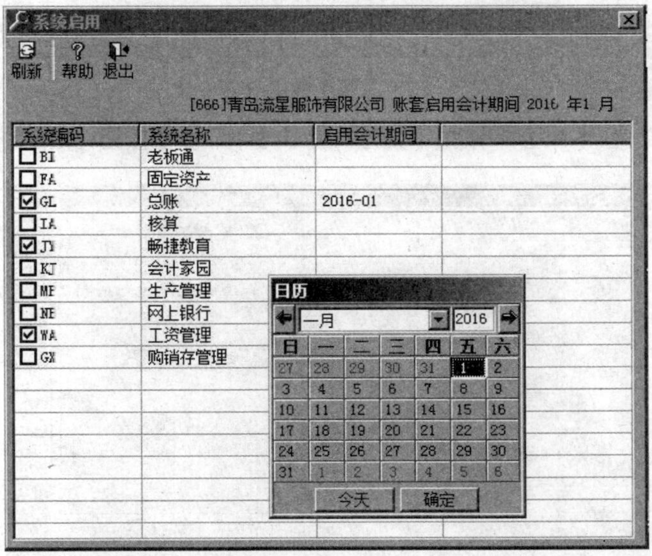

图5-2

第二，建立工资账套。

步骤1：在“畅捷通T3-企业管理信息化软件教育专版—营改增版”窗口中，执行“工资”→“建立工资账套”命令，打开“1. 参数设置”对话框。

步骤2：参数设置，在“建立工资套”对话框中，选择“单个”工资类别，默认币别名称为“人民币RMB”，单击【下一步】按钮，如图5-3所示。

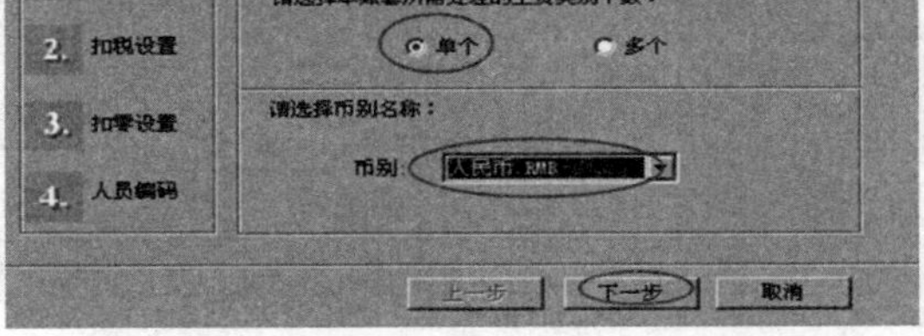

图5-3

步骤 3：扣税设置，选中“是否从工资中代扣个人所得税”复选框，单击【下一步】按钮，如图 5-4 所示。

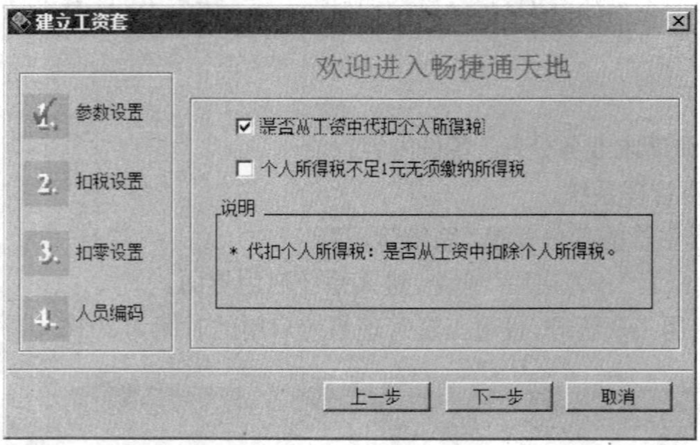

图 5-4

步骤 4：扣零设置（本账套不做扣零处理），单击【下一步】按钮，如图 5-5 所示。

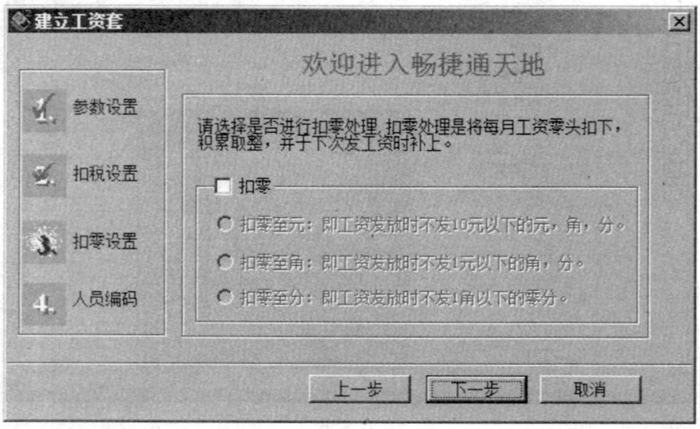

图 5-5

步骤 5：人员编码设置，选择人员编码长度、账套启用日期、是否选择预置工资项目等，单击【完成】按钮，完成工资账套的初始设置，如图 5-6 所示。

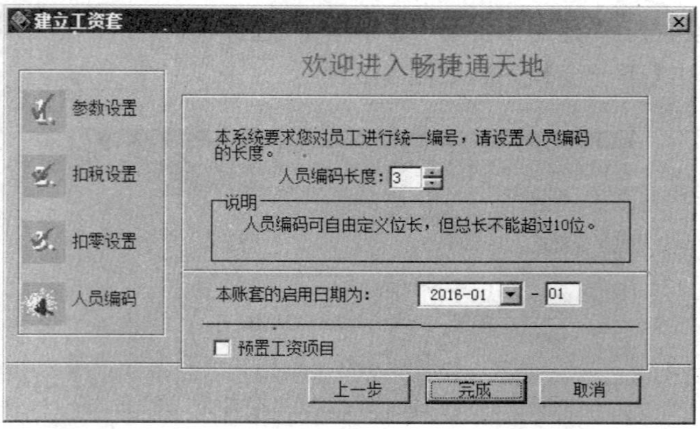

图 5-6

注意事项

(1) 本次建立工资账套中，工资类别个数选择“单个”，如果单位中有多种不同类别的人员，工资的项目，计算公式等都不相同，则需要建立多个工资类别，每个工资类别下都有相同的基本功能。在设置多个工资类别情况下，要对某一个工资类别进行操作时，一定要先关闭其他工资类别，再打开需要操作的工资类别进行操作。

(2) 完成工资账套建立后，工资管理系统不再出现建立工资账套的界面。

活动 5.2

活动内容

设置工资账套基础信息。

活动案例 27

根据以下资料进行工资账套基础信息的设置。

(1) 工资权限：设置王少平为流星服饰“工资类别主管”。

(2) 人员类别设置：管理人员，研发人员，营销人员。

(3) 银行名称：中国银行，账号定长为 11，自动带出账号长度为 9 位。

(4) 人员档案。

部门	人员编码	人员姓名	人员类别	银行账号	是否扣税
行政部	101	王陆	管理人员	11208000001	是
行政部	102	孙建国	管理人员	11208000002	是
财务部	201	李敏	管理人员	11208000003	是
财务部	202	张海	管理人员	11208000004	是
财务部	203	王少平	管理人员	11208000005	是
财务部	204	孙翼	管理人员	11208000006	是
生产部	301	孙海涛	管理人员	11208000007	是
生产部	302	周亚欣	研发人员	11208000008	是
生产部	303	钱明宇	研发人员	11208000009	是
市场部	401	刘洁	管理人员	11208000010	是
市场部	402	李斯	营销人员	11208000011	是
市场部	403	孔浩	营销人员	11208000012	是

(5) 工资项目。

项目名称	类型	长度	小数位数	工资增减项
基本工资	数字	8	2	增项
岗位工资	数字	8	2	增项
奖金	数字	8	2	增项
应发合计	数字	8	2	增项

（续表）

项目名称	类型	长度	小数位数	工资增减项
缺勤天数	数字	2	0	减项
缺勤扣款	数字	8	2	减项
工会经费	数字	8	2	减项
扣款合计	数字	8	2	减项
税前工资	数字	8	2	增项
代扣税	数字	8	2	减项
实发合计	数字	8	2	增项

（6）工资计算公式。

工资项目	定义公式
岗位工资	管理人员为 3 000 元，研发人员 2 500 元，营销人员 2 000 元
缺勤扣款	缺勤天数 × 50
应发合计	基本工资 + 岗位工资 + 奖金
工会经费	（基本工资 + 岗位工资 + 奖金）× 0.02
扣款合计	缺勤扣款 + 工会经费
税前工资	应发合计 − 扣款合计
实发合计	税前工资 − 代扣税

操作员：01 李敏。

案例分析

工资账套建立后，为了能快速、准确地计算工人工资，还需要进行一些基础信息的设置，包括工资权限设置、人员类别设置、银行名称设置、人员档案设置、工资项目设置、工资公式设置、个人所得税设置、录入期初数据、工资分摊类型及薪酬费用分配设置。

本案例属于工资账套基础信息设置的内容，可以通过“工资”模块里的“设置”功能来完成。

案例操作

第一，工资权限设置。

步骤 1：以账套主管登录 T3 应用平台。

步骤 2：在工资管理系统，执行“工资”→“设置”→“权限设置”命令，进入“权限设置”对话框，如图 5-7 所示。

步骤 3：在权限设置对话框，选择操作员后单击【修改】按钮，在工资类别主管单选框打“√”，单击【保存】按钮后退出，如图 5-8 所示。

第二，人员类别设置。

步骤 1：以工资类别主管登录 T3 应用平台。

步骤 2：在工资管理系统，执行“工资”→“设置”→“人员类别设置”命令，进入“类别设置”对话框，如图 5-9 所示。

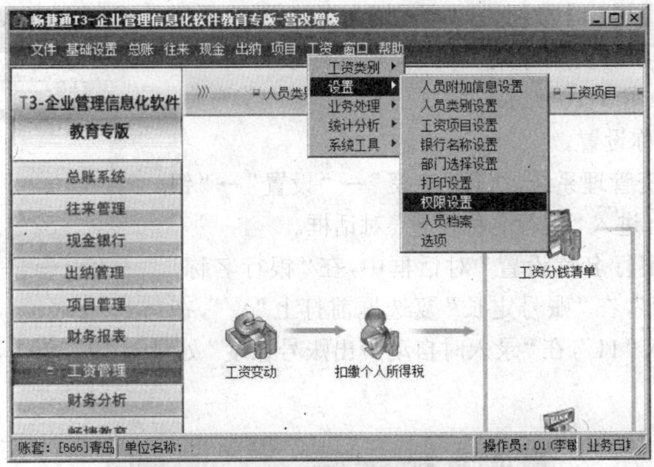
畅捷通T3-企业管理信息化软件教育专版-营改增版
文件 基础设置 总账 往来 现金 出纳 项目 工资 窗口 帮助
工资类别
设置
业务处理
统计分析
系统工具
人员附加信息设置
人员类别设置
工资项目设置
银行名称设置
部门选择设置
打印设置
权限设置
人员档案
选项
T3-企业管理信息化软件
教育专版
总账系统
往来管理
现金银行
出纳管理
项目管理
财务报表
工资管理
财务分析
工资项目
工资分钱清单
工资变动
扣缴个人所得税
账套：[666]青岛
单位名称：
操作员：01 (李
业务日

图 5-7

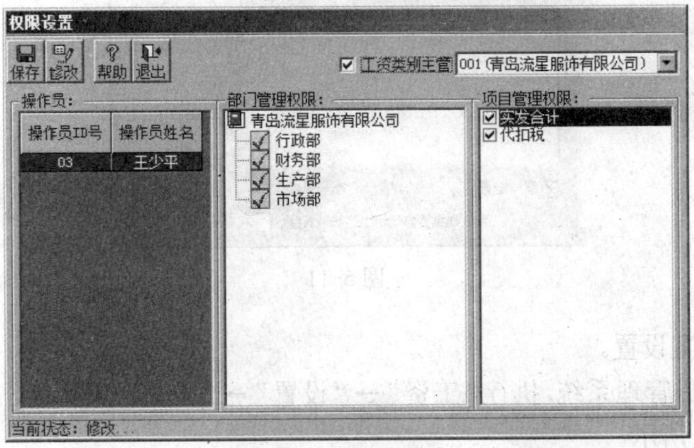
权限设置
保存
修改
帮助
退出
工资类别主管
001 (青岛流星服饰有限公司)
操作员：
操作员ID号
操作员姓名
03
王少平
部门管理权限：
青岛流星服饰有限公司
行政部
财务部
生产部
市场部
项目管理权限：
实发合计
代扣税
当前状态：修改

图 5-8

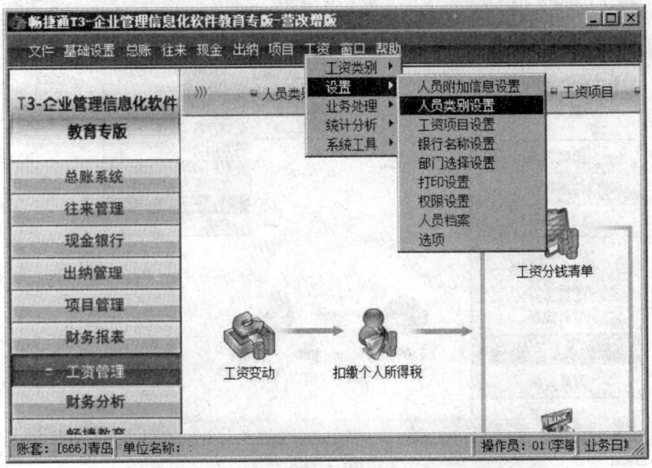
畅捷通T3-企业管理信息化软件教育专版-营改增版
文件 基础设置 总账 往来 现金 出纳 项目 工资 窗口 帮助
工资类别
设置
业务处理
统计分析
系统工具
人员附加信息设置
人员类别设置
工资项目设置
银行名称设置
部门选择设置
打印设置
权限设置
人员档案
选项
T3-企业管理信息化软件
教育专版
总账系统
往来管理
现金银行
出纳管理
项目管理
财务报表
工资管理
财务分析
工资项目
工资分钱清单
工资变动
扣缴个人所得税
账套：[666]青岛
单位名称：
操作员：01 (李
业务日

图 5-9

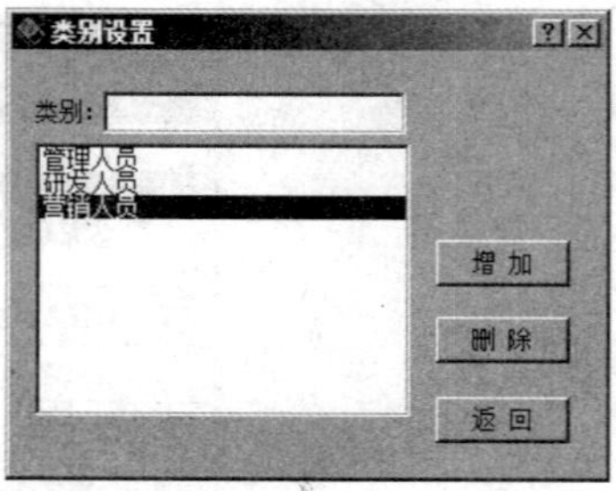

图 5-10

步骤 3：单击【增加】按钮，在“类别”处输入所需要增加的类别后返回，如需要删除某个类别，则选择该类别后单击【删除】按钮，如图 5-10 所示。

第三，银行名称设置。

步骤 1：在工资管理系统，执行“工资”→“设置”→“银行名称设置”命令，进入“银行名称设置”对话框。

步骤 2：在“银行名称设置”对话框中，在“银行名称”处录入“中国银行”，在“账号定长”复选框前打上“√”，在“账号长度”处录入“11”，在“录入时自动带出账号长度”处录入“9”，单击【增加】按钮，如图 5-11 所示。

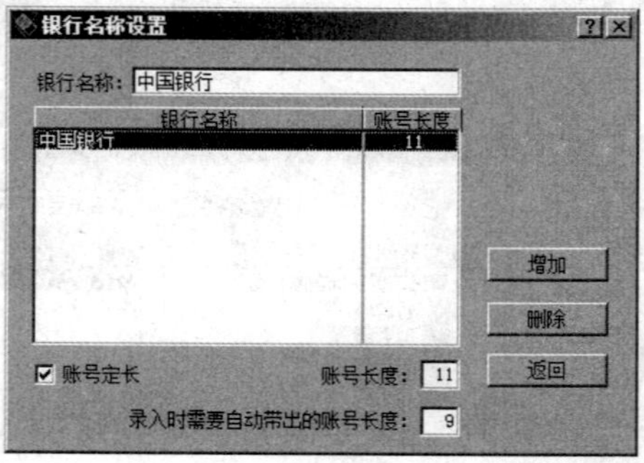

图 5-11

第四，人员档案设置。

步骤 1：在工资管理系统，执行“工资”→“设置”→“人员档案”命令，进入“人员档案”对话框，如图 5-12 所示。

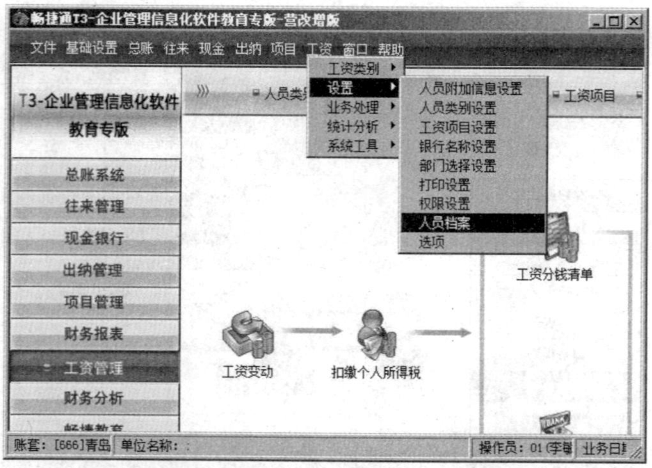

图 5-12

步骤 2：单击人员档案对话框工具栏【增加】或【批增】按钮，输入信息后单击【确认】按钮，如图 5-13 所示。

图 5-13

第五，工资项目设置（以增加“基本工资”项目为例）。

步骤 1：在工资管理系统，执行“工资”→“设置”→“工资项目设置”命令，进入工资项目设置对话框，如图 5-14 所示。

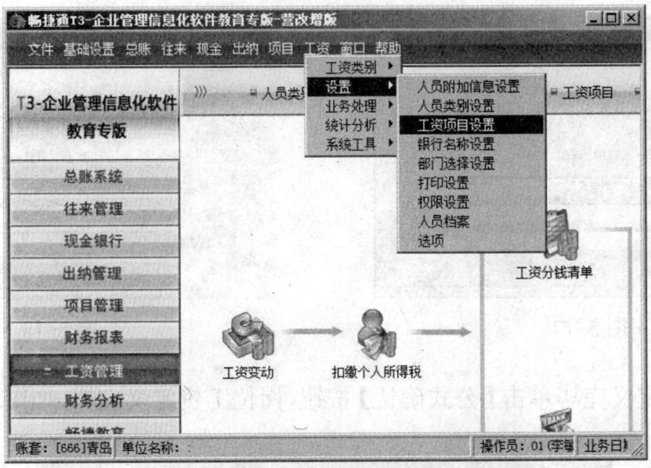

图 5-14

步骤 2：单击【增加】按钮，录入项目名称，例如“基本工资”（也可在称参照中选择录入）、类型、长度、小数及增减项。

步骤 3：所有项目设置完毕后单击【确认】按钮，如图 5-15 所示。

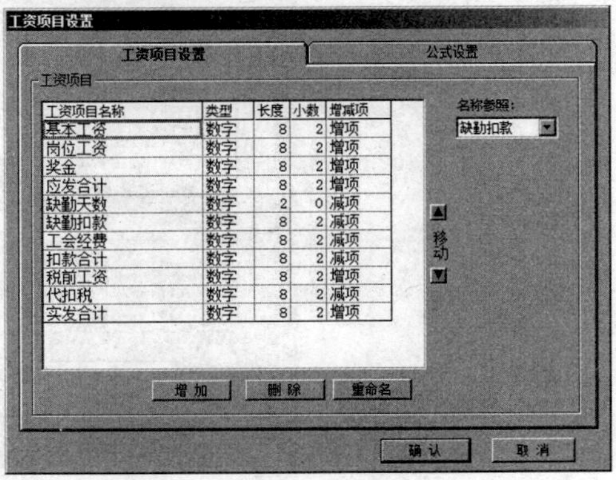

图 5-15

第六，工资公式设置（使用函数公式向导的方法来进行岗位工资公式的设置）。

步骤 1：在工资管理系统，执行“工资”→“设置”→“工资项目设置”→“公式设置”命令，进入工资公式设置对话框。

步骤2：单击“公式设置”选项卡，在左侧“工资项目”区域，单击【增加】按钮，选择工资项目“岗位工资”。

步骤3：将光标移动到岗位工资公式定义空白处进行公式定义。公式定义时可以直接输入公式，也可以使用函数公式向导输入。岗位工资公式设置使用函数公式向导输入，则单击“函数公式向导输入”进入“函数向导—步骤之1”界面，选择“iff”后，单击【下一步】按钮，如图5-16所示。

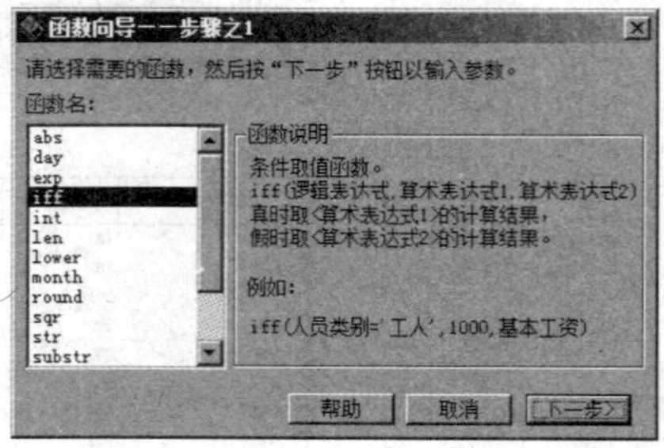

图5-16

步骤4：在“函数向导—步骤之2”界面，逻辑表达式选择“人员类别 = 管理人员”、算数表达式1输入“3 000”，单击【完成】按钮，返回到公式设置界面，如图5-17所示。

步骤5：在公式设置界面，把光标移动到iff函数后半个括号前，再单击“函数公式向导输入”，进入“函数向导—步骤之1”界面，选择“iff”后，单击【下一步】按钮。

步骤6：在“函数向导—步骤之2”界面，逻辑表达式输入“人员类别 = 研发人员”、算数表达式1输入“2 500”，算数表达式2输入“2 000”，单击【完成】按钮，如图5-18所示。

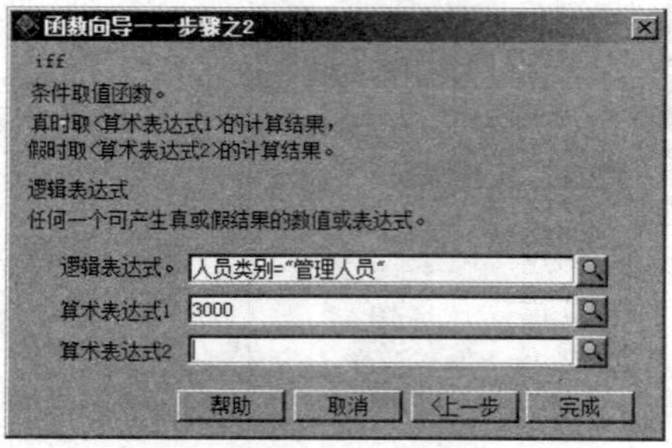

图5-17

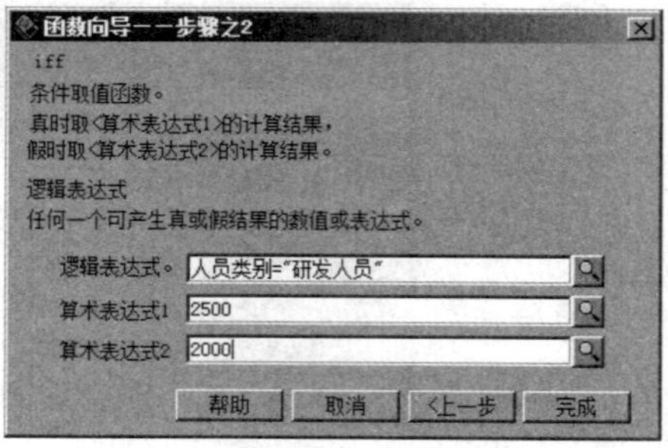

图5-18

步骤7：公式定义完毕单击【公式确认】按钮，岗位工资定义完毕，如图5-19所示。

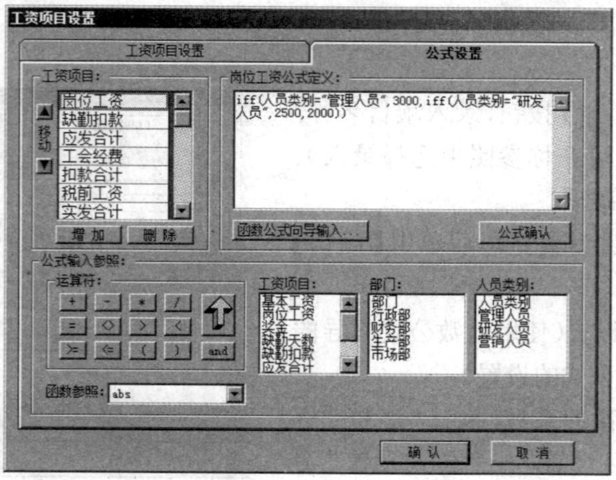

图5-19

步骤 8：使用直接输入公式的方法来进行缺勤扣款公式设置的操作。在工资公式设置对话框中，单击【增加】按钮，选择工资项目“缺勤扣款”，将光标移动到缺勤扣款公式定义空白处，单击“工资项目”下拉表中的“缺勤天数”，如图 5-20 所示。

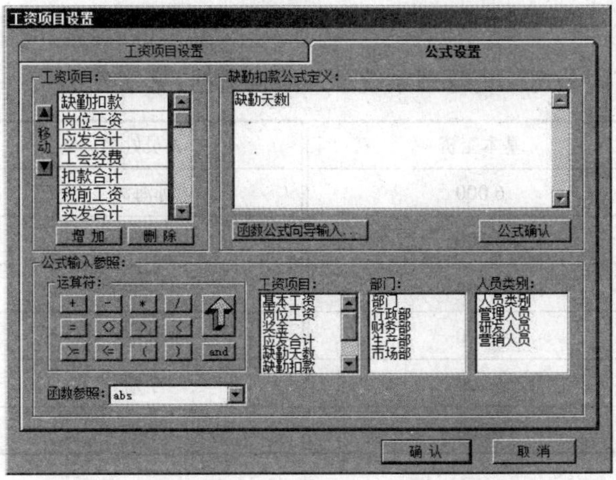

图 5-20

步骤 9：单击左边运算符处的“⇧”符号，然后单击“*”，如图 5-21 所示。

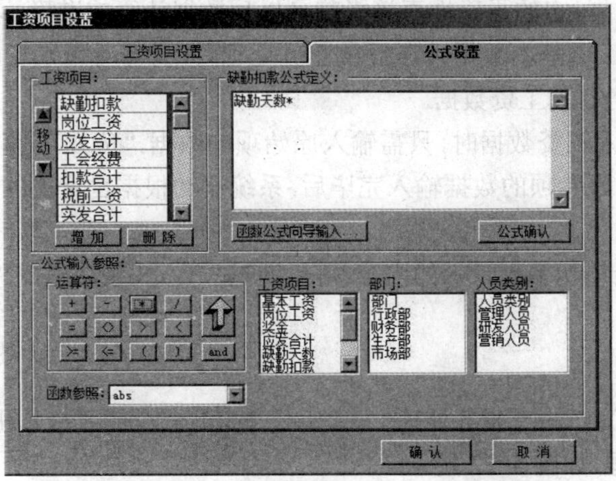

图 5-21

步骤 10：单击“⇧”，返回到左边运算符处数字状态，输入“50”，单击【公式确认】按钮。继续定义其他公式，所有公式定义完毕后单击【确认】按钮，退出。

注意事项

（1）在进行人员档案设置时，可以使用“批增”功能，批量增加人员档案，但需要在“人员批量增加”界面修改“人员类别”，在“人员档案设置”界面修改人员档案基本信息和附加信息。

（2）在公式设置完成后，需要重新计算一下工资变动，以便于进行下一项的操作。

活动 5.3

活动内容

录入工资期初数据。

活动案例 28

青岛流星服饰有限公司工资管理系统录入期初数据，见下表：

人员姓名	基本工资	人员姓名	基本工资
王陆	6 000	孙海涛	4 500
孙建国	4 200	周亚欣	4 000
李敏	5 000	钱明宇	4 000
张海	4 000	刘洁	4 500
王少平	4 200	李斯	3 500
孙翼	4 300	孔浩	3 500

操作员：01 李敏。

案例分析

工资管理系统核算规则设置完毕后，即可编辑个人工资数据。个人工资数据是工资管理系统中基本的原始数据，它的正确性直接影响到以后数据计算的准确。初次使用工资管理系统时，应先输入个人工资基本数据。在日常业务处理时，只需对个别变动性的工资项目进行调整，即可自动生成当月的工资数据。

一般地，输入个人工资数据时，只需输入原始项的数据，“应发工资”“实发工资”等非原始项目无须输入。当原始项的数据输入完毕后，系统自动根据已定义的计算公式计算出非原始项的数据。

本案例属于工资期初数据录入的内容，可以通过“工资”模块里的“工资变动”功能来完成。

案例操作

步骤 1：执行“工资”→“业务处理”→“工资变动”命令或直接单击图标“工资变动”进入“工资变动”对话框，如图 5-22 所示。

步骤 2：在“工资变动”对话框中，单击【页编辑】按钮，进入“页编辑”界面，录入“基本工资”期初数据，单击【确认】按钮后，继续录入下一人数据，如图 5-23 所示。

步骤 3：所有人员基本工资录入完毕后，单击【取消】按钮，返回到工资变动界面，单击【保存】【汇总】按钮后，单击退出。

注意事项

在进行基础信息设置时，一定要根据企业实际情况或者题目要求进行设置。

模块任务一小结

本任务由账套主管来操作，通过具体的实际案例对本任务中涉及的内容进行了实训操作，对工资管理系统的期初设置基本功能都进行了练习巩固，并为工资管理系统的日常使用

图 5-22

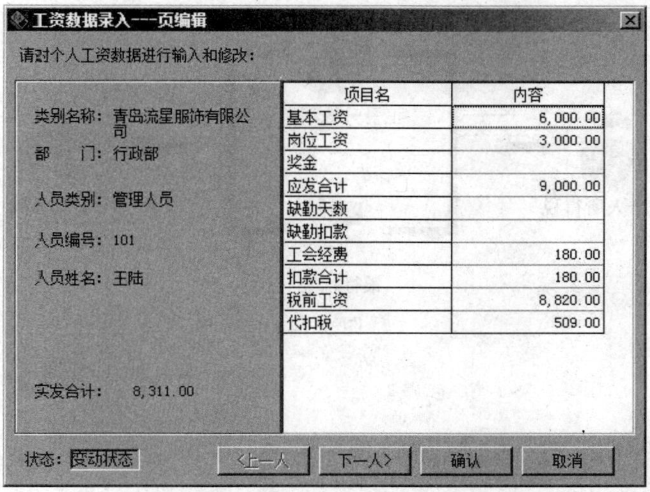

图 5-23

做好了准备。

模块备份

把本任务操作内容备份到“工资管理系统期初设置”文件夹中，以备练习使用。

评价

将实训记录和评分结果填入表 5-1 中。

表 5-1 学生学习情况评价表

任务名称： 座位号： 姓名：

项目	分值	自我记录	自我评价	小组评价	教师评价
账套恢复设置是否正确	5				
工资账套建立的作用，设置是否正确	20				

（续表）

项目	分值	自我记录	自我评价	小组评价	教师评价
工资基础信息设置的意义，录入是否正确。	50				
工资期初余额录入主要有哪些，录入是否正确。	30				
账套备份设置是否正确。	5				

任务二 工资管理系统日常业务处理

工资的日常业务处理，主要是对人员档案的维护、个人工资数据的调整，以及某些工资项目的增减设置，具体包括调动人员、修改工资数据、计算与申报个人所得税、计算与汇总工资数据及银行代发工资等工作。

工资日常业务处理流程，如图 5-24 所示。

图 5-24

活动 5.4

活动内容

工资变动的操作。

活动案例 29

青岛流星服饰有限公司发生的涉及工资方面的内容有以下几笔业务：

（1）1 月 8 日，为方便公司开展业务，招聘销售人员 1 名，姓名张凌峰，试用期 3 个月，试用期基本工资为 2 000 元，人员类别为营销人员，银行账号为 11208000013，人员编码为 404。

（2）1 月 10 日，生产部钱明宇调到市场部从事销售工作。

（3）1 月 31 日，统计考勤情况，张海缺勤 2 天，钱明宇缺勤 1 天，孔浩缺勤 2 天。

（4）由于本月业绩突出，1 月 31 日给员工发放奖金金额为管理人员 1 000 元，研发人员 800 元，营销人员 800 元。

操作员：01 李敏。

案例分析

工资变动一般包括人员的变动、工资数据的修改，这两方面内容可以通过下面的方法解决。

（1）维护人员档案，是指对人员的增加、减少等情况的调整，以及对人员档案信息的添加、修改或删除。

（2）调整工资数据，是指对人员工资数据的增加、减少等情况的调整。一般情况下，它可以通过“页—编辑”“数据过滤”“定位”和“数据替换”等功能来完成，当然，也可以直接在工资变动表中修改。① 如果需要修改某个人或某一批人的数据，可采用“页—编辑”功能；② 如果只修改工资项目中的某一项目，可采用“数据过滤”或“定位”功能，将他们从人员档案中快速提取出来。③ 如果要对同一工资项目做统一变动，可采用“数据替换”功能。

本活动案例中，(1)和(2)属于人员变动的内容，可以通过“工资”模块里的“人员档案”功能来完成，(3)和(4)属于工资数据修改的内容，可以通过“工资”模块里的“工资变动”功能来完成。

案例操作

恢复“工资管理系统期初设置”备份内容。

第一，增加人员。

步骤 1：在“畅捷通 T3- 企业管理信息化软件教育专版—营改增版”窗口中，执行“工资”→“设置”→“人员档案”命令，进入“人员档案”窗口。

步骤 2：在“人员档案”窗口中，单击【增加】按钮，打开“人员档案”对话框。

步骤 3：在“人员档案”对话框中，输入新员工张凌峰的有关信息。

步骤 4：新员工张凌峰档案资料输入完毕，单击【确认】按钮。

步骤 5：单击【取消】按钮，返回“人员档案”窗口，单击【退出】按钮。

步骤 6：在“畅捷通 T3- 企业管理信息化软件教育专版—营改增版”窗口中，执行“工资”→“业务处理”→“工资变动”命令，打开“工资变动”窗口。

步骤 7：在“工资变动”窗口中，选中张凌峰的信息行，单击【页编辑】按钮，打开“工资数据录入—页编辑”对话框，如图 5-25 所示。

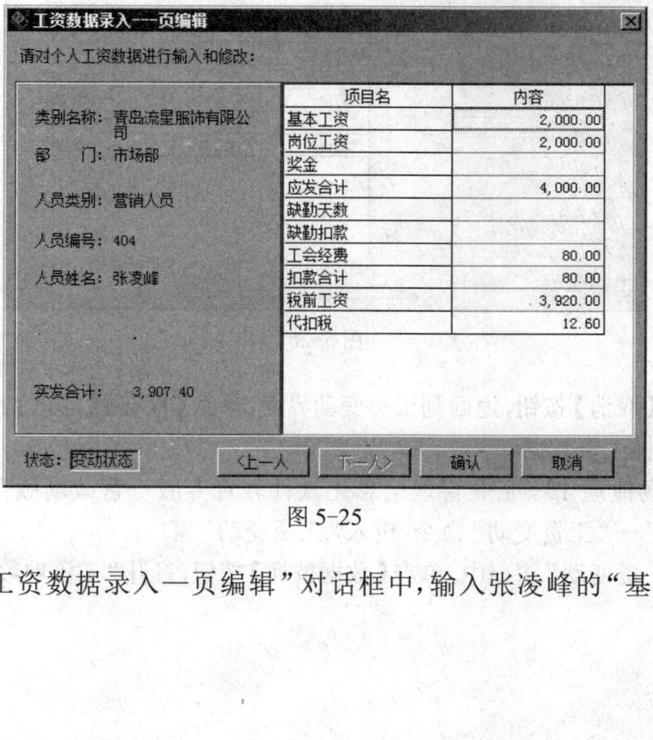

图 5-25

步骤 8：在“工资数据录入—页编辑”对话框中，输入张凌峰的“基本工资”数据，如

“2 000”。

步骤 9:单击【确认】按钮,保存数据。

步骤 10:单击【取消】按钮,返回到工资变动界面,单击【保存】【汇总】按钮后,单击退出。

第二,调动人员。

步骤 1:在“畅捷通 T3- 企业管理信息化软件教育专版—营改增版”窗口中,执行“工资”→“设置”→“人员档案”命令,进入“人员档案”窗口。

步骤 2:在“人员档案”窗口中,选中钱明宇的信息行。

步骤 3:单击【修改】按钮,打开“人员档案”对话框。

步骤 4:在“人员档案”对话框中,单击“部门名称”下拉列表,选择“市场部”,人员类别选择“营销人员”。

步骤 5:单击【确认】按钮,打开“写入该人员档案信息吗?”提示框,单击【确定】按钮,钱明宇的部门调动则操作完成。

第三,录入请假或缺勤员工的数据。

步骤 1:在“畅捷通 T3- 企业管理信息化软件教育专版—营改增版”窗口中,执行“工资”→“业务处理”→“工资变动”命令,进入“工资变动”窗口。

步骤 2:在“工资变动”窗口中,单击【页编辑】按钮,打开“工资数据录入—页编辑”对话框,找到人员张海,在缺勤天数行填上“2”单击【确认】按钮,以此把其他人员工资项目数据修改完成,如图 5-26 所示。

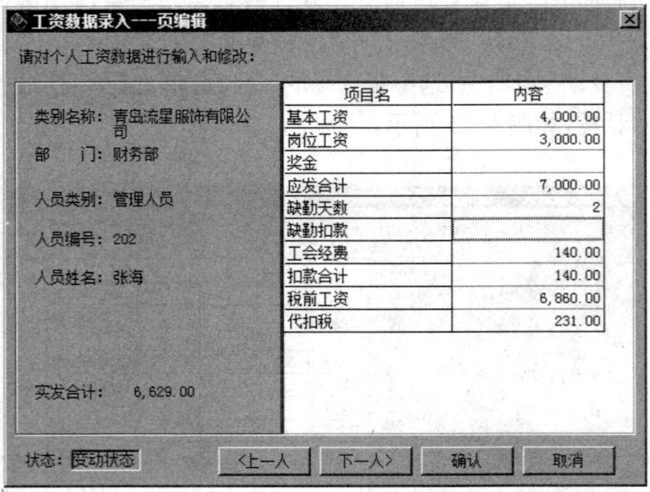

图 5-26

步骤 3:单击【取消】按钮,返回到工资变动界面,单击【保存】【汇总】按钮后,单击退出。

第四,成批替换工资数据。

步骤 1:在“畅捷通 T3- 企业管理信息化软件教育专版—营改增版”窗口中,执行“工资”→“业务处理”→“工资变动”命令,进入“工资变动”窗口。

步骤 2:在“工资变动”窗口中,单击【数据替换】按钮,打开“工资项数据替换”对话框。

步骤 3：在“工资项数据替换”对话框中，单击打开“将工资项目”下拉列表，选择“奖金”。

步骤 4：在“替换成”文本框中输入“1 000”，如图 5-27 所示。

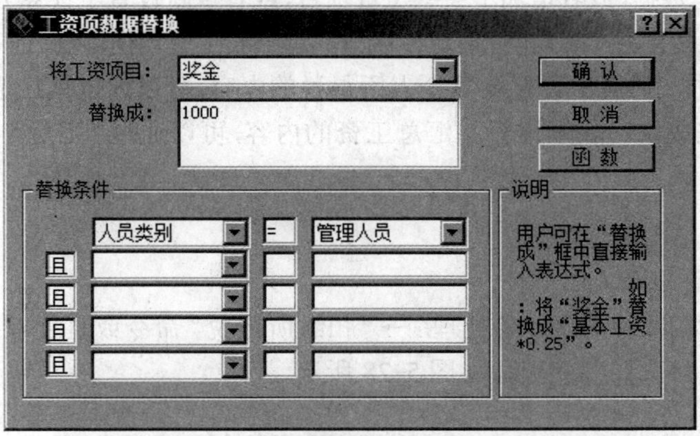

图 5-27

步骤 5：在替换条件框中，确定替换条件为“人员类别”“=”“管理人员”。

步骤 6：单击【确认】按钮，系统弹出“数据替换后将不可恢复。是否继续？”提示框，单击【是】按钮。

步骤 7：重复步骤 5～7，继续完成其他工资数据成批替换。

步骤 8：单击【取消】按钮，返回到工资变动界面，单击【保存】【汇总】按钮后，单击退出。

注意事项

如果工资数据变化范围较大可以使用替换功能进行替换。

活动 5.5

活动内容

设置计算个人所得税，计算并汇总工资。

活动案例 30

（1）月末，根据本月工资变动情况，设置个人所得税缴纳基数为 3 500 元，对应工资项目选择“税前工资”。（2）计算扣缴青岛流星服饰有限公司个人所得税，计算、汇总 1 月份工资。

操作员：01 李敏。

案例分析

1. 个人所得税的计算与申报

（1）个人所得税申报表栏目。系统提供了个人所得税申报表标准栏目，如姓名、所得项目、所得期间、应纳税所得额、税率等，可以根据实际需要选择设置。

（2）个人所得税税率表。系统自动计算所得税的依据是根据收入减扣除费用（3 500 或附加费用 1 300），乘以税率计算得出的，如果单位的扣除费用及税率与国家规定不一致，或者国家税收政策发生变动，可执行“税率表”功能进行修改。

（3）个人所得税申报表。个人所得税申报表显示栏目和税率确定以后，系统自动重新计算个人工薪所得税。采用“定位”和“过滤”功能，可以快速查找某个人或某些人的申报情况。

2. 工资数据的计算与汇总

在修改了某些数据，或者增加了某些工资项目，或者重新设置了计算公式以后，必须执行“重算工资”和“工资汇总”等功能，重新计算与汇总个人工资数据，以保证工资数据的正确。

本活动案例中，(1)属于设置计算个人所得税的内容，可以通过“工资”模块里的“扣缴所得税”功能来完成，(2)属于计算并汇总工资的内容，可以通过“工资”模块里的“工资变动”功能来完成。

案例操作

第一，设置并计算个人所得税。

步骤 1：执行“工资”→“业务处理”→“扣缴所得税”命令或直接双击“扣缴个人所得税”图标，打开“栏目选择”对话框，如图 5-28 所示。

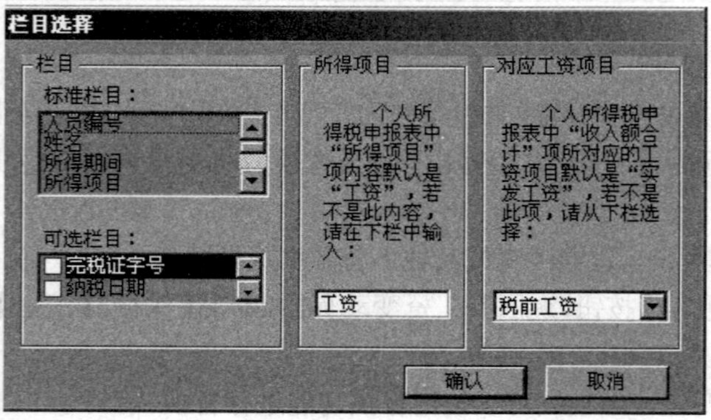

图 5-28

步骤 2：在“栏目选择”对话框中，对应工资项目选择“税前工资”，单击【确认】按钮，进入“个人所得税扣缴申报表”对话框。在“个人所得税扣缴申报表”对话框中，单击“税率”进入“个人所得税申报表—税率表”对话框，修改基数为“3 500”数字后单击【确认】按钮，单击退出，如图 5-29 所示。

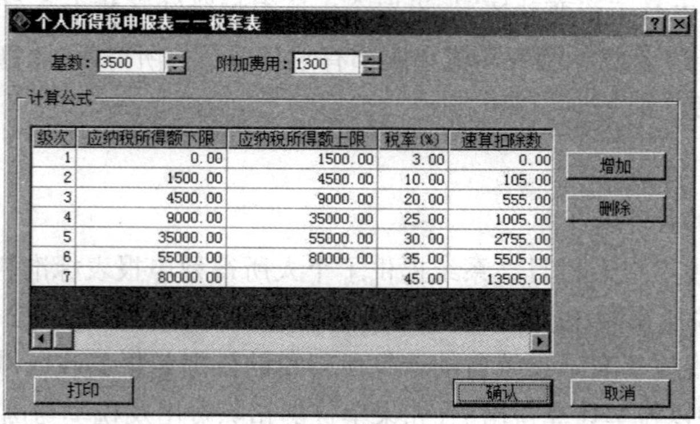

级次	应纳税所得额下限	应纳税所得额上限	税率(%)	速算扣除数
1	0.00	1500.00	3.00	0.00
2	1500.00	4500.00	10.00	105.00
3	4500.00	9000.00	20.00	555.00
4	9000.00	35000.00	25.00	1005.00
5	35000.00	55000.00	30.00	2755.00
6	55000.00	80000.00	35.00	5505.00
7	80000.00		45.00	13505.00

图 5-29

步骤 3：再次单击“扣缴个人所得税”图标，打开“栏目选择”对话框，在“栏目选择”对话框中，对应工资项目选择“税前工资”，单击【确认】按钮，系统提示“是否重算数据”，单击“是”进入“个人所得税扣缴申报表”界面。

步骤 4：在个人所得税扣缴申报表界面，单击【税率】按钮，检查税率表上的基数及附加费用设置是否正确（如果设置不正确，则修改），再单击【确认】按钮，按照系统提示重新计算个人所得税后退出。结果如图 5-30 所示。

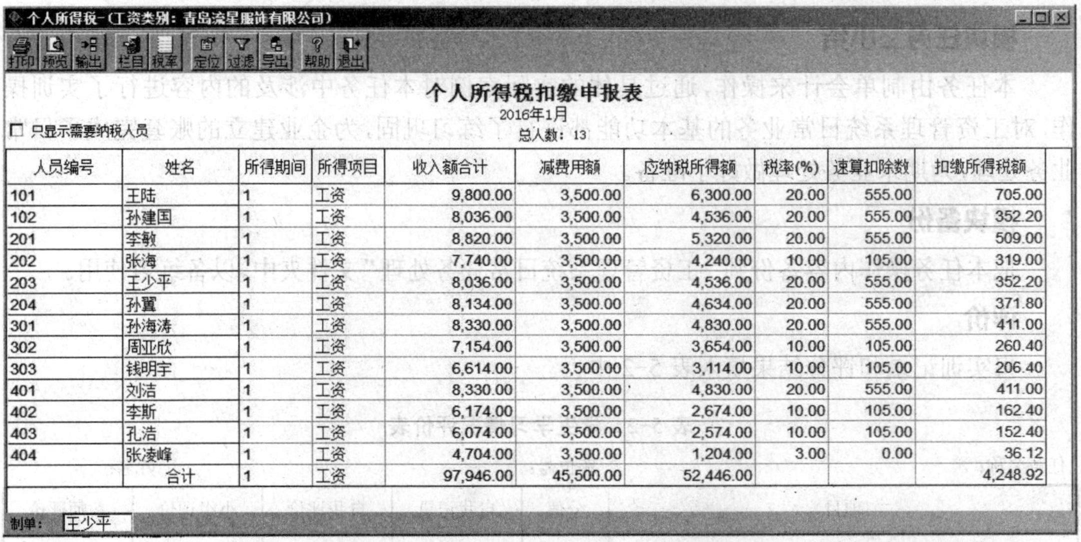

人员编号	姓名	所得期间	所得项目	收入额合计	减费用额	应纳税所得额	税率(%)	速算扣除数	扣缴所得税额
101	王陆	1	工资	9,800.00	3,500.00	6,300.00	20.00	555.00	705.00
102	孙建国	1	工资	8,036.00	3,500.00	4,536.00	20.00	555.00	352.20
201	李敏	1	工资	8,820.00	3,500.00	5,320.00	20.00	555.00	509.00
202	张海	1	工资	7,740.00	3,500.00	4,240.00	10.00	105.00	319.00
203	王少平	1	工资	8,036.00	3,500.00	4,536.00	20.00	555.00	352.20
204	孙翼	1	工资	8,134.00	3,500.00	4,634.00	20.00	555.00	371.80
301	孙海涛	1	工资	8,330.00	3,500.00	4,830.00	20.00	555.00	411.00
302	周亚欣	1	工资	7,154.00	3,500.00	3,654.00	10.00	105.00	260.40
303	钱明宇	1	工资	6,614.00	3,500.00	3,114.00	10.00	105.00	206.40
401	刘洁	1	工资	8,330.00	3,500.00	4,830.00	20.00	555.00	411.00
402	李斯	1	工资	6,174.00	3,500.00	2,674.00	10.00	105.00	162.40
403	孔浩	1	工资	6,074.00	3,500.00	2,574.00	10.00	105.00	152.40
404	张凌峰	1	工资	4,704.00	3,500.00	1,204.00	3.00	0.00	36.12
	合计	1	工资	97,946.00	45,500.00	52,446.00			4,248.92

图 5-30

第二，计算与汇总工资数据。

步骤 1：在“畅捷通 T3- 企业管理信息化软件教育专版—营改增版”窗口中，执行“工资”→“业务处理”→“工资变动”命令，进入“工资变动”窗口。

步骤 2：在“工资变动”窗口中，单击“重新计算”按钮，计算工资数据。

步骤 3：单击【汇总】按钮，汇总工资数据，结果如图 5-31 所示。

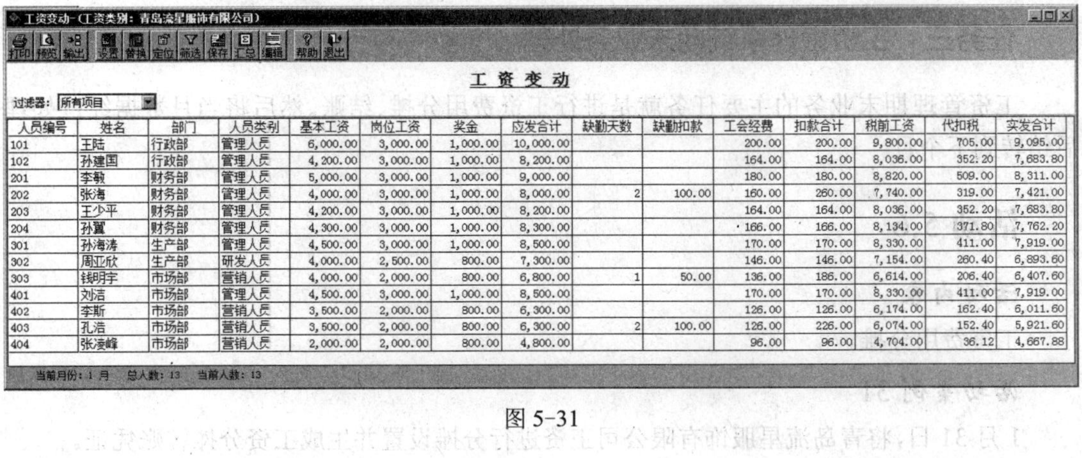

人员编号	姓名	部门	人员类别	基本工资	岗位工资	奖金	应发合计	缺勤天数	缺勤扣款	工会经费	扣款合计	税前工资	代扣税	实发合计
101	王陆	行政部	管理人员	6,000.00	3,000.00	1,000.00	10,000.00			200.00	200.00	9,800.00	705.00	9,095.00
102	孙建国	行政部	管理人员	4,200.00	3,000.00	1,000.00	8,200.00			164.00	164.00	8,036.00	352.20	7,683.80
201	李敏	财务部	管理人员	5,000.00	3,000.00	1,000.00	9,000.00			180.00	180.00	8,820.00	509.00	8,311.00
202	张海	财务部	管理人员	4,000.00	3,000.00	1,000.00	8,000.00	2	100.00	160.00	260.00	7,740.00	319.00	7,421.00
203	王少平	财务部	管理人员	4,200.00	3,000.00	1,000.00	8,200.00			164.00	164.00	8,036.00	352.20	7,683.80
204	孙翼	财务部	管理人员	4,300.00	3,000.00	1,000.00	8,300.00			166.00	166.00	8,134.00	371.80	7,762.20
301	孙海涛	生产部	管理人员	4,500.00	3,000.00	1,000.00	8,500.00			170.00	170.00	8,330.00	411.00	7,919.00
302	周亚欣	生产部	研发人员	4,000.00	2,500.00	800.00	7,300.00			146.00	146.00	7,154.00	260.40	6,893.60
303	钱明宇	市场部	营销人员	4,000.00	2,000.00	800.00	6,800.00	1	50.00	136.00	186.00	6,614.00	206.40	6,407.60
401	刘洁	市场部	管理人员	4,500.00	3,000.00	1,000.00	8,500.00			170.00	170.00	8,330.00	411.00	7,919.00
402	李斯	市场部	营销人员	3,500.00	2,000.00	800.00	6,300.00			126.00	126.00	6,174.00	162.40	6,011.60
403	孔浩	市场部	营销人员	3,500.00	2,000.00	800.00	6,300.00	2	100.00	126.00	226.00	6,074.00	152.40	5,921.60
404	张凌峰	市场部	营销人员	2,000.00	2,000.00	800.00	4,800.00			96.00	96.00	4,704.00	36.12	4,667.88

图 5-31

步骤 4:汇总完毕后,单击【退出】按钮,退出“工资变动”窗口。

注意事项

(1) 在计算个人所得税“栏目选择”中,对应工资项目系统默认以“实发合计”作为扣税基数。如果想以其他工资项目作为扣税标准,则在“对应工资项目”中选择其他工资项目。

(2) 在修改了某些数据、重新设置了计算公式、进行了数据替换或在个人所得税中执行了自动扣税等操作时,必须调用“计算”和“汇总”功能对个人工资数据进行重新计算,以保证数据正确。

模块任务二小结

本任务由制单会计来操作,通过具体的实际案例对本任务中涉及的内容进行了实训操作,对工资管理系统日常业务的基本功能都进行了练习巩固,为企业建立的账套完成了日常业务处理,为期末业务处理做好了准备。

模块备份

把本任务操作内容备份到“工资管理系统日常业务处理”文件夹中,以备练习使用。

评价

将实训记录和评分结果填入表 5-2 中。

表 5-2 学生学习情况评价表

任务名称: 座位号: 姓名:

项目	分值	自我记录	自我评价	小组评价	教师评价
账套恢复设置是否正确	5				
调动人员操作的方法,输入是否正确	30				
修改工资数据的方法,操作是否正确	20				
计算个人所得税的作用,操作是否正确	20				
计算与汇总工资数据的前提条件,操作是否正确	20				
账套备份设置是否正确	5				

任务三 工资管理系统期末业务处理

工资管理期末业务的主要任务就是进行工资费用分摊、结账,然后将当月数据经过处理后结转到下个月。

活动 5.6

活动内容

工资费用分摊。

活动案例 31

1 月 31 日,将青岛流星服饰有限公司工资进行分摊设置并生成工资分摊转账凭证。

（1）工资分摊设置的类型及计算公式：

应付职工薪酬 = 应发合计 × 100%；工会经费 = 应发合计 × 2%。

（2）工资分摊设置内容：项目是应发合计。

部门		行政部、财务部	生产部		市场部	
项目	方向	管理人员	管理人员	研发人员	管理人员	营销人员
应付职工薪酬	借方	660201 管理费用—职工薪酬	510101 制造费用—职工薪酬		660101 销售费用—职工薪酬	
	贷方	221101 应付职工薪酬—工资				
工会经费	借方	660204 管理费用—其他				
	贷方	221102 应付职工薪酬—工会经费				

（3）生成工资分摊转账凭证。

操作员：01 李敏，03 王少平。

案例分析

月末，负责工资管理的会计人员要对各部门各类人员的工资等费用进行分配核算，工资费用分摊是指对当月发生的工资总额的分配及各种经费的计提，通过工资管理系统可以灵活设置各项费用计提基数，例如计提工会经费、职工教育经费等费用等，自动生成转账凭证，传递到总账系统中。

（1）设置工资总额和计提基数。工资总额就是企业在一定时期内支付给职工的劳动报酬总额。企业在月内发生的全部工资，不论是否在当月领取，都应当按照工资的用途进行分配。由于不同的企业会选择不同工资总额的计算方法进行分配，因此应事先设置工资总额和计提基数。

（2）分摊工资。如果工资管理系统与总账系统结合应用，完成以上工资总额及计提基数的设置后，可以自动生成转账凭证。

本活动案例中，(1)属于设置工资费用分摊的内容，可以通过“工资”模块里的“工资分摊”功能来完成，(2)属于生成工资分摊转账凭证的内容，也是通过“工资”模块里的“工资分摊”功能来完成。

案例操作

恢复“工资管理系统日常业务处理”备份内容。

操作员：01 李敏。

第一，工资分摊类型及薪酬费用分配设置。

步骤1：执行“工资”→“业务处理”→“工资分摊”命令或直接单击图标“工资分摊”进入“工资分摊”对话框，如图5-32所示。

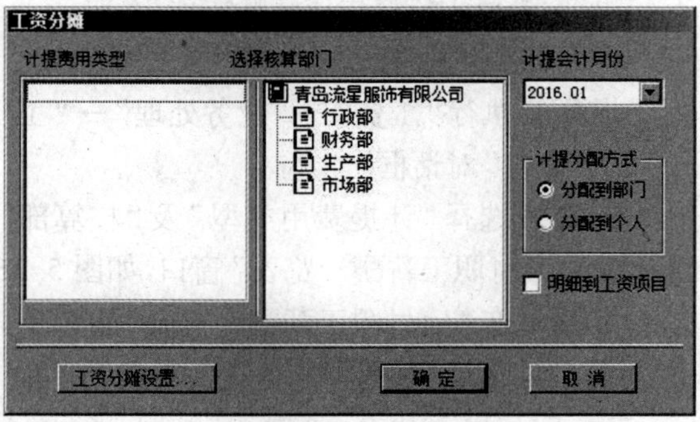

图5-32

步骤 2:在“工资分摊”对话框中,单击【工资分摊设置】按钮,进入“分摊类型设置”对话框,如图 5-33 所示。

步骤 3:在“分摊类型设置”对话框中,单击【增加】按钮,进入“分摊计提比例设置”对话框,如图 5-34 所示。

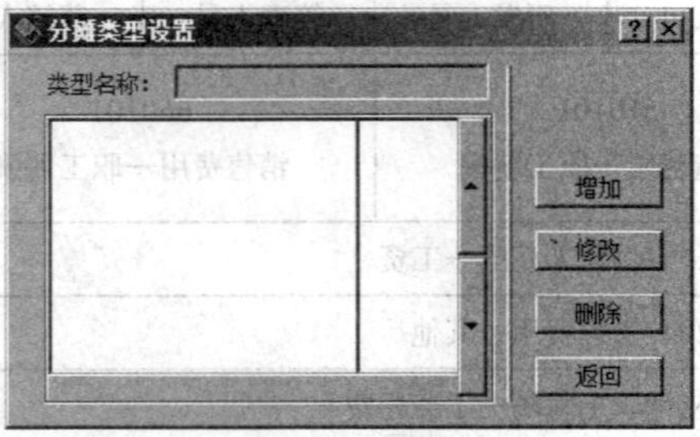

图 5-33

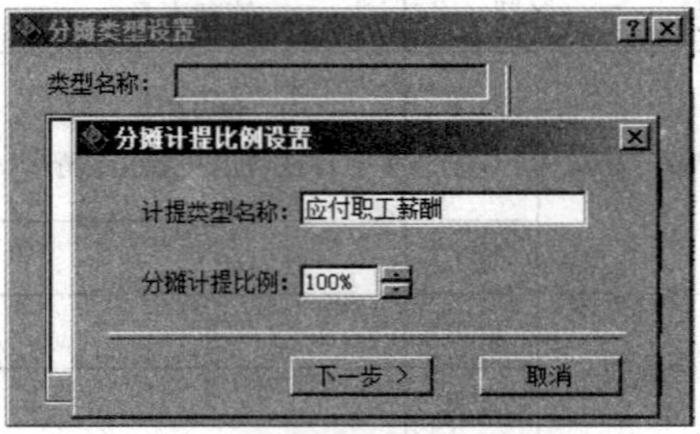

图 5-34

步骤 4:在“分摊计提比例设置”对话框中,录入计提类型名称,如“应付职工薪酬”、分摊计提比例,如“100%”等,单击【下一步】按钮进入“分摊构成设置”对话框,进行工资分摊设置。双击第一行的“部门名称”,选择“行政部,财务部”,人员类别选择“管理人员”,项目选择“应发合计”,借方科目选择“管理费用—职工薪酬”,贷方科目选择“应付职工薪酬—工资”,继续设置完成后,单击【完成】按钮。再继续如此完成“工会经费”分摊的设置,如图 5-35 所示。

部门名称	人员类别	项目	借方科目	贷方科目
行政部,财务部	管理人员	应发合计	660201	221101
生产部	管理人员	应发合计	510101	221101
生产部	研发人员	应发合计	510101	221101
市场部	管理人员	应发合计	660101	221101
市场部	营销人员	应发合计	660101	221101

图 5-35

第二,分摊工资并生成转账凭证。

操作员:03 王少平。

步骤 1:执行“工资”→“业务处理”→“工资分摊”命令或直接单击“工资分摊”图标,进入“工资分摊”对话框。

步骤 2:选择“计提费用类型”及“核算部门”,勾选“明细到工资项目”,单击【确定】按钮,进入“应付职工薪酬一览表”窗口,如图 5-36 所示。

步骤 3:在“应付职工薪酬一览表”窗口中,选择“合并科目相同、辅助项相同的分录”复选框,类型处选择“应付职工薪酬”,单击【制单】或【批制】按钮,如图 5-37 所示。

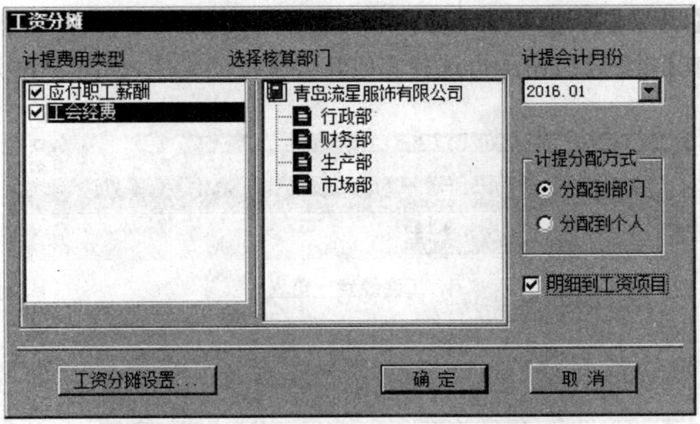

图 5-36

图 5-37

步骤 4：在填制凭证界面，选择凭证类别为“转”，时间为 1 月 31 日，单击【保存】按钮，凭证左上角显示红色的“已生成”字样，系统自动将该凭证传递到总账系统，如图 5-38 所示。

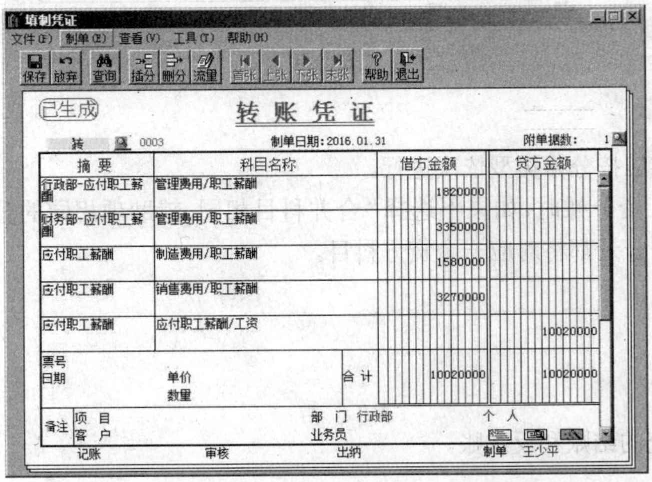

图 5-38

步骤 5：单击【退出】按钮，返回“应付职工薪酬一览表”窗口，继续选择类型为“工会经费”，单击【制单】或【批制】按钮。再选择完成其他凭证的生成，如图 5-39、图 5-40 所示。

图 5-39

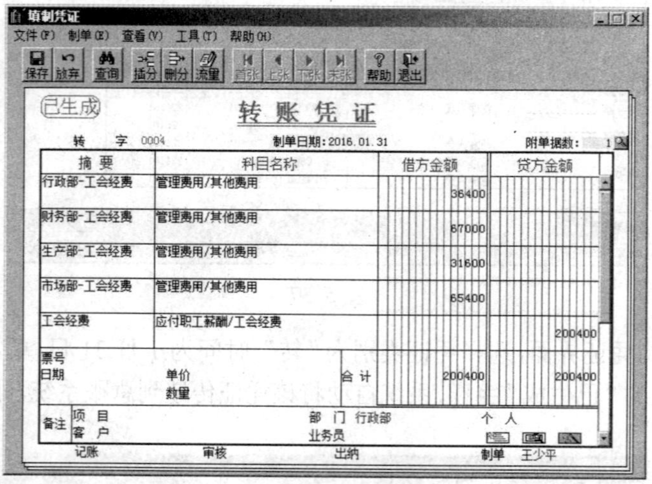

图 5-40

注意事项

（1）工资分摊应按分摊类型依次进行。

（2）在进行工资分摊时，如果不选择“合并科目相同、辅助项相同的分录”复选框，则在生成凭证时每一条分录都将对应一个贷方科目。

活动 5.7

活动内容

工资管理系统的结账和反结账。

活动案例 32

1 月 31 日，对青岛流星服饰有限公司工资管理系统进行结账和反结账。

操作员：01 李敏。

案例分析

每月处理完工资数据后均需进行月末结转。结账时，应进行清零处理，这是由于在工资项目中，有的项目是变动的，即每月的数据均不相同，在每月工资处理时，均需将其数据清零，而后输入当月的数据，此类项目即为清零项目。结账后，本月工资明细表为不可修改状态，同时自动生成下月工资明细账，新增或删除人员将不会对本月数据产生影响。

在工资管理系统结账后，发现还有一些业务或其他事情需要在已结账月进行账务处理，则此时需要使用反结账功能。

本案例属于工资管理系统结账的内容，可以通过“工资”模块里的“月末处理”功能来完成。

案例操作

第一，结账。

步骤 1：选择“工资”→“业务处理”→“月末处理”，或直接单击“月末处理”图标，进入“月末处理”对话框，如图 5-41 所示。

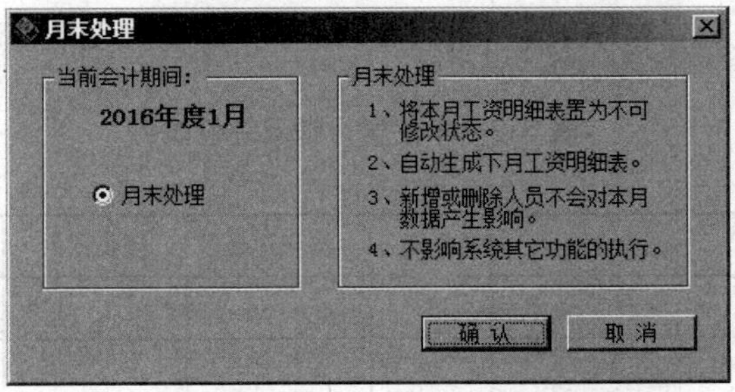

图 5-41

步骤 2：在“月末处理”对话框中，单击【确认】按钮，系统提示“月末处理之后，本月工资将不允许变动！继续月末处理吗？”的提示框。

步骤 3：单击【是】按钮，系统提示“是否选择清零项”提示框。

步骤 4：在“是否选择清零项？”提示框中，单击【是】按钮，打开“选择清零项目”对话框，如图 5-42 所示。

步骤 5：在“选择清零项目”对话框中，选择清零项目，本次选择全部，单击 >> 按钮，如图 5-43 所示。

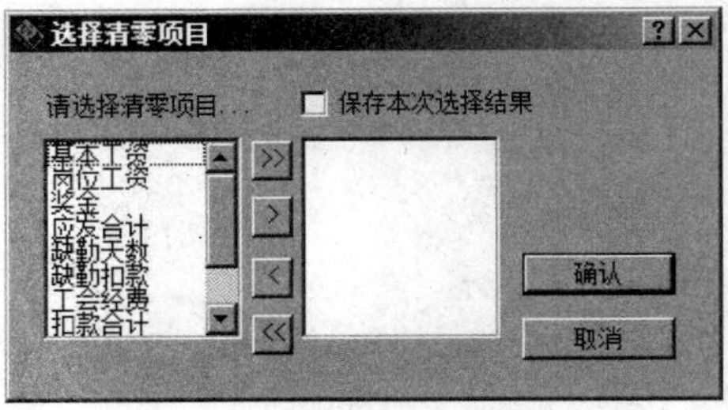

图 5-42

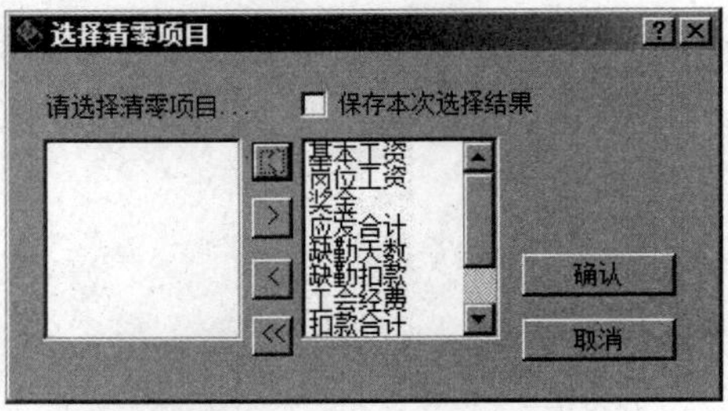

图 5-43

步骤 6：单击【确认】按钮，系统弹出“月末处理完毕！”提示框。

步骤 7：单击【确定】按钮，完成工资管理系统月末处理。

第二，反结账。

步骤 1：以下个月月初的操作日期注册进入工资管理系统。

步骤 2：选择“工资”→“业务处理”→“反结账”，进入“反结账”对话框，单击【确认】按钮，反结账完成。

注意事项

（1）月末处理只有在会计年度的 1～11 月进行，12 月份不必也不能结账，需要建立年度账后再结账。

（2）如果有多个工资类别，则应打开工资类别，分别进行月末处理。

模块任务三小结

本任务由账套主管或者有操作权限的人员来操作，通过具体的实际案例对本任务中涉及的内容进行了实训操作，对工资管理系统期末业务的基本功能都进行了练习，为企业建立的账套完成了期末业务处理。

模块备份

把本任务操作内容备份到“工资管理系统期末业务处理”文件夹中，以备练习使用。

评价

将实训记录和评分结果填入表 5-3 中。

表 5-3 学生学习情况评价表

任务名称： 座位号： 姓名：

项目	分值	自我记录	自我评价	小组评价	教师评价
账套恢复设置是否正确	5				
工资费用分摊设置的作用，操作是否正确	30				
工资费用分摊生成凭证，操作是否正确	20				
工资管理系统结账的作用，操作是否正确	30				
反结账操作的意义，操作是否正确	10				
账套备份设置是否正确	5				

模块六　固定资产管理

一、模块简介

固定资产管理系统是会计信息化软件的一个子系统，主要负责对企业固定资产的核算和管理，其主要任务是能够帮助财务人员进行固定资产总值、累计折旧数据的动态管理，为总账系统提供相关凭证，协助企业进行成本核算，同时还为设备管理部门提供各项固定资产的管理指标。

固定资产管理系统的功能：一是通过填制固定资产卡片的形式，完成固定资产的增加、变更和减少；二是对固定资产折旧等业务进行会计核算工作，最后生成记账凭证传递到总账系统中。

固定资产管理系统除了完成固定资产的增加、变更、减少和折旧等业务的核算工作外，还能提供固定资产账表查询和管理功能。

二、任务目标

（1）能熟练完成固定资产管理系统初始化；建立固定资产账套。

（2）能熟练完成固定资产管理系统日常业务处理；计提固定资产折旧。

（3）能熟练完成固定资产管理系统期末业务处理。

三、模块操作流程

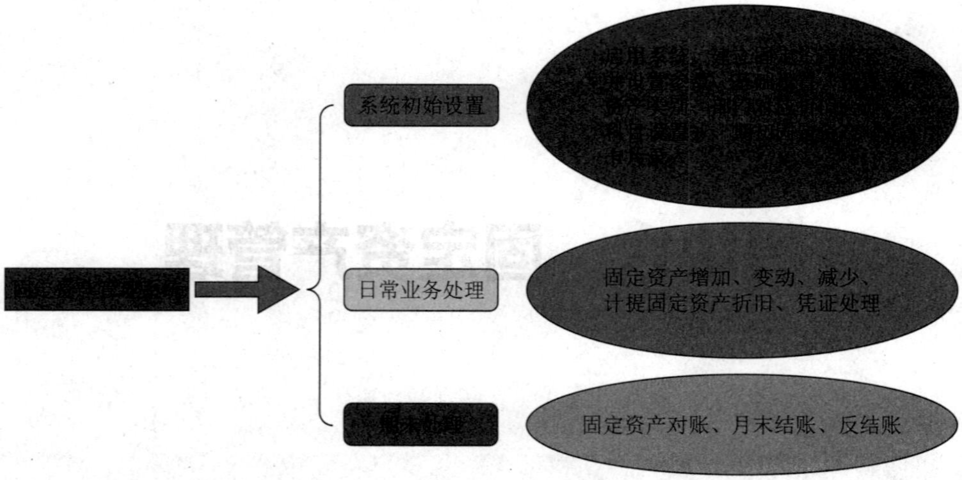

图 6-1

四、模块操作

任务一 固定资产管理系统期初设置

建立企业账套后，亦可建立一个适合自己实际情况的固定资产账套，这个过程就是固定资产初始化。固定资产初始化主要任务是根据本公司的核算要求创建固定资产账套，以及对固定资产进行参数设置、基础设置和输入期初固定资产卡片等。

活动 6.1

活动内容

建立固定资产账套。

活动案例 33

以账套主管身份启用固定资产管理系统，启用日期为 2016 年 01 月 01 日。然后进行一下设置：

（1）主要折旧方法：平均年限法（一）。

（2）折旧汇总分配周期：1 个月。

（3）资产类别编码长度为 2112，固定资产编码方式为自动编码（类别编码 + 序号），序号长度为 3。

（4）固定资产对账科目为 1601 固定资产，累计折旧对账科目为 1602 累计折旧。

（5）对账不平不允许月末结账。

（6）固定资产缺省入账科目为 1601 固定资产，累计折旧缺省入账科目为 1602 累计折旧，可抵扣税额入账科目为 22210101 应交税费 - 应交增值税（进项税额）。

操作员：01 李敏。

案例分析

为了使企业的固定资产核算资料集中存放，固定资产管理系统以固定资产账套的形式来实现。建立固定资产账套是分步进行的，其操作与工资账套建立相似。

本活动案例中，(1)～(5)属于建立账套的内容，可以通过建立账套功能来完成，(6)属于固定资产账套参数设置的的内容，可以通过“固定资产”模块里“设置”功能来完成。

案例操作

恢复“工资管理系统期末业务处理”备份内容。

第一，启用固定资产管理系统。

步骤 1：以账套主管的身份登录“系统管理”。

步骤 2：选择“账套”→“启用”，进入系统启用界面。

步骤 3：选择启用固定资产，设置固定资产管理系统启用的时间为 2016-01-01，如图 6-2 所示。

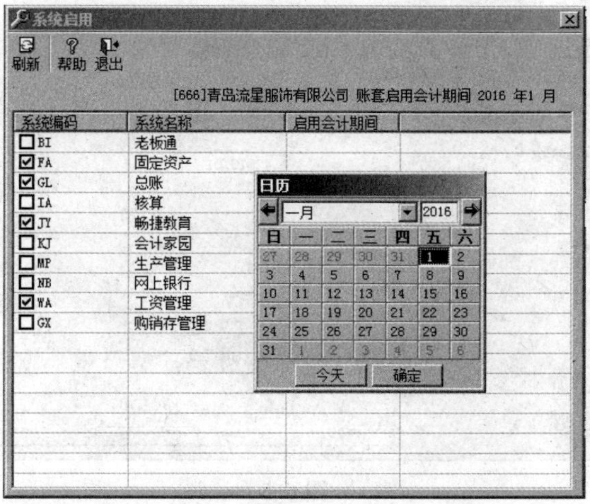

图 6-2

第二，建立固定资产账套。

步骤 1：在“畅捷通 T3- 企业管理信息化软件教育专版—营改增版”窗口中，单击功能导航上的“固定资产管理”或菜单选项“固定资产”，系统提示“这是第一次打开此账套，还未进行过初始化，是否进行初始化”对话框，单击【是】按钮，进入“固定资产初始化导向”对话框，进行相关参数设置，如图 6-3 所示。

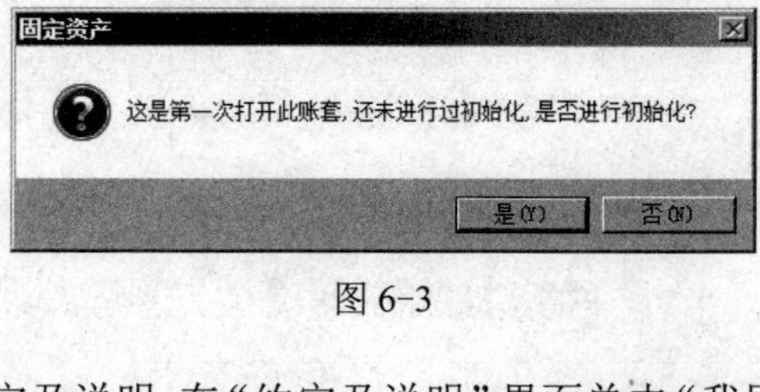

图 6-3

步骤 2：同意相关约定及说明，在“约定及说明”界面单击“我同意”后单击【下一步】按钮，如图 6-4 所示。

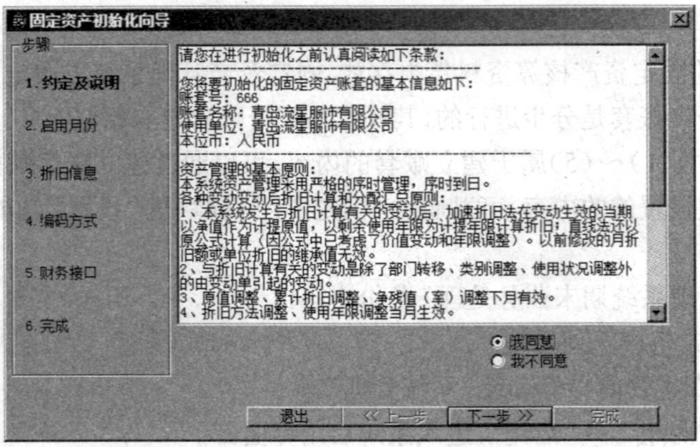

图 6-4

步骤 3：确定启用月份为 2016 年 01 月后，单击【下一步】按钮，如图 6-5 所示。

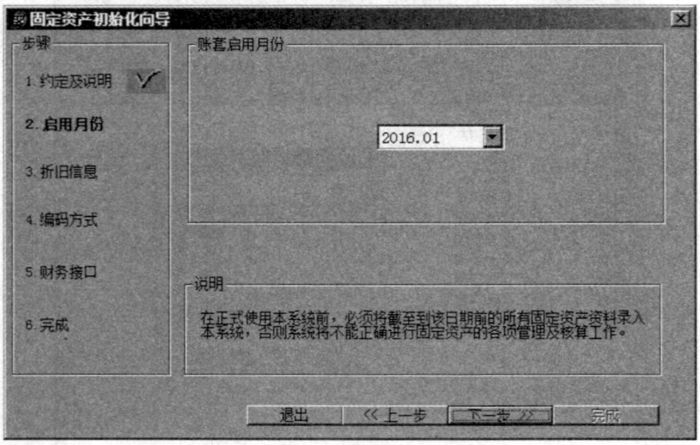

图 6-5

步骤 4：选择或录入折旧信息。这里折旧方法选择“平均年限法(一)”，折旧汇总分配周期选择“1”个月，选择“当(月初已计提月份 = 可使用月份 -1)时将剩余折旧全部提足(工作量法除外)下次折旧分配月份”，单击【下一步】按钮，如图 6-6 所示。

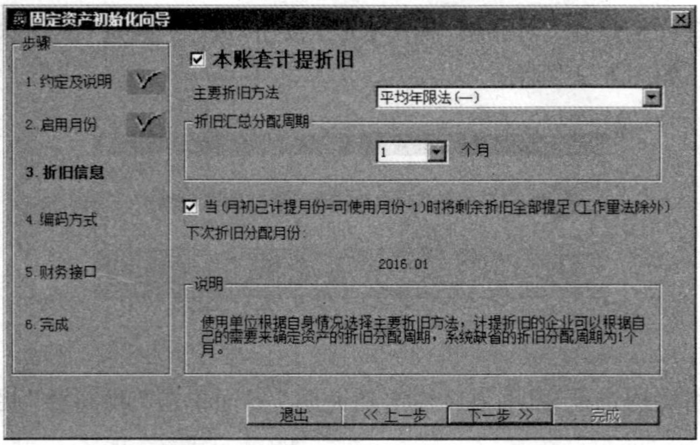

图 6-6

步骤 5：设置编码方式。编码长度选择“2112”，编码方式选择“自动编码（类别编码 + 序号）”，序号长度为“3”，单击【下一步】按钮，如图 6-7 所示。

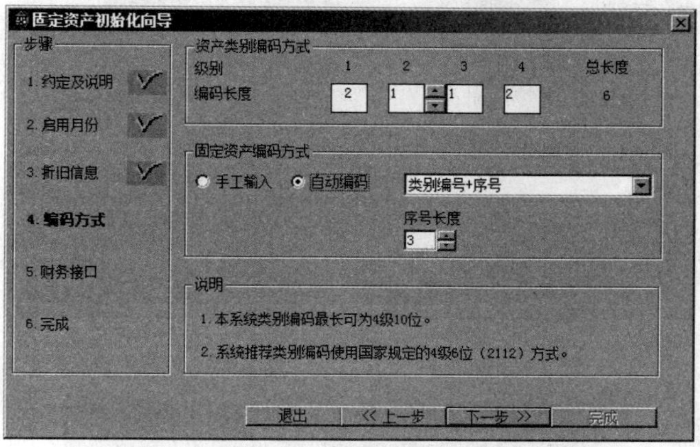

图 6-7

步骤 6：设置财务接口参数。固定资产对账科目选择“1601 固定资产”，累计折旧对账科目选择“1602 累计折旧”，取消选择“在对账不平的情况下允许固定资产结账”，单击【下一步】按钮，如图 6-8 所示。

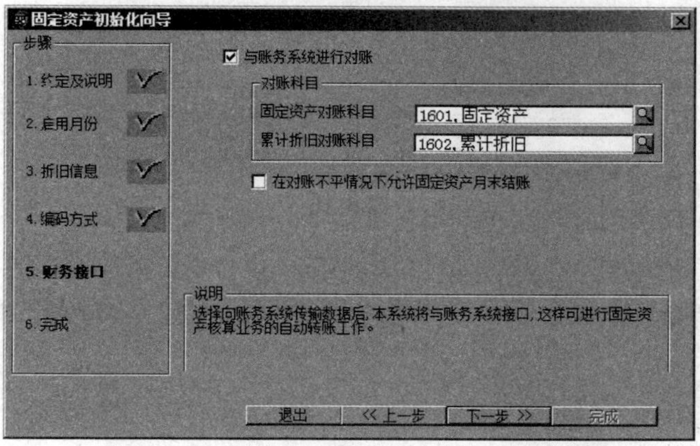

图 6-8

步骤 7：约定及说明、启用月份、折旧信息、编码方式、财务接口等设置完毕，单击【完成】按钮，如图 6-9 所示。

第三，设置固定资产账套参数。

步骤 1：在“畅捷通 T3- 企业管理信息化软件教育专版—营改增版”窗口中，执行“固定资产”→“设置”→“选项”命令，打开“选项”对话框。

步骤 2：在“选项”对话框中，单击“与账务系统接口”标签页。

步骤 3：选择缺省入账科目为“1601，固定资产”“1602，累计折旧”、可抵扣税额入账科目为“22210101 应交税费 - 应交增值税（进项税额）”，如图 6-10 所示。

步骤 4：单击【确定】按钮。

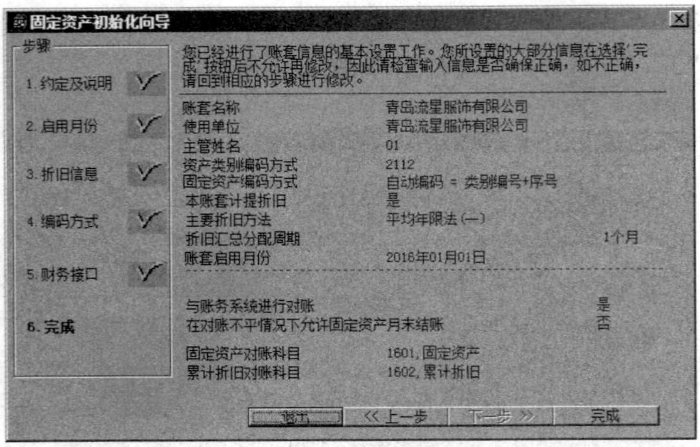

图 6-9

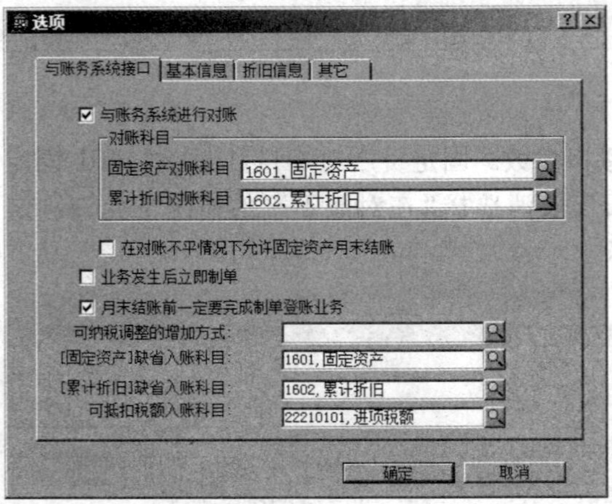

图 6-10

注意事项

完成固定资产账套建立后，固定资产管理系统不再出现建立固定资产账套的界面。

活动 6.2

活动内容

固定资产基础信息设置。

活动案例 34

根据以下资料对青岛流星服饰有限公司固定资产账套进行基础信息设置。

（1）资产类别。

编码	类别名称	净残值率	折旧方法	卡片样式
01	交通运输设备	4%	平均年限法(一)	通用
011	非经营用	4%	平均年限法(一)	通用
012	经营用	4%	平均年限法(一)	通用
02	机械设备	5%	平均年限法(一)	通用

（续表）

编码	类别名称	净残值率	折旧方法	卡片样式
03	办公设备	5%	平均年限法(一)	通用

（2）部门对应折旧科目。

部 门	对应折旧科目
1 行政部	660202“管理费用—折旧费”
2 财务部	660202“管理费用—折旧费”
3 生产部	510102“制造费用—折旧费”
4 市场部	660102“销售费用—折旧费”

（3）增减方式。

增减方式目录	对应入账科目
增加方式：直接购入	100201“银行存款—人民币户”
减少方式：毁损	1606“固定资产清理”

操作员：01 李敏。

案例分析

固定资产账套建立后，也需要进行一些基础信息的设置，包括设置资产类别、部门对应折旧会计科目设置、设置固定资产增减方式等。

本案例属于固定资产基础信息设置的内容，可以通过“固定资产”模块里“设置”功能来完成。

案例操作

第一，设置资产类别。

步骤 1：执行“固定资产”→“设置”→“资产类别”命令，进入固定资产类别设置对话框，如图 6-11 所示。

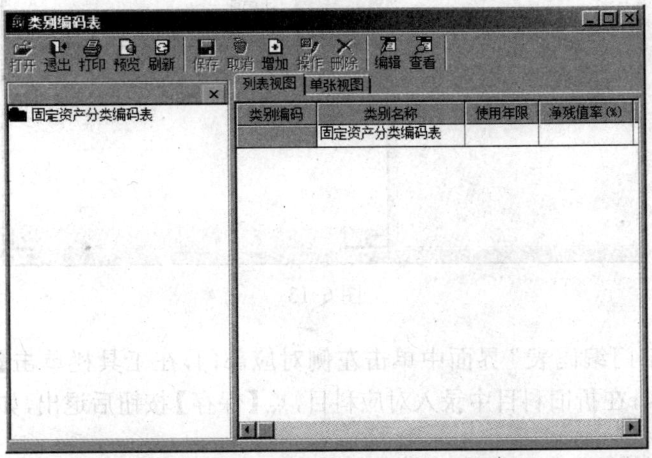

图 6-11

步骤 2：单击“固定资产分类编码表”，在工具栏单击【增加】按钮，在“单张视图”界面中录入固定资产类别名称、使用年限、净残值率、计量单位、折旧方法、卡片样式、固定资产折旧科目和累计折旧科目相关信息后点【保存】按钮后退出，如图 6-12 所示。

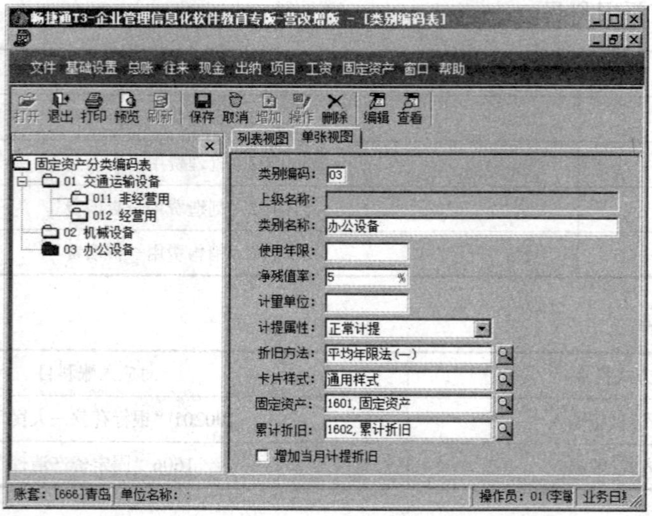

图 6-12

第二，部门对应折旧会计科目设置。

步骤 1：执行“固定资产”→“设置”→“部门对应折旧科目”命令，进入“部门编码表”对话框，如图 6-13 所示。

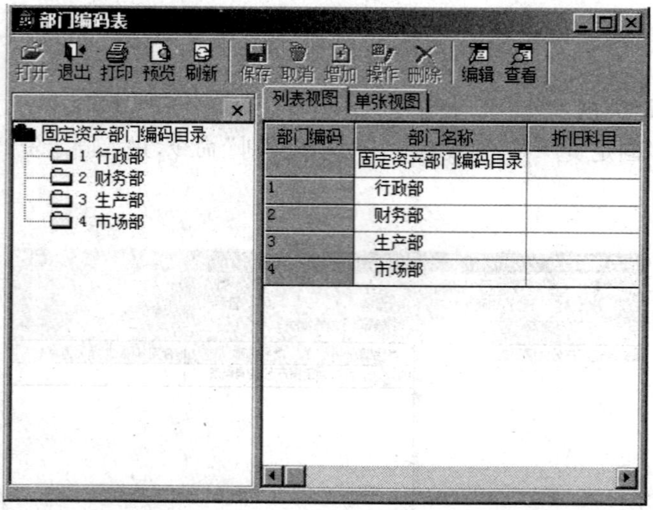

图 6-13

步骤 2：在“部门编码表”界面中单击左侧对应部门，在工具栏单击【操作】按钮，打开“单张视图”选项卡，在折旧科目中录入对应科目，点【保存】按钮后退出，如图 6-14 所示。

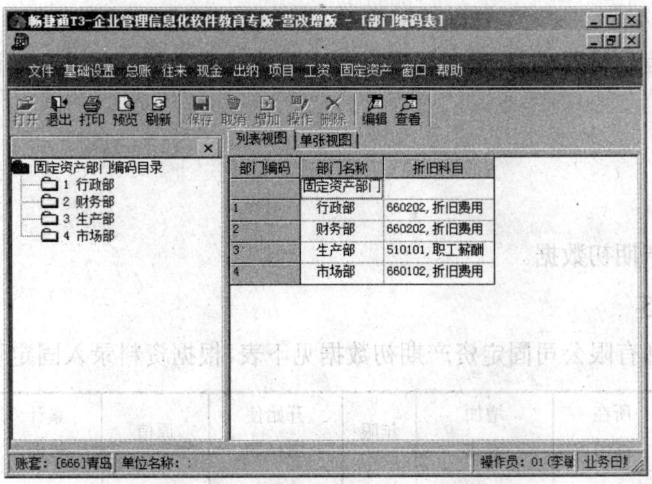

图 6-14

第三，设置固定资产增减方式。

步骤 1：在“畅捷通 T3- 企业管理信息化软件教育专版—营改增版”窗口中，执行“固定资产”→“设置”→“增减方式”命令，进入“增减方式”窗口。

步骤 2：在“增减方式”窗口，在左边列表框中，打开“1 增加方式”文件夹，选中“101 直接购入”子文件夹，单击【操作】按钮，打开“单张视图”选项卡，如图 6-15 所示。

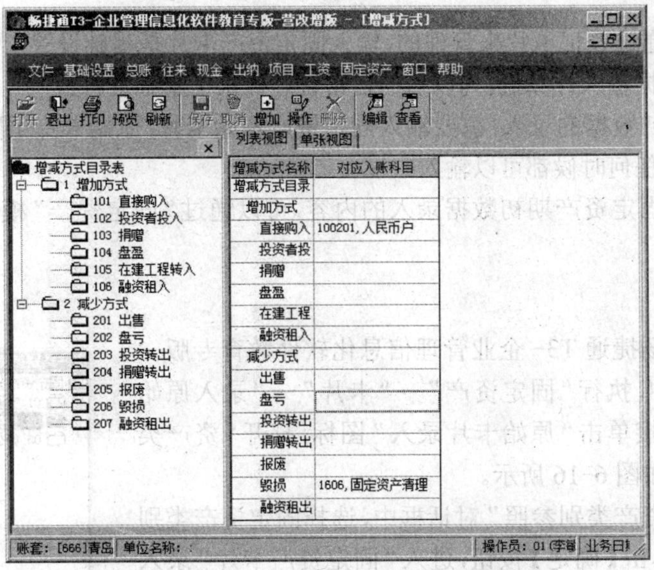

图 6-15

步骤 3：在“单张视图”选项卡中，单击“对应入账科目”文本框右侧的参照按钮，在“科目参照”列表中选择录入固定资产增减方式所对应的会计科目。

步骤 4：单击【保存】按钮，继续录入其他固定资产增减方式所对应的会计科目。

步骤 5：单击【退出】按钮。

注意事项

在进行基础信息设置时，一定要根据企业实际情况或者题目要求进行设置。

活动 6.3

活动内容

录入固定资产期初数据。

活动案例 35

青岛流星服饰有限公司固定资产期初数据见下表，根据资料录入固定资产原始卡片。

固定资产名称	类别编码	所在部门	增加方式	年限	开始使用日期	原值	累计折旧	使用状况	对应折旧科目
机床	02	生产部	直接购入	10	2015.10.1	800 000	12 640	在用	510102
空调	03	行政部	直接购入	5	2015.9.20	5 200	246.48	在用	660202
电脑	03	财务部	直接购入	5	2015.9.5	4 500	213.3	在用	660202
别克商务	012	行政部	直接购入	15	2015.12.5	380 000	0	在用	660202
货运车	012	市场部	直接购入	15	2015.11.2	240 000	1 272	在用	660102

操作员：01 李敏。

案例分析

固定资产是通过登记卡片来管理的，输入固定资产卡片是基础设置工作后最为重要的一项工作，将原始数据输入计算机，为以后的日常管理提供了基础资料。

固定资产期初数据的录入，需要输入固定资产原始卡片，原始卡片不限制在第一个期间结账前输入完毕，任何时候都可以输入。

本案例属于固定资产期初数据录入的内容，可以通过“固定资产”模块里“录入原始卡片”功能来完成。

案例操作

步骤 1：在“畅捷通 T3－企业管理信息化软件教育专版—营改增版”窗口中，执行“固定资产”→“卡片”→“录入原始卡片”命令，或直接单击“原始卡片录入”图标，打开“资产类别参照”对话框，如图 6-16 所示。

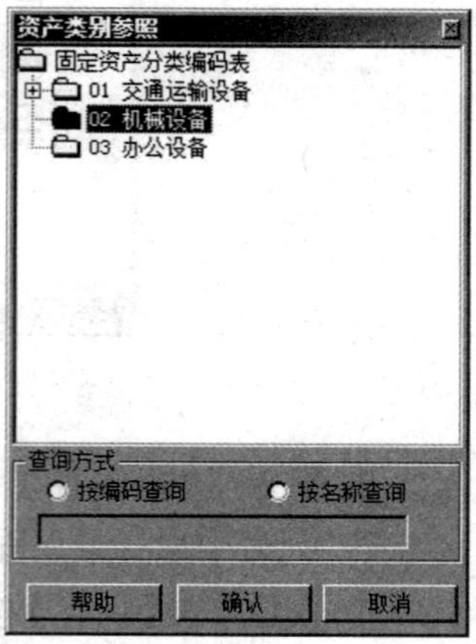

图 6-16

步骤 2：在“资产类别参照”对话框中，选择固定资产类别“02 机械设备”，单击【确定】按钮，进入“固定资产卡片”录入窗口，单击“固定资产卡片”选项卡，录入卡片的项目内容，最后单击【保存】按钮，如图 6-17 所示。

注意事项

(1) 固定资产期初数据录入要录在固定资产原始卡片中，不要录在资产增加的卡片中。

(2) 期初固定资产数据录入完成后，为了保证录入正确，可以进行以下操作：单击“固定资产”→“处理”→“对账”命令，进行对账。

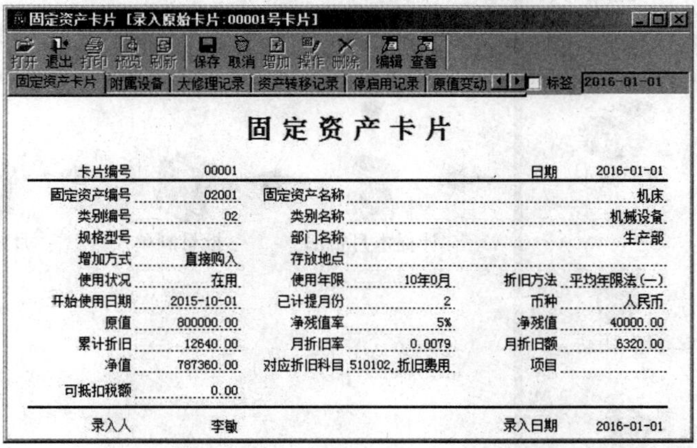

图 6-17

模块任务一小结

本任务由账套主管来操作，通过具体的实际案例对本任务中涉及的内容进行了实训操作，固定资产管理系统的期初设置基本功能都进行了练习巩固，并为固定资产管理系统的日常使用做好了准备。

模块备份

把本任务操作内容备份到“固定资产管理系统期初设置”文件夹中，以备练习使用。

评价

将实训记录和评分结果填入表 6-1 中。

表 6-1 学生学习情况评价表

任务名称： 座位号： 姓名：

项目	分值	自我记录	自我评价	小组评价	教师评价
账套恢复设置是否正确	5				
固定资产账套建立的作用，设置是否正确	20				
固定资产基础信息设置的意义，录入是否正确	50				
固定资产期初余额录入主要有哪些，录入是否正确	30				
账套备份设置是否正确	5				

任务二 固定资产管理系统日常业务处理

固定资产在日常管理过程中，由于某种原因会发生增加、减少，以及部门间的转移，需要及时做出处理，否则会影响折旧的计提。固定资产日常业务主要包括固定资产的增加、减少、原值变化及其他变动、计提固定资产折旧等。

固定资产日常业务处理流程，如图 6-18 所示。

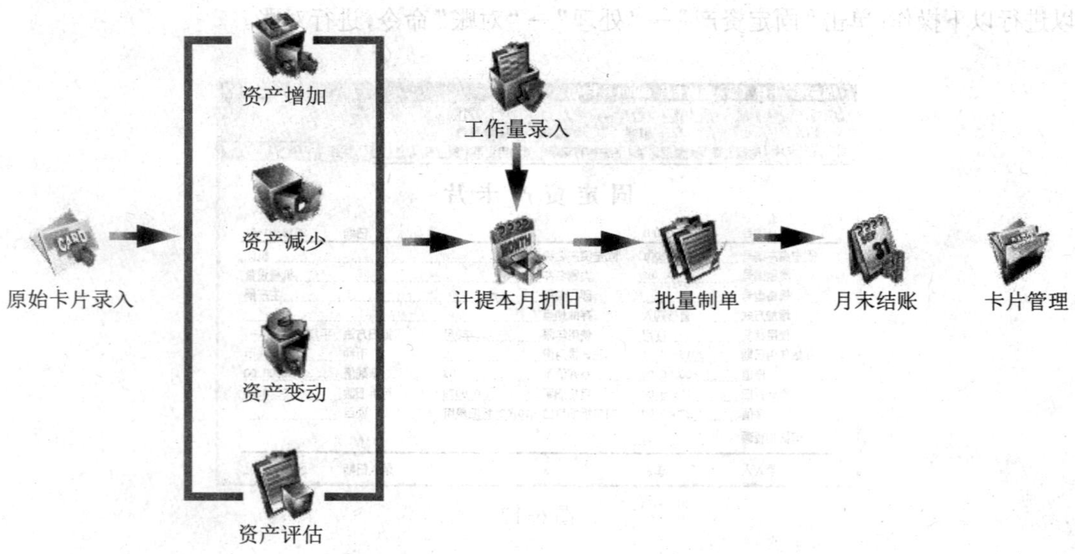

图 6-18

活动 6.4

活动内容

固定资产增加。

活动案例 36

1 月 12 日，青岛流星服饰有限公司因业务需要，行政部购买打印机一台，预计使用年限 5 年，支出 2 200 元，已投入使用。

操作员：03 王少平。

案例分析

固定资产增加的基本途径，可分为固定资产的购建、外单位转入、捐赠、盘盈等，核算时应根据实际业务要求，在固定资产卡片中选择输入固定资产增加的信息内容。

本案例属于固定资产增加的内容，可以通过“固定资产”模块里的“卡片”“资产增加”功能来完成。

案例操作

恢复“固定资产管理系统期初设置”备份内容。

步骤 1：在“畅捷通 T3- 企业管理信息化软件教育专版—营改增版”窗口中，执行“固定资产”→“卡片”→“资产增加”命令，或直接单击“资产增加”图标，打开“资产类别参照”对话框，选择资产类别“03 办公设备”。

步骤 2：单击【确认】按钮，进入“固定资产卡片”窗口。

步骤 3：在“固定资产卡片”窗口中，依次输入固定资产名称、使用部门、增加方式、使用状况、开始使用日期、原值、使用年限等信息，如图 6-19 所示。

步骤 4：单击【保存】按钮，系统弹出“数据成功保存！”提示框，单击【确定】按钮。如果在固定资产管理系统“选项”中设为“业务发生后立即制单”，系统自动显示制单界面。

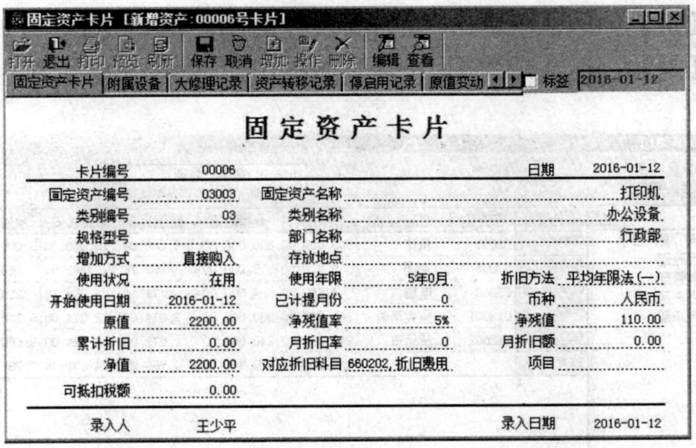

图 6-19

注意事项

固定资产卡片增加后，如果有错误需要进行修改和删除，则可以在卡片管理列表中进行。

活动 6.5

活动内容

计提固定资产折旧。

活动案例 37

1 月 13 日，对本月固定资产计提折旧。

操作员：03 王少平。

案例分析

固定资产折旧处理包括计提本月折旧，整理折旧数据，形成折旧报表。固定资产管理系统在一个期间内可以多次计提折旧，每次计提折旧后，只是将计提的折旧累加到月初的累计折旧，不会重复累计。

本案例属于计提固定资产折旧的内容，可以通过“固定资产”模块里“处理”→“计提本月折旧”功能来完成。

案例操作

步骤 1：在“畅捷通 T3- 企业管理信息化软件教育专版—营改增版”窗口中，执行“固定资产”→“处理”→“计提本月折旧”命令，系统弹出“本操作将计提本月折旧，并花费一定时间，是否要继续？”提示框，如图 6-20 所示。

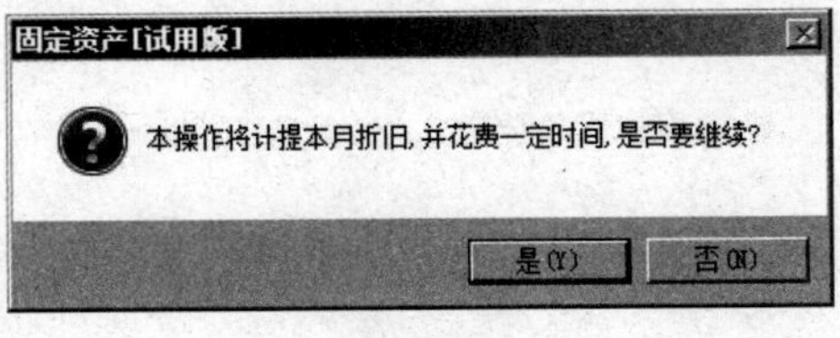

图 6-20

步骤 2：单击【是】按钮，系统弹出“是否要查看折旧清单？”提示框。

步骤 3：单击【是】按钮，生成“折旧清单”，如图 6-21 所示。

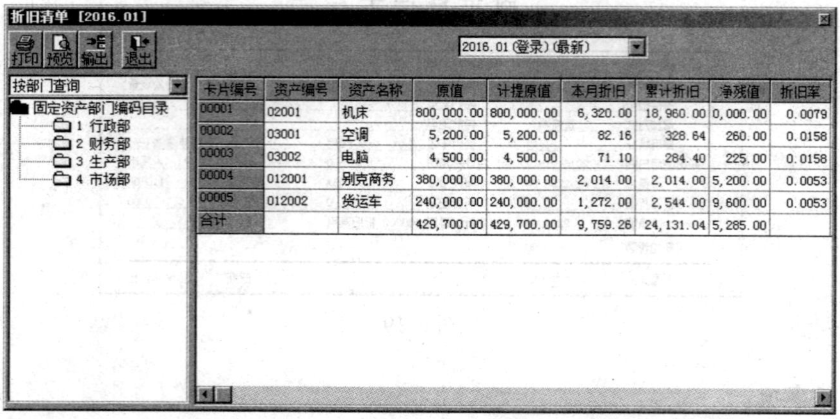

卡片编号	资产编号	资产名称	原值	计提原值	本月折旧	累计折旧	净残值	折旧率
00001	02001	机床	800,000.00	800,000.00	6,320.00	18,960.00	0,000.00	0.0079
00002	03001	空调	5,200.00	5,200.00	82.16	328.64	260.00	0.0158
00003	03002	电脑	4,500.00	4,500.00	71.10	284.40	225.00	0.0158
00004	012001	别克商务	380,000.00	380,000.00	2,014.00	2,014.00	5,200.00	0.0053
00005	012002	货运车	240,000.00	240,000.00	1,272.00	2,544.00	9,600.00	0.0053
合计			429,700.00	429,700.00	9,759.26	24,131.04	5,285.00	

图 6-21

步骤 4：单击【退出】按钮，进入“折旧分配表”窗口，如图 6-22 所示。

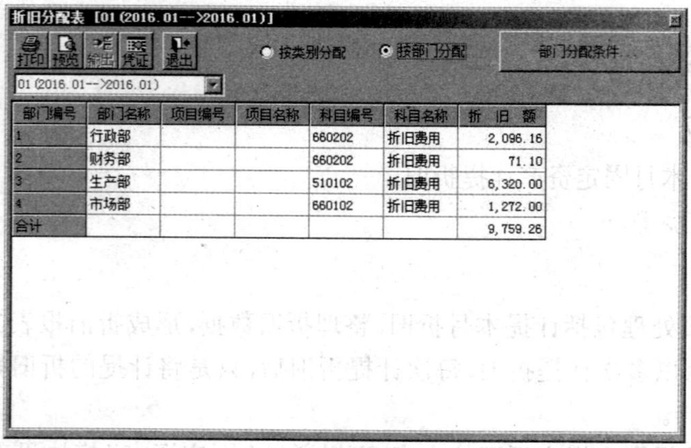

部门编号	部门名称	项目编号	项目名称	科目编号	科目名称	折 旧 额
1	行政部			660202	折旧费用	2,096.16
2	财务部			660202	折旧费用	71.10
3	生产部			510102	折旧费用	6,320.00
4	市场部			660102	折旧费用	1,272.00
合计						9,759.26

图 6-22

步骤 5：在“折旧分配表”窗口中，单击【凭证】按钮，即可生成一张计提折旧的记账凭证。尚未到月末暂不生成计提折旧的凭证。

步骤 6：单击【退出】按钮，系统弹出“计提折旧完成！”提示框，单击【确定】按钮。

注意事项

在一个周期内如果上次计提折旧已制单并传递到总账系统，必须先删除该凭证才能重新计提折旧。

活动 6.6

活动内容

固定资产减少。

***活动案例* 38**

1 月 14 日，电脑因计算机病毒破坏而毁损，把毁损的电脑卖掉，变现收入 300 元。

操作员：03 王少平。

案例分析

固定资产减少的基本途径，可分为固定资产的出售、报废、毁损、盘亏等。

本案例属于固定资产减少的内容，可以通过“固定资产”模块里的“卡片”“资产减少”功能来完成。

案例操作

步骤 1：执行“固定资产”→“卡片”→“资产减少”命令或直接单击“资产减少”图标，进入“资产减少”对话框。

步骤 2：在“资产减少”对话框，录入卡片编号后，单击【增加】按钮，系统自动带出资产编号、资产名称、减少日期等，录入减少方式、清理收入、清理费用、清理原因等信息，单击【确定】按钮，如图 6-23 所示。

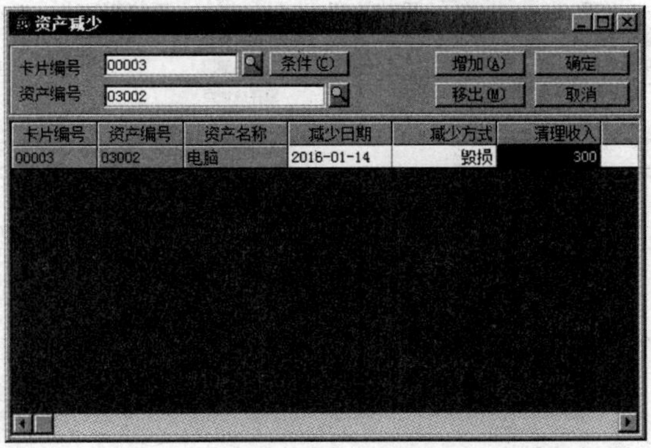

图 6-23

注意事项

固定资产减少之前需要先计提一次折旧。因为只有当固定资产计提折旧后才可以使用资产减少功能。

活动 6.7

活动内容

固定资产变动。

***活动案例* 39**

1 月 14 日，因工作需要，行政部别克商务车调拨到财务部。

操作员：03 王少平。

案例分析

固定资产变动包括原值变动、部门转移、使用情况变动、使用年限调整、折旧方法调整等内容。固定资产管理系统对已做出变动的资产，要求输入相应的变动单来记录资产调整结果。

本案例属于固定资产变动的内容，可以通过“固定资产”模块里的“卡片”“变动单”功能来完成。

案例操作

步骤1：在“畅捷通T3-企业管理信息化软件教育专版—营改增版”窗口中，执行“固定资产”→“卡片”→“变动单”→“部门转移”命令，进入“固定资产变动单”窗口。

步骤2：在“固定资产变动单”窗口中，在“卡片编号”框中输入“00004”；双击“变动后部门”选择“财务部”；在“变动原因”框中输入“财务部工作需要”，单击【保存】按钮，系统弹出“数据成功保存！”，如图6-24所示。

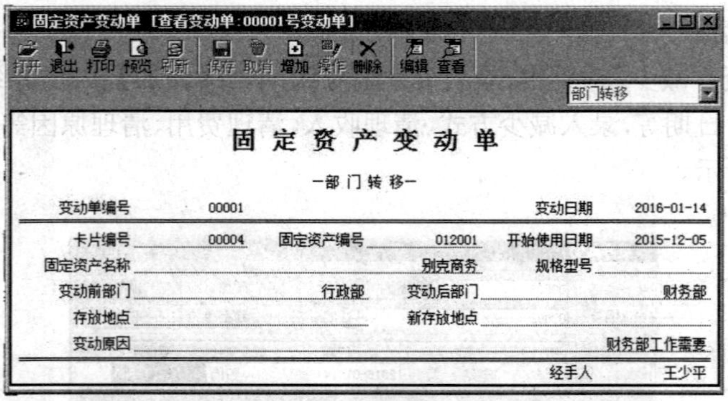

图6-24

注意事项

变动单可查看，但不能再次修改信息。

活动6.8

活动内容

固定资产凭证处理。

活动案例40

1月31日，对青岛流星服饰有限公司本月固定资产重新计提折旧，把本月固定资产全部业务进行批量制单生成凭证，然后将生成的凭证进行查询、修改与删除的操作。

操作员：03王少平。

案例分析

固定资产凭证处理包括生成凭证、凭证查询、修改与删除等功能，主要任务是生成凭证。生成凭证就是将当月增加、减少的固定资产，以及当月计提折旧的业务分别生成凭证。固定资产管理系统生成记账凭证后，自动传递到总账系统。

为了与总账系统对账数据一致，固定资产要在其他业务完成后再进行折旧的处理。

固定资产管理系统提供了固定资产账表查询以及凭证查询和修改、删除功能。

本案例属于固定资产凭证处理的内容，可以通过“固定资产”模块里的“处理”“批量制单”功能来完成。

案例操作

第一,对固定资产计提折旧(同前面操作)。

第二,生成凭证处理。

步骤 1:以制单会计身份登录固定资产管理系统。在“畅捷通 T3- 企业管理信息化软件教育专版—营改增版”窗口中,执行“固定资产”→“处理”→“批量制单”命令,进入“批量制单”窗口。

步骤 2:在“批量制单”窗口中,打开“制单选择”选项卡,双击需要制单的业务行的“制单”栏,使之标上“Y”,如图 6-25 所示。

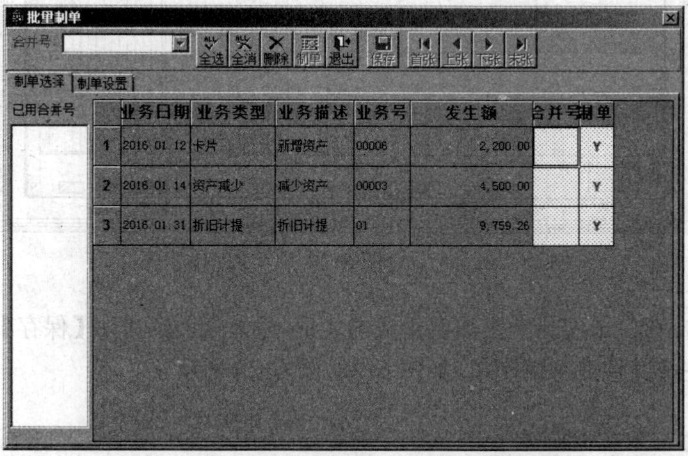

图 6-25

步骤 3:单击“制单设置”标签页。

步骤 4:在第一行“科目”栏中,根据实际情况选择“科目”“部门核算”和“项目核算”,比如第一笔业务新增资产,在第一行借方科目输入“1601 固定资产”,贷方科目输入“100201 银行存款 - 人民币”,如图 6-26 所示。

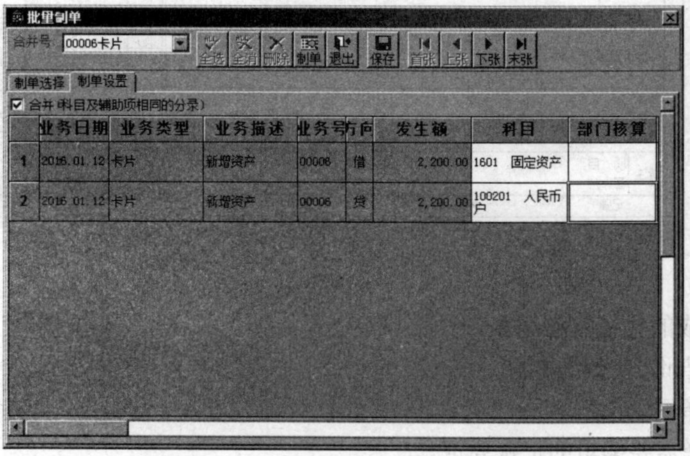

图 6-26

步骤5：单击【制单】按钮，生成一张固定资产增加的记账凭证。修改凭证类别为“付”，输入摘要“资产增加”后，单击【保存】按钮，如图6-27所示。

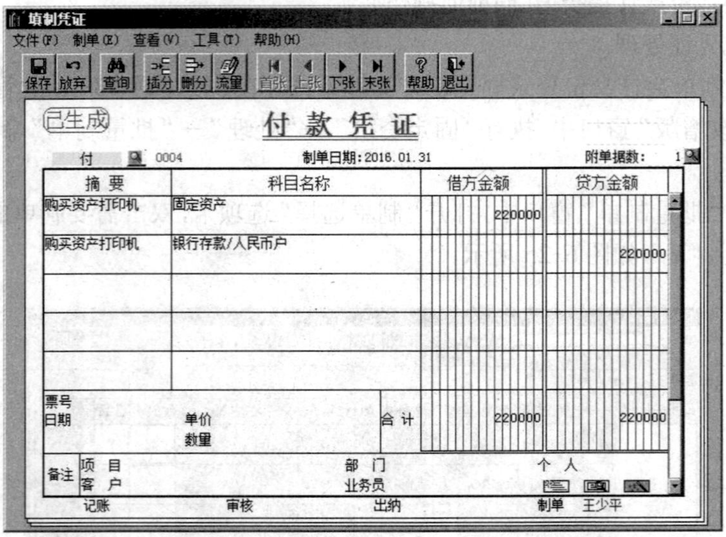

图6-27

步骤6：单击下张，出现另一张需要生成的凭证，进行修改后单击【保存】按钮。重复以上操作步骤，继续完成其他业务的制单，如图6-28、图6-29所示。

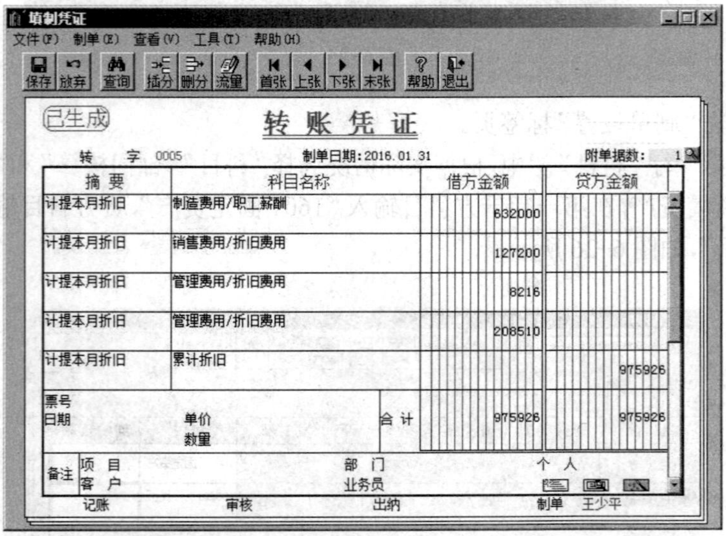

图6-28

备注：把生成的凭证审核记账。

第三，凭证查询、修改与删除。

步骤1：选择“固定资产”→“处理”→“凭证查询”，进入“凭证查询”对话框。

步骤2：选择需要编辑的记账凭证。

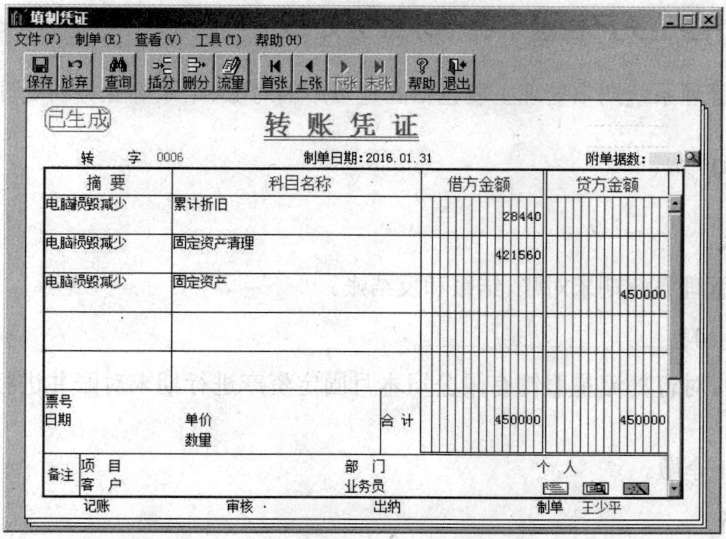

图 6-29

步骤 3:单击【编辑】按钮,显示记账凭证,修改后保存退出(如删除则选择需要删除凭证,单击【删除】按钮即可)。

注意事项

固定资产管理系统在生成凭证时主要采用批量制单功能,在批量制单中的制单设置时,要准确设置好固定资产每笔业务的会计科目。

模块任务二小结

本任务由制单会计来操作,通过具体的实际案例对本任务中涉及的内容进行了实训操作,对固定资产管理系统日常业务的基本功能都进行了练习巩固,为企业建立的账套完成了日常业务处理,为期末业务处理做好了准备。

模块备份

把本任务操作内容备份到“固定资产管理系统日常业务处理”文件夹中,以备练习使用。

评价

将实训记录和评分结果填入表 6-2 中。

表 6-2 学生学习情况评价表

任务名称: 座位号: 姓名:

项目	分值	自我记录	自我评价	小组评价	教师评价
账套恢复设置是否正确	5				
固定资产增加的内容,操作是否正确	30				
固定资产减少的内容,操作是否正确	20				
固定资产变动的内容,操作是否正确	20				
固定资产折旧的前提条件,操作是否正确	20				
账套备份设置是否正确	5				

任务三 固定资产管理系统期末业务处理

固定资产管理系统期末处理主要包括固定资产的对账、结账等业务的处理。

活动 6.9

活动内容

固定资产管理系统期末对账、结账和反结账。

活动案例 41

1 月 31 日，对青岛流星服饰有限公司本月固定资产进行期末对账并进行月末结账和反结账。

操作员：01 李敏。

案例分析

为了保证固定资产管理系统管理的固定资产的价值和总账系统中固定资产科目的数值相等，需要通过对账的功能来实现。对账一致，就可以进行月末结账，结账后当期数据不能修改。

本案例属于固定资产管理系统期末对账、结账的内容，可以通过“固定资产”模块里的“处理”“对账、结账”功能来完成。在这里要先把未记账的凭证记账，才能进行对账和结账。

案例操作

恢复“固定资产管理系统日常业务处理”备份内容。

第一，对账。

步骤 1：执行“固定资产”→“处理”→“对账”命令，系统自动对账，并显示对账结果，如图 6-30 所示。

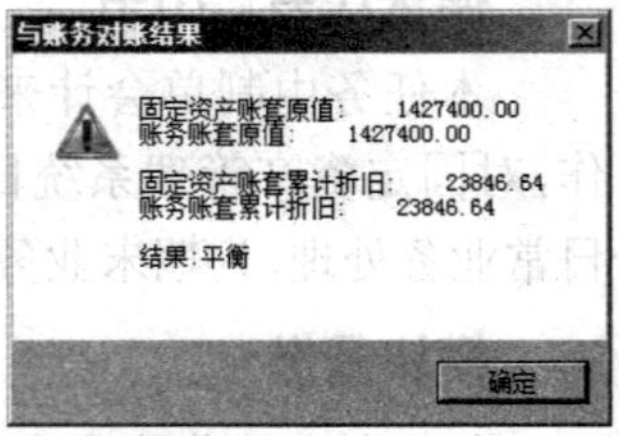

图 6-30

第二，月末结账。

步骤 1：在“畅捷通 T3- 企业管理信息化软件教育专版—营改增版”窗口中，执行“固定资产”→“处理”→“月末结账”命令，打开“月末结账”对话框，如图 6-31 所示。

步骤 2：在“月末结账”对话框中，单击“开始结账”按钮，打开“与账务对账结果”提示框，如图 6-32 所示。

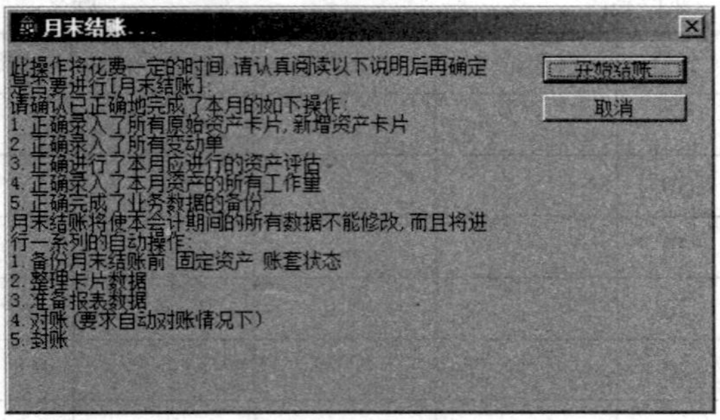

图 6-31

图 6-32

步骤 3：单击【确定】按钮，打开“月末结账成功完成！”提示框。

步骤 4：在系统提示框中，单击【确定】按钮，完成固定资产本月结账工作。

第三，固定资产月末反结账。

步骤 1：以要恢复的月份登录，如要恢复到 1 月底，则以 1 月份登录。

步骤 2：在固定资产管理系统，选择“固定资产”→“处理”→“恢复月末结账前状态”，屏幕显示提示信息，单击【是】按钮，系统即执行本操作，完成后自动以原登录日期打开，并提示该日期是否是可操作日期。

注意事项

（1）只有系统初始化选项中选择了“与财务系统对账”，固定资产管理系统的对账功能才能好用。

（2）只有总账系统所有凭证记账完毕，固定资产管理系统期末才能与总账进行对账工作。

（3）月末结账前一定要进行数据备份，否则数据一旦丢失，将无法挽回。固定资产管理系统的反结账功能必须是在总账系统没有结账的情况下才可执行。

模块任务三小结

本任务由账套主管或者有操作权限的人员来操作，通过具体的实际案例对本任务中涉及的内容进行了实训操作，对固定资产管理系统期末业务的基本功能都进行了练习，为企业建立的账套完成了期末业务处理。

模块备份

把本任务操作内容备份到“固定资产管理系统期末业务处理”文件夹中，以备练习使用。

评价

将实训记录和评分结果填入表 6-3 中。

表 6-3 学生学习情况评价表

任务名称： 座位号： 姓名：

项目	分值	自我记录	自我评价	小组评价	教师评价
账套恢复设置是否正确	5				
固定资产管理系统期末对账的作用，操作是否正确	30				
固定资产管理系统月末结账的作用，操作是否正确	50				
固定资产管理系统月末反结账的意义，操作是否正确	10				
账套备份设置是否正确	5				

模块七　购销存系统

一、模块简介

购销存系统是为适用企业业务核算需要而产生的，它把采购、销售、库存和核算四个子系统集合为一体，以企业采购材料、销售商品、库存管理为主线，以购销存业务环节中的各项活动为对象，记录各项业务的发生情况，有效跟踪其发展过程，为财务核算、业务分析和管理决策提供依据。购销存系统的集成应用，实现了企业业务处理与会计核算的一体化，使企业的资金流与物流同步，并相互制约，有利于企业及时把握经营信息，降低经营风险，从而提高企业的市场竞争力。

购销存系统的基本功能包括：

（1）采购系统：完成采购业务的核算和管理；

（2）销售系统：完成销售业务的核算和管理；

（3）库存系统：完成库存业务的核算和管理；

（4）核算系统：把购销存模块的业务通过核算模块的功能进行制单处理并传递到总账。

购销存系统能够全面、及时、完整地完成企业采购、销售和生产等业务的会计核算，最终在核算模块里以记账凭证的形式给总账模块（核心模块）输送数据，通过总账模块和报表模块对外提供会计信息。

二、任务目标

（1）了解购销存系统的基础知识及其结构。

（2）掌握购销存系统的操作流程。

购销存业务流程图如图 7-1 所示。

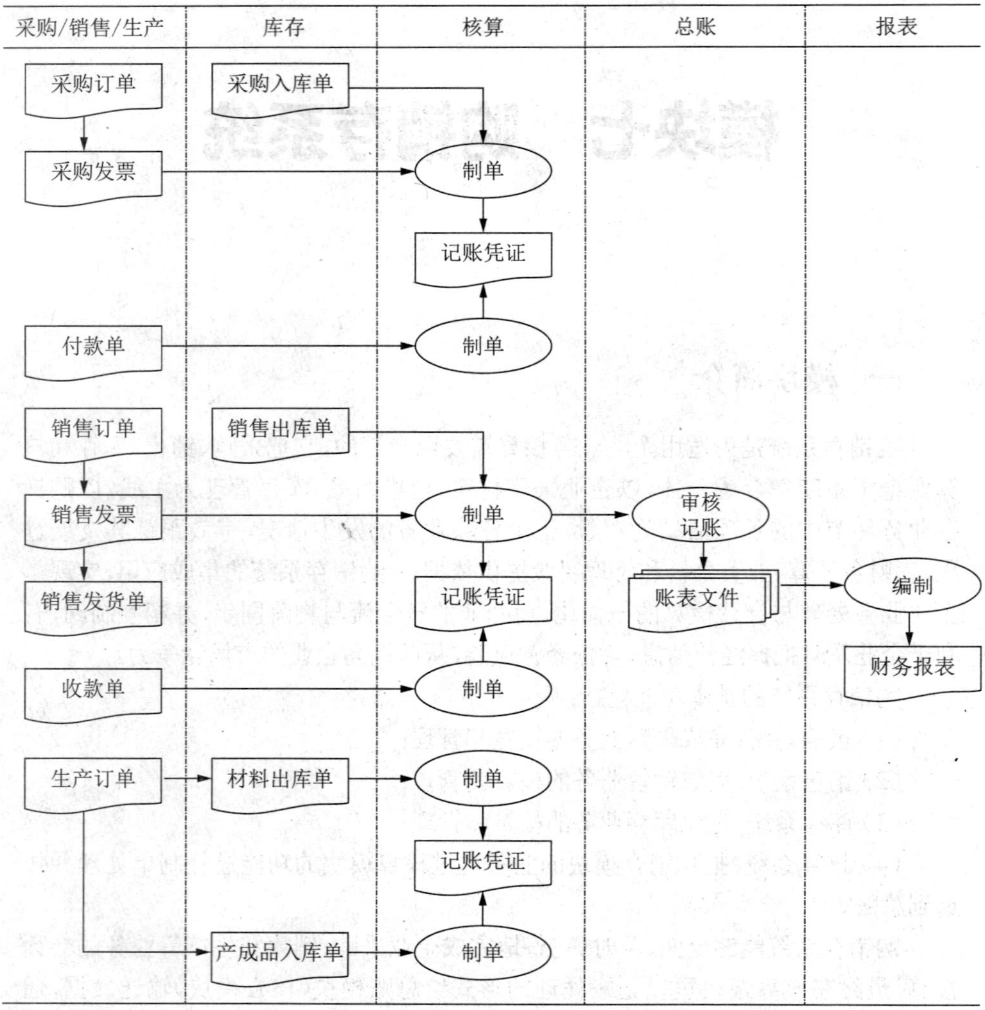

图 7-1

三、模块任务

任务一 认知购销存系统

购销存系统的四个子系统各自独立完成业务内容，它们之间的业务联系也非常密切。购销存系统的基本任务是通过采购系统管理采购订单、采购入库单和采购发票；通过销售系统管理销售订单、销售出库单和销售发票；通过库存系统管理各种存货的入库和出库业务；通过核算系统核算应收应付账款，核算物资采购、销售收入和税金，核算存货入库成本、出库成本和结余成本，从而完成采购、销售等业务的核算工作。

任务二 认知购销存各子系统之间的数据关系

购销存各子系统之间的数据关系，如图 7-2 所示。

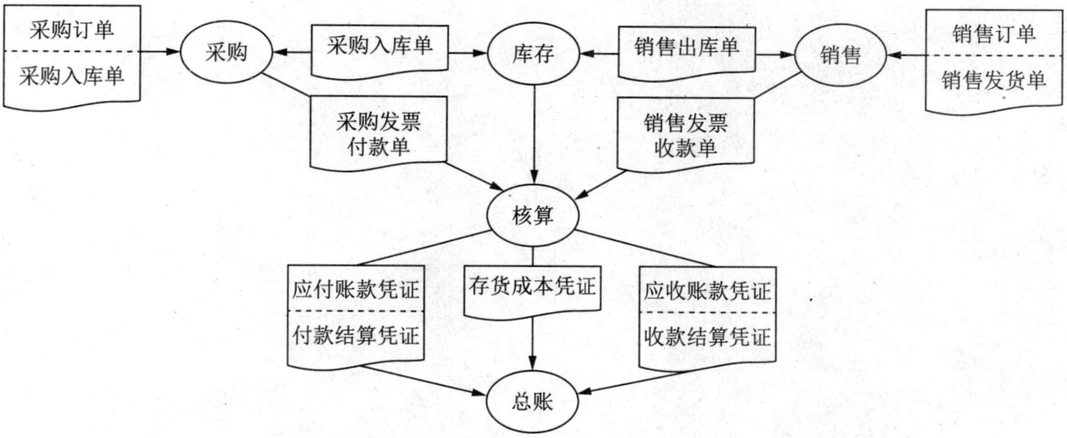

图 7-2

（1）在采购系统中，接收采购订单，生成采购入库单，向库存系统传递采购入库单；生成采购发票，向核算系统传递采购发票，形成企业的应付账款；输入付款单，向核算系统提供应付款项的核销情况。

（2）在销售系统中，接收销售订单，生成销售发货单，向库存系统传递销售出库单；生成销售发票，向核算系统传递销售发票，形成企业的应收账款；输入收款单，向核算系统提供应收款项的核销情况。

（3）在库存系统中，接收在采购和销售系统中填制的各种出入库单；向核算系统传递经审核后的出入库单和盘点数据；向采购系统和销售系统传递存货信息。

（4）在核算系统中，接收采购、销售和库存系统中传递的已审核过的出入库单，进行记账，并生成记账凭证；向总账系统传递出入库的存货成本；接收采购和销售系统中传递的收付款单，生成记账凭证；向总账系统传递收付款结算凭证。

（5）在总账系统中接收核算系统中生成的记账凭证，并审核、记账形成企业的有关总账信息。

表 7-1 学生学习情况评价表

任务名称： 座位号： 姓名：

项目	分值	自我记录	自我评价	小组评价	教师评价
购销存系统由几部分组成	5				
购销存系统的功能	15				
采购系统与其他系统是怎样传递数据的	20				
销售系统与其他系统是怎样传递数据的	20				
库存系统与其他系统是怎样传递数据的	20				
核算系统与其他系统是怎样传递数据的	20				

模块八　采购管理

一、模块简介

采购管理系统是会计信息化软件的一个子系统，主要负责对企业采购业务全流程的管理，其主要任务是处理采购入库单和采购发票，并根据采购入库单等入库信息确认采购成本及根据采购发票进行采购付款的全过程管理。

采购管理系统与库存管理系统、核算管理系统在软件中是联合使用的，这样可以追踪存货的入库信息，把握存货的畅滞信息，从而减少盲目采购，避免库存积压；同时还可以将采购结算成本自动记录到存货成本（原材料、库存商品）账中，便于财务部门及时了解采购相关信息。

采购管理系统的主要功能是进行采购订单处理，动态掌握订单执行情况，向拖期交货的供应商发出催货函；处理采购入库单、采购发票，并根据采购入库单、发票等数据确认采购成本；处理采购付款业务；处理采购退货业务；进行单据查询及账表的查询和统计。

二、任务目标

（1）能熟练完成采购管理系统初始化；供应商往来期初录入。

（2）能熟练完成采购管理系统日常业务处理（采购业务单据录入与账务处理；付款业务单据录入与账务处理）。

（3）能熟练完成采购管理系统期末业务处理。

三、模块操作流程

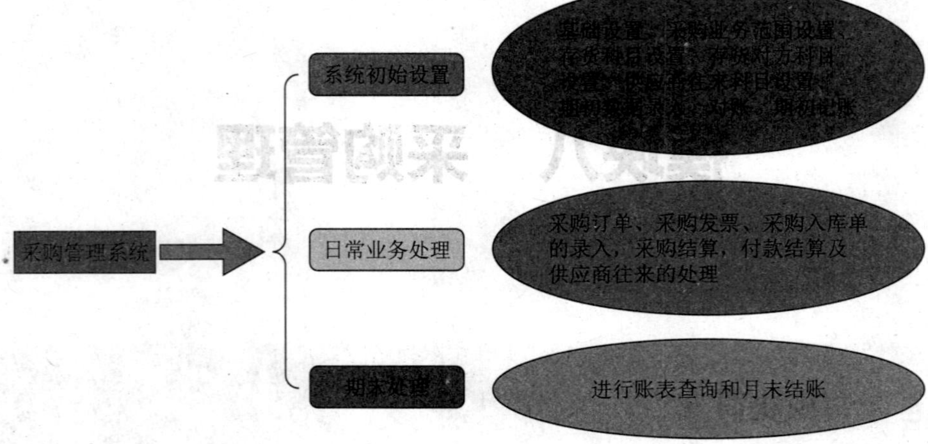

图 8-1

四、模块操作

任务一 采购管理系统期初设置

采购管理系统初始化的主要任务是根据本公司的核算要求，进行采购管理基础设置、采购业务范围设置、存货科目设置、供应商往来科目设置、录入有关的期初数据并进行期初记账处理等。要使用采购管理系统首先要启用购销存系统和核算系统。

采购管理的基础设置参考“基础设置模块”里的购销存基础设置。

活动 8.1

活动内容

采购、库存、核算系统业务范围设置。

活动案例 42

青岛流星服饰有限公司财务部门准备使用购销存系统来进行账务处理，需要做好一些准备工作。资料如下：

（1）启用购销存管理系统、核算系统，启用日期为 2016 年 01 月 01 日；

（2）采购业务范围设置要求：业务流程选择标准流程，允许查看修改他人的单据，增值税专用发票默认税率为 17%，其他参数采用系统默认；

（3）库存业务范围设置要求：允许零出库，本人填制的单据允许其他人修改，其他参数采用系统默认；

（4）核算业务范围设置要求：核算方式为按仓库核算；暂估方式为单到回冲；销售成本核算方法为销售出库单，其他参数采用系统默认。

操作员：01 李敏。

案例分析

业务范围设置将决定企业使用系统的业务流程、业务模式、数据流向。在进行设置之前，一定要详细了解参数对业务处理流程的影响，对在购销存业务处理时哪些业务能处理、哪些业务不能处理加以规定，以满足企业的要求。由于采购、库存、核算管理系统是联合使用的，所以要进行采购管理系统的操作，必须把库存、核算管理系统的期初设置一同设置好。

本案例属于采购、库存、核算系统业务范围设置的内容，可以通过“采购”“库存”“核算”模块里的“业务范围设置”功能来完成。

案例操作

第一，启用购销存、核算系统。

步骤 1：账套主管登录“系统管理”。

步骤 2：执行“账套”→“启用”命令，进入系统启用界面，选择启用“购销存管理”和“核算”两个系统，启用时间为 2016 年 01 月，如图 8-2 所示。

第二，采购管理系统参数设置。

步骤 1：以账套主管或采购业务主管登录 T3 系统。

步骤 2：执行“采购”→“采购业务范围设置”命令，进入“采购管理系统选项设置”界面。

步骤 3：打开各个页签，根据企业需要进行选择设置，如图 8-3 所示。

图 8-2

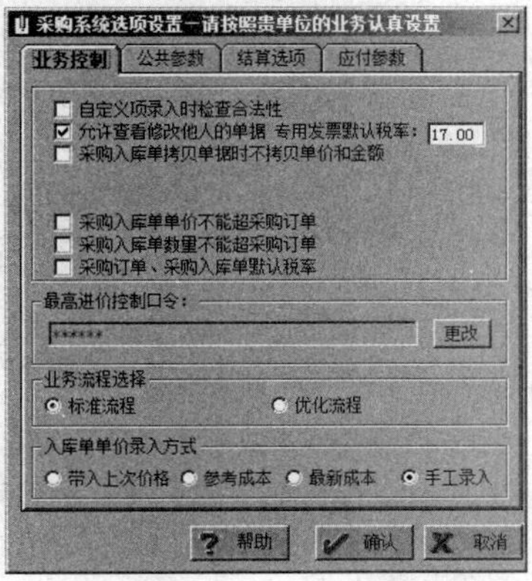

图 8-3

步骤 4：设置完毕，单击【确认】按钮后退出

第三，库存管理系统参数设置。

步骤 1：执行“库存”→“库存业务范围设置”命令，进入“系统参数设置”窗口。

步骤 2：在“系统参数设置”窗口中，根据企业要求进行参数选择后，单击【确认】按钮退出，如图 8-4 所示。

第四，核算管理系统参数设置。

步骤 1：执行“核算”→“核算业务范围设置”命令，进入“基本设置”窗口，如图 8-5 所示。

步骤 2：在“基本设置”窗口中，根据企业要求进行参数选择后，单击【确认】按钮退出，如图 8-5 所示。

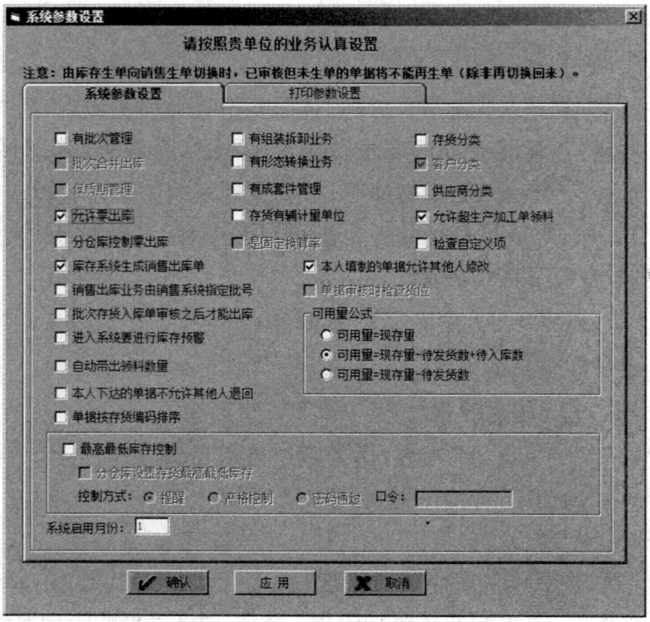

图 8-4

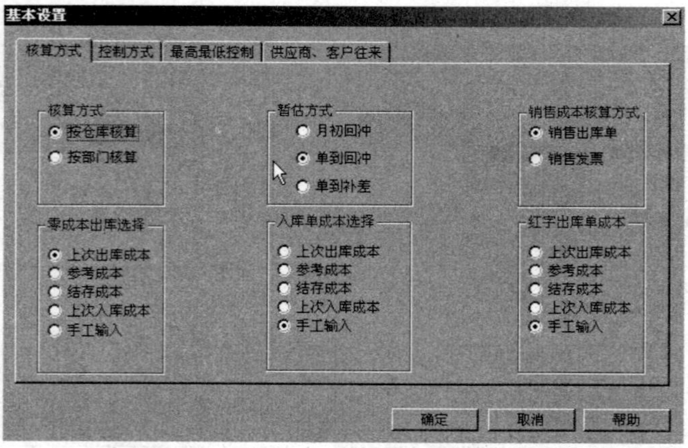

图 8-5

注意事项

由于有些参数在日常业务开始后不能随意更改，因此在业务开始前应结合企业的实际业务需要进行全盘考虑。

活动 8.2

活动内容

存货科目设置。

活动案例 43

为了使生成的凭证能够完整地带有会计科目，所以需要根据下面资料进行设置。

（1）存货科目设置。

仓库编码	仓库名称	存货科目编码	存货科目名称
001	原材料仓库	1403	原材料
002	成品仓库	1405	库存商品

（2）存货对方科目设置。

收发类别编码	收发类别名称	存货编码	存货名称	对方科目编码	对方科目名称
11	采购入库	001	针织布	1402	在途物资
11	采购入库	002	涤棉布	1402	在途物资
11	采购入库	003	珊瑚绒	1402	在途物资
11	采购入库	004	硬质棉	1402	在途物资
22	材料领用	001	针织布	500102	直接材料
22	材料领用	002	涤棉布	500102	直接材料
22	材料领用	003	珊瑚绒	500102	直接材料
22	材料领用	004	硬质棉	500102	直接材料
21	销售出库	005	毛巾被	6401	主营业务成本
21	销售出库	006	四件套	6401	主营业务成本
21	销售出库	007	运动服	6401	主营业务成本
21	销售出库	008	休闲服	6401	主营业务成本

操作员：01 李敏。

案例分析

存货科目设置用于设置本系统中生成凭证所需要的各种存货科目及差异科目。因此，用户在制单之前应先将存货科目设置完整、正确，否则无法生成科目完整的凭证。那么单据制单的时候，存货应该走哪个科目呢？一般是这样规定的：原材料库的存货走“原材料”科目，库存商品库的存货走“库存商品”科目。

对于一张单据生成凭证，必然有借贷两个方向的科目。比如销售出库，我们知道出库是从成品仓库出，贷方的存货科目是“库存商品”，那对应的借方科目就要设置为“主营业务成本”，所以设置了存货科目后，还要设置对方科目，一张单据生成的凭证才会完整。同样，材料领用，贷方的存货科目是“原材料”，那对应的借方科目就要设置为“生产成本—直接材料”。再比如，材料入库，借方是“原材料”，贷方可以设置为“在途物资”。

本案例属于存货科目设置的内容，可以通过“核算”模块里的“科目设置”功能来完成。

案例操作

第一，设置存货科目。

步骤 1：执行“核算”→“科目设置”→“存货科目”命令，打开“存货科目”对话框窗口。

步骤 2：单击【增加】按钮，按科目设置要求录入后单击【保存】按钮后退出，如图 8-6 所示。

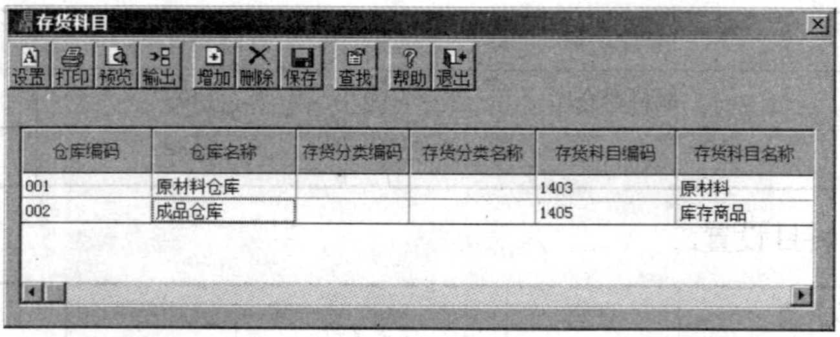

存货科目

设置 打印 预览 输出 增加 删除 保存 查找 帮助 退出

仓库编码	仓库名称	存货分类编码	存货分类名称	存货科目编码	存货科目名称
001	原材料仓库			1403	原材料
002	成品仓库			1405	库存商品

图 8-6

第二，设置存货对方科目。

步骤 1：执行“核算”→“科目设置”→“存货对方科目”命令，打开“对方科目设置”对话框。

步骤 2：单击【增加】按钮，按对方科目设置要求录入后退出，如图 8-7 所示。

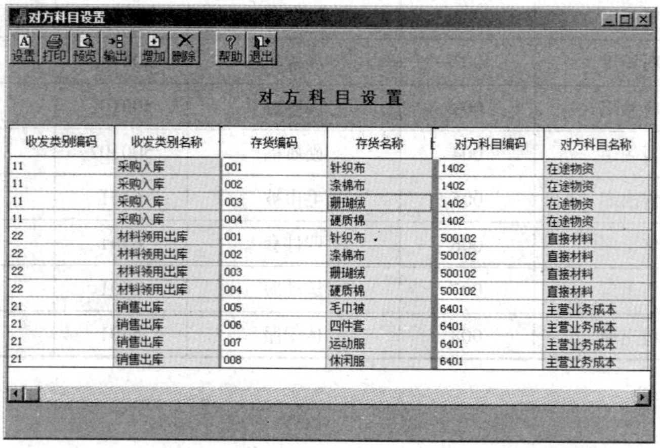

对方科目设置

设置 打印 预览 输出 增加 删除 帮助 退出

对方科目设置

收发类别编码	收发类别名称	存货编码	存货名称	对方科目编码	对方科目名称
11	采购入库	001	针织布	1402	在途物资
11	采购入库	002	涤棉布	1402	在途物资
11	采购入库	003	珊瑚绒	1402	在途物资
11	采购入库	004	硬质棉	1402	在途物资
22	材料领用出库	001	针织布	500102	直接材料
22	材料领用出库	002	涤棉布	500102	直接材料
22	材料领用出库	003	珊瑚绒	500102	直接材料
22	材料领用出库	004	硬质棉	500102	直接材料
21	销售出库	005	毛巾被	6401	主营业务成本
21	销售出库	006	四件套	6401	主营业务成本
21	销售出库	007	运动服	6401	主营业务成本
21	销售出库	008	休闲服	6401	主营业务成本

图 8-7

注意事项

一定要按企业实际业务需要设置。

活动 8.3

活动内容

设置供应商往来科目。

活动案例 44

根据下面资料继续进行科目的设置。

（1）供应商往来基本科目设置。

基本科目名称	科目编码
应付科目	220201
采购税金科目	22210101
预付科目	1123

（2）供应商往来控制科目设置。

供应商简称	应付科目	预付科目
恒顺	220201	1123
金达利	220201	1123

（3）供应商往来结算方式科目设置。

结算方式	科目
现金结算	1001
转账支票	100201
商业承兑汇票	2201
银行承兑汇票	2201

操作员：01 李敏。

案例分析

由于购销存系统中，供应商往来的业务类型比较固定，生成的凭证类型也较固定，因此，为了简化凭证生成操作，可以在设置中将各业务类型中常用的科目预先设置好。

本案例属于存货供应商往来科目设置的内容，可以通过“核算”模块里的“科目设置”功能来完成。

案例操作

步骤1：执行“核算”→“科目设置”→“供应商往来科目”命令，打开“供应商往来科目设置”对话框。

步骤2：根据需要选择“基本科目设置”“控制科目设置”“结算方式科目设置”等文件夹，按要求进行科目设置，如图8-8所示。

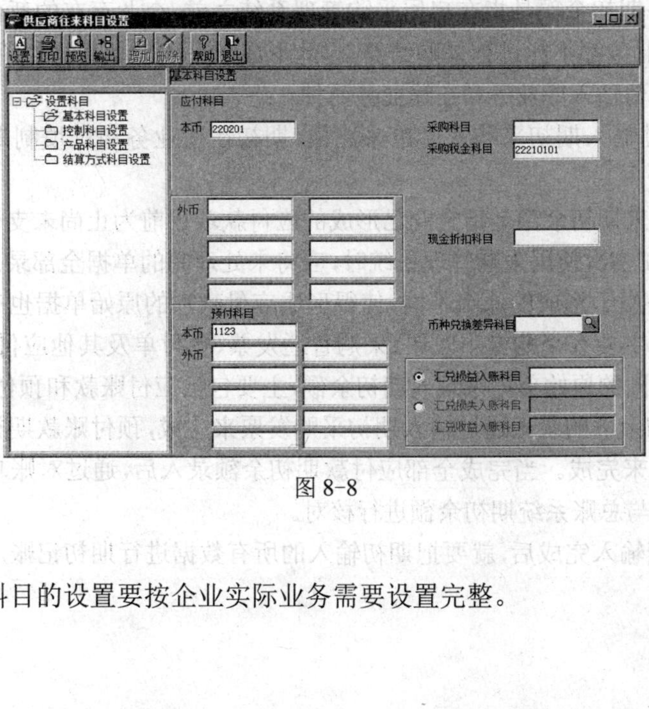

图 8-8

注意事项

供应商往来科目的设置要按企业实际业务需要设置完整。

活动 8.4

活动内容

采购期初数据录入。

活动案例 45

根据下面资料完成采购期初数据录入。

（1）输入期初货到票未到业务。输入期初采购入库单：2015 年 12 月 30 日，收到金达利公司发来的硬质棉 819 米，单价 25 元，已验收入原材料库，尚未收到专用发票（暂估业务）。

（2）输入供应商往来期初（应付账款）。保存后与总账对账。

单据类型	发票号	时间	供应商	存货	数量	单价	价税合计	部门	业务员
专用发票	4935	2015. 10. 31	金达利	硬质棉	6 000	20	140 400	市场部	李斯
专用发票	5493	2015. 11. 25	恒顺	针织布	10 000	5. 3	62 010	市场部	李斯

（3）输入供应商往来期初（预付账款）。保存后与总账对账。

日期	供应商	摘要	科目	方向	金额（元）	结算方式	业务员
2015. 12. 25	金达利	预付材料款	1123	借	30 000	转账支票	李斯

（4）采购期初记账。

操作员：01 李敏。

案例分析

初次使用采购管理系统时，要将截止到采购管理系统启用时未处理完成的采购会计事项录入采购管理系统中，作为采购管理系统的期初余额。采购期初数据录入包括采购业务期初余额录入和供应商往来期初余额录入。

（1）采购业务期初余额是指在启用采购管理系统之前，企业存在的暂估业务和在途物资业务，由于这两种业务都不能进行采购结算，因此形成了采购期初数据。所以，采购业务期初余额主要包括期初暂估入库业务和在途业务两种。

暂估业务通过输入期初采购入库单来完成，期初在途业务通过填制期初采购发票来完成。

（2）供应商往来期初余额是指企业已形成的应付款项目前为止尚未支付的余额。为了便于以后核销账务，在初次使用采购管理系统时，应将未处理完的单据全部录入本系统中。

应付款项业务由于形成的原因不同，使得形成应付款项的原始单据也有所不同。形成应付款项的原始单据主要有采购专用发票、采购普通发票、预付单及其他应付单等，因此供应商往来期初要根据不同的原始单据来录入期初余额，主要包括应付账款和预付账款两种情况。

应付账款期初余额的录入通过输入期初采购发票来完成，预付账款期初余额的录入通过输入期初预付款单来完成。当完成全部应付款期初余额录入后，通过对账功能可将采购管理系统的应付款余额与总账系统期初余额进行核对。

采购期初数据输入完成后，就要把期初输入的所有数据进行期初记账。期初记账是将采购期初数据记入有关采购账中。采购管理系统期初记账后才能进行日常采购业务处理。期初记账后不允许再输入期初数据，如果期初记账后发现还有期初数据没有输入计算机，可以取消记账，重新输入期初数据。没有期初数据可以不录入，但也必须进行期初记账。

本活动案例中，(1)属于期初暂估业务的内容，可以通过“采购”模块里的“采购入库单”功能来完成，(2)属于期初应付账款的内容，可以通过“采购”模块里的“供应商往来期初”“采购发票”功能来完成，(3)属于期初预付账款的内容，可以通过“采购”模块里的“供应商往来期初”“预付款”功能来完成。

案例操作

第一：采购暂估入库期初数据录入(货到单未到)。

步骤 1：执行“采购”→“采购入库单”命令，进入“期初采购入库单”窗口。

步骤 2：单击【增加】按钮，输入入库日期“2015-12-30”，选择仓库“原材料库”，供货单位“金达利公司”，入库类别“采购入库”，采购类型“材料采购”。

步骤 3：选择存货编码“004”，输入数量“819”，暂估单价“25”，单击【保存】按钮后退出，如图 8-9 所示。

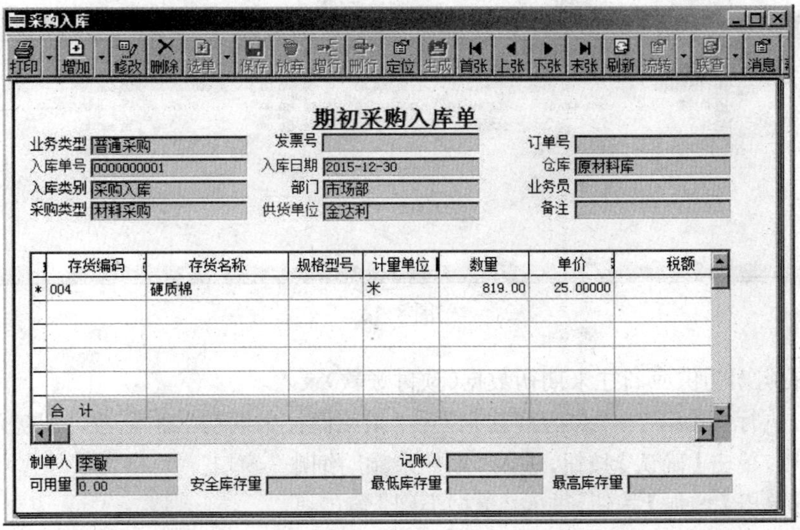

图 8-9

第二，采购供应商往来期初数据(应付账款)录入。

步骤 1：选择“采购”→“供应商往来”→“供应商往来期初”，进入“期初余额—查询”对话框窗口，单击【确认】按钮，进入“期初余额明细账”窗口。

步骤 2：在“期初余额明细账”窗口工具栏中，单击【增加】按钮，进入“单据类别”窗口。

步骤 3：在“单据名称”处选择“采购发票”，“单据类型”处选择“专用发票”，“方向”处选择“正向”，单击【确认】按钮，进入“采购专用发票”窗口。

步骤 4：在“采购专用发票”窗口中，按活动案例资料输入发票号、开票日期，选择供货单位、部门，科目编码“220201”，选择“存货名称—硬质棉”，输入数量“6 000”，单价“20”，保存后退出，如图 8-10 所示。

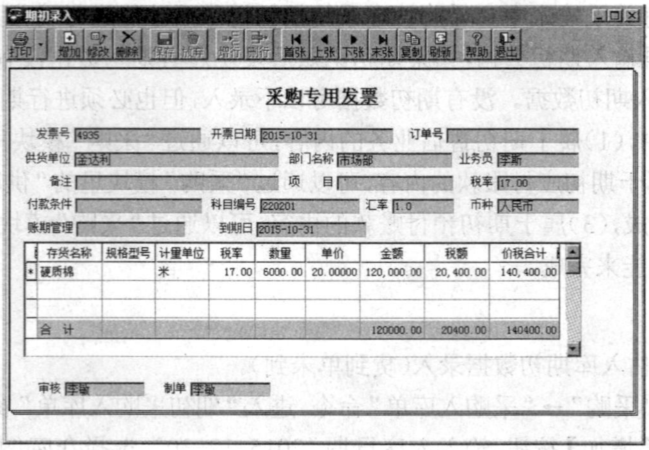

图 8-10

步骤 5：在“期初余额明账表”窗口中，单击【对账】按钮，与总账对账，然后退出，如图 8-11 所示。

期初对账

科目		应付期初		总账期初		差额	
编号	名称	原币	本币	原币	本币	原币	本币
1123	预付账款	0.00	0.00	-30,000.00	-30,000.00	30,000.00	30,000.00
220201	应付货款	202,410.00	202,410.00	202,410.00	202,410.00	0.00	0.00
	合计		202,410.00		172,410.00		30,000.00

图 8-11

第三，采购期初供应商往来期初数据（预付账款）录入。

步骤 1：执行“采购”→“供应商往来”→“供应商往来期初”命令，在“期初余额 - 查询”对话框窗口中，单击【确认】按钮，进入“期初余额明细账”窗口。

步骤 2：单击【增加】按钮，进入“单据类别”窗口。

步骤 3：在“单据名称”处选择“预付款”，“单据类型”处选择“付款单”“方向”处选择“正向”，单击【确认】按钮。

步骤 4：按活动案例资料输入结算日期，选择供应商、部门、业务员，输入金额、摘要后保存退出，如图 8-12 所示。

步骤 5：在“期初余额明账表”窗口中，单击【对账】按钮，与总账对账，如图 8-13 所示。

第四，采购管理系统期初记账。

步骤 1：执行“采购”→“期初记账”命令，即可进入期初记账处理功能，如图 8-14 所示。

步骤 2：单击【记账】按钮，对期初数据进行记账，单击【退出】按钮。

注意事项

（1）采购管理系统既有单据的期初，又有供应商往来期初。期初数据的日期要早于模块启用的日期。

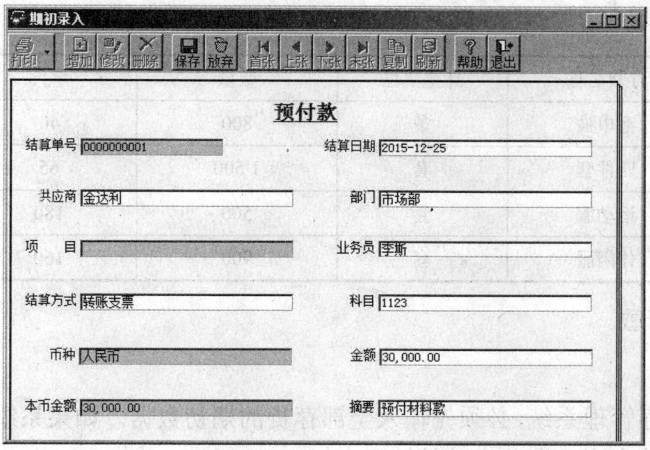

图 8-12

图 8-13

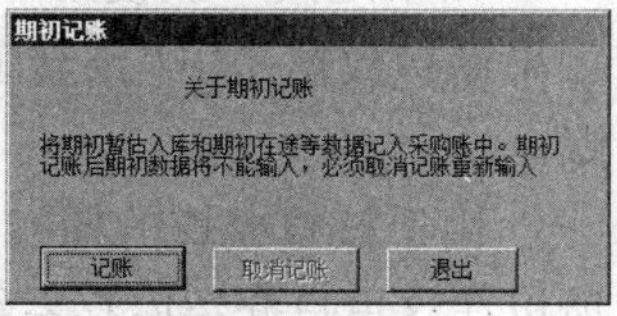

图 8-14

（2）采购管理系统必须要进行期初记账，即使没有期初数据，也必须执行期初记账，以便输入日常采购单据数据。只有采购管理系统执行期初记账，库存管理系统和核算系统才能执行期初记账。如要取消采购期初记账，则要先取消库存（核算）的期初记账，然后才能取消采购期初记账。

在发票录入窗口，要选择科目编码，如不选，则对账不平。

活动 8.5

活动内容

库存系统（或核算系统）期初数据录入及库存系统（或核算系统）期初记账。

活动案例 46

根据下面资料完成库存期初数据录入并进行期初记账。

（1）原材料仓库。

存货编号	存货名称	计量单位	数量	单价	金额
001	针织布	米	11 000	5.3	58 300
002	涤棉布	米	6 000	2.8	16 800
003	珊瑚绒	片	4 000	3.5	14 000
004	硬质棉	米	7 500	20	150 000

（2）成品仓库。

存货编号	存货名称	计量单位	数量	单价	金额
005	毛巾被	条	800	40	32 000
006	四件套	套	1 500	65	97 500
007	运动服	套	500	180	90 000
008	休闲服	套	900	160	144 000

操作员：01 李敏。

案例分析

初次使用库存管理系统，必须先输入全部存货的期初数据。如果系统已有上年数据，在进行上年结转后，上年各存货将自动结转至本年。

当有关的期初数据录完后，必须进行期初记账，将录入的各种存货的期初数据记入库存台账、批次台账等账簿中，只有在期初记账后才能开始日常业务的处理。

如果是第一次使用库存管理系统，没有期初数据可以不录入，但也必须进行期初记账。如果期初数据是由“结转上年”得来的，结转上年后已是期初记账状态，则不需要进行期初记账。

由于核算模块的期初数据录入和期初记账与库存模块期初数据的录入和期初记账通用，所以在这里只介绍库存系统期初数据录入及库存系统期初记账。

本案例属于库存系统（或核算系统）期初数据录入的内容，可以通过“采购”模块里的“期初数据”功能来完成。

案例操作

第一，库存系统期初数据录入。

步骤 1：执行“库存”→“期初数据”→“库存期初”命令，选择“库存期初”，进入“期初余额”窗口。

步骤 2：在“期初余额”窗口中，选择仓库“原材料仓库”后，单击【增加】按钮，在“存货编码”处录入存货编码或参照选择录入存货，输入数量、单价、存货科目编码后，单击【保存】按钮。

步骤 3：在“期初余额”窗口中，选择仓库“成品仓库”后，单击【增加】按钮，在“存货编码”处录入存货编码或参照选择录入存货，输入数量、单价、存货科目编码后，单击【保存】按钮后退出，完成存货期初录入，如图 8-15 所示。

第二，库存系统期初记账。

步骤 1：单击“库存”→“期初数据”→“库存期初”，进入“期初余额”界面。

步骤 2：在“期初余额”界面中，单击仓库对应的下拉菜单，选择“原材料仓库”，单击【记账】按钮，出现“期初记账成功”，单击【确定】按钮退出。期初记账后，如果要取消期初记账，在“期初余额”界面中，可以单击【恢复】按钮，即可取消期初记账。

注意事项

（1）库存系统期初记账必须在采购管理系统期初记账后才能执行。

（2）期初记账后不允许再输入期初数据，如果期初记账后发现还有期初数据没有输入计算机，可以取消记账，重新输入期初数据。录入新的单据后，库存期初记账不允许取消。

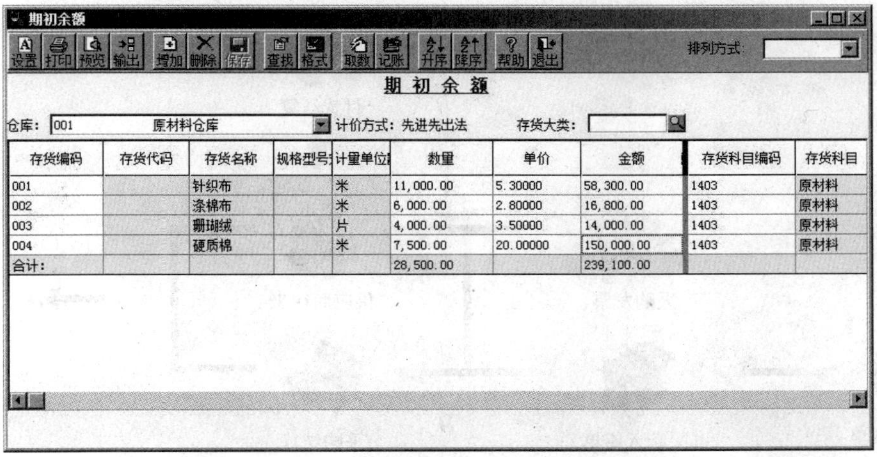

图 8-15

模块任务一小结

本任务由账套主管来操作，通过具体的实际案例对本任务中涉及的内容进行了实训练习（包括采购、库存、核算管理系统的期初）。通过练习，对采购、库存、核算管理系统的期初设置基本功能都进行了练习巩固，并为采购管理系统的日常使用做好准备。

模块备份

把本任务操作内容备份到“采购管理系统期初设置”文件夹中，以备练习使用。

评价

将实训记录和评分结果填入表 8-1 中。

表 8-1 学生学习情况评价表

任务名称： 座位号： 姓名：

项目	分值	自我记录	自我评价	小组评价	教师评价
账套恢复设置是否正确	5				
采购业务范围设置的作用，设置是否正确	20				
存货供应商往来科目设置的意义，录入是否正确	30				
采购期初余额录入情况有哪几种，录入是否正确	30				
采购期初记账的作用，操作是否正确	10				
账套备份设置是否正确	5				

任务二 采购管理系统日常业务处理

采购管理系统日常业务的主要任务就是填制并审核采购订单、采购入库单、采购发票，进行采购结算和付款结算业务的处理，进行供应商往来处理等内容。

采购日常业务处理流程，如图 8-16 所示。

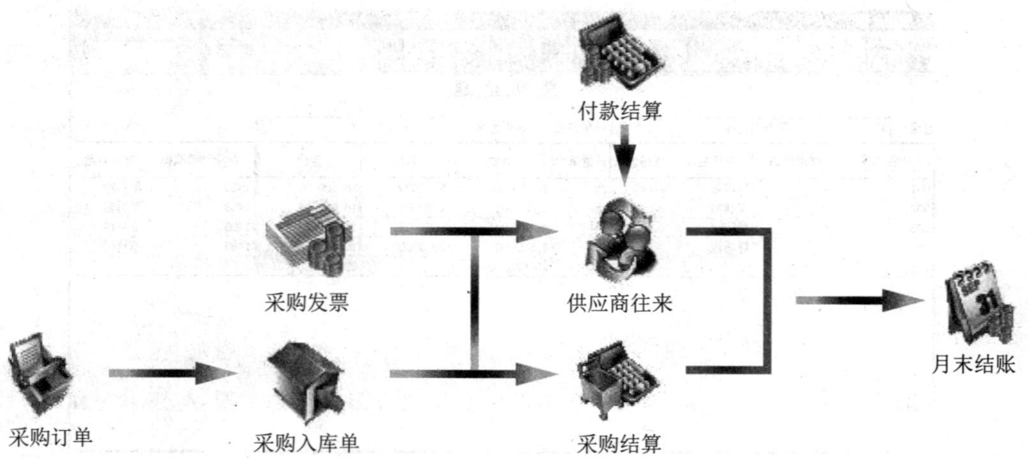

图 8-16

采购管理系统与其他购销存系统的业务关系，如图 8-17 所示。

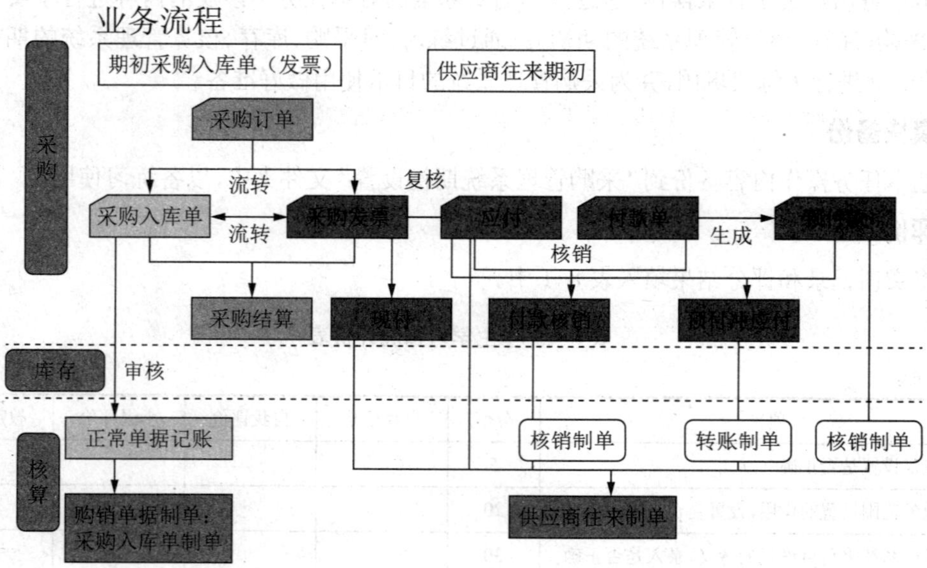

图 8-17

采购管理系统日常业务处理方法：一般的采购业务按货物和发票到达的先后，可以划分为单货同行、货到票未到（暂估入库）、票到货未到（在途存货）三种类型，不同的业务类型相应的处理方法有所不同。下面结合具体案例来说明不同采购业务的操作步骤。

活动 8.6

活动内容

填制采购订单并保存、审核。

活动案例 47

1 月 12 日，市场部李斯从青岛恒顺纺织有限公司订购一批珊瑚绒 4 000 米，单价 3.5 元，税率为 17%，预计本月 17 日到货。

操作员：04 孙翼。

案例分析

采购订货是指企业根据本期的采购计划与资金预算与供应商签订的采购合同或采购协议，确认订货需求。订货确认后在系统内部输入采购订单，并在采购订单上说明采购什么货物、采购多少、由谁供货、什么时间到货、运输方式、价格及运费等。供应商根据采购订单组织货源，企业的仓库部门依据采购订单进行货物验收。

本案例属于填制采购订单的内容，可以通过“采购”模块里的“采购订单”功能来完成。

案例操作

步骤 1：在“畅捷通 T3- 企业管理信息化软件教育专版—营改增版”窗口中，执行“采购”→“采购订单”命令，进入“采购订单”窗口。

步骤 2：单击【增加】按钮，输入日期“2016-01-12”，选择供应单位“恒顺”，部门“市场部”，业务员“李斯”，税率输入“17”。

步骤 3：存货编号“003”，输入数量 4 000”，单价“3.5”，计划到货日期“2016-01-17”。

步骤 4：单击【保存】按钮后，单击【审核】按钮，退出，如图 8-18 所示。

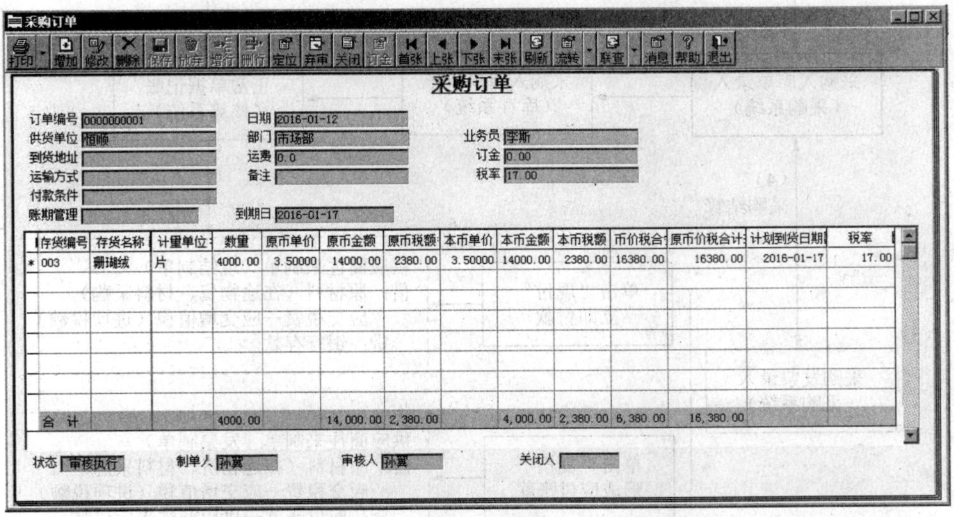

图 8-18

注意事项

采购订单的审核是对订货业务的最终确立。按照企业内部控制的要求，采购订单的填制和审核属于不相容职务，不能是同一个人。但在练习中可以用同一个人填制后直接审核。

活动 8.7

活动内容

单货同行，货款未付采购业务的处理。

活动案例 48

1 月 17 日，市场部李斯从青岛恒顺纺织有限公司订购的珊瑚绒到货，发票上注明珊瑚绒数量 4000 米，单价 3.5 元，税率 17%，货税款暂欠，材料已验收入库（发票号 6826）。

借：原材料　　　　　　　　　　　14 000

　　应交税费——应交增值税（进项税）　　2 380

　　贷：应付账款　　　　　　　　　　　16 380

操作员：04 孙翼。

案例分析

（1）单货同行，货款未付业务处理流程，如图 8-19 所示。

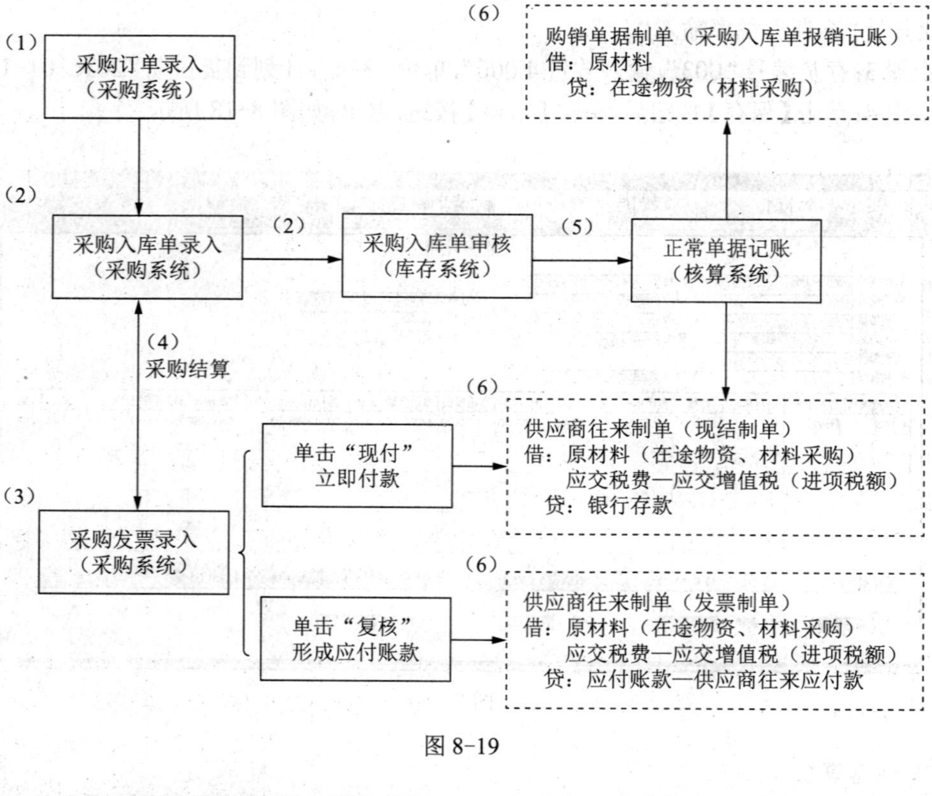

图 8-19

（2）单货同行采购业务的基本操作步骤。

第一步，根据采购订货填制采购订单并审核。有采购订单的采购业务，需要填制采购订单，没有采购订单的采购业务可以不必录入采购订单。

第二步，填制或由采购订单生成采购入库单并审核。采购货物入库时，根据实际入库数量填制入库单。采购入库单可以直接录入，也可以由采购订单或采购发票自动生成。

第三步，由采购订单或采购入库单生成采购发票并复核，若是现付就要先单击“现付”，再单击“复核”。

采购发票是供应商开出的销售货物的凭证。在实务中，采购发票的处理有以下三种情况：

第一种情况是发票随货到达。当货物及其采购发票同时到达企业时，首先检验发票与货物是否一致。如果单货一致，可以先填制或参照采购订单生成采购入库单、采购发票，然后及时进行采购结算。如果采购中有损耗，可以区分损耗原因，报有关领导批准后做有损耗的采购结算。

第二情况是如果本月存货已经到货，但采购发票尚未收到，这时企业可根据实际入库数量填制采购入库单，做暂估入库。待取得发票后，再输入发票进行报账结算。

第三种情况是在收到供货单位的发票后，没有收到供货单位的货物。这时可以对发票压单处理，待货物到达后，再输入系统做报账结算处理；也可以输入发票做在途货物处理。如果想要及时掌握在途货物情况，那么就应及时输入发票，做在途货物处理。

第四步，进行采购结算。采购开票并且入库以后，需要将采购入库单和采购发票进行采购结算。采购结算是指采购核算人员根据采购入库单、采购发票核算采购入库成本，以便进行采购入账。

采购结算从操作处理上分为自动结算和手工结算两种方式。

自动结算：是由计算机系统自动将相同供货单位，相同存货名称、相同存货数量的采购入库单和采购发票进行结算。自动结算的操作方法 ：在专用发票上单击【结算】按钮，系统提示结算情况，单击【确认】按钮，发票左上角出现“已结算”字样，单击【退出】按钮返回，完成采购结算。

手工结算：如果入库单和发票的供货单位、存货名称、数量不同，只能采用手工结算。手工结算可以结算入库单中的部分货物，可以分摊运费等。手工结算的操作方法：需要在采购结算功能中完成，适合所有情况的结算。

第五步，执行单据记账。单据记账是系统计算、记录、确认出 / 入库单据成本的过程。通过单据记账一方面系统能够根据出 / 入库单据登记存货明细账、差异明细账等账簿，另一方面单据记账和存货的计价关系密切，其中存货在使用先进先出法、移动平均法，个别为计价法时，存货在单据记账时会进行出库成本的计算。

单据记账包括正常单据记账和特殊单据记账。特殊单据记账主要针对调拨业务。其他业务一般都通过正常单据记账功能来执行记账。记账后的单据可以据此生成相关记账凭证；可以查询相关的存货账簿。

第六步，进行制单处理。制单就是生成记账凭证的过程，系统在完成单据记账并进行出入库核算后，就可以生成记账凭证了。制单包括购销单据制单和往来单据制单。

购销单据制单主要是采购入库单、销售出库单、其他出入库单、出入库调整单、价格调整单、差异结转单、红字回冲单、蓝字回冲单等单据的制单。制单时，系统根据初始化设置的存货科目和存货对应科目自动生成相应的记账凭证。凭证生成后可以修改，保存后自动传递给总账系统。

往来单据制单包括客户往来制单和供应商往来制单。采购管理系统主要使用供应商往来制单。

供应商往来制单可以实现对采购发票、预付款单、核销单及应付转账业务的会计处理，制单时，系统根据初始化设置的客户往来科目和供应商科目自动生成相应的记账凭证。

供应商往来制单的工作主要包括发票制单、核销制单、汇兑损益制单、转账制单、并账制单、现结制单等。

本案例属于采购中的单货同行，货款未付采购业务处理的内容，需要按照采购业务的基本操作步骤来完成。

案例操作

第一，采购入库单的处理：填制采购入库单并保存、审核。

步骤 1：在“畅捷通 T3- 企业管理信息化软件教育专版—营改增版”窗口中，执行“采购”→“采购入库单”命令，进入“采购入库单”窗口。

步骤 2：单击【增加】按钮，输入入库日期“2016-01-17”，选择仓库“原材料仓库”，选择供应单位“恒顺”，存货编码“003”，输入数量“4 000”，单价“3. 5”元，税率“17”。

步骤 3：单击【保存】按钮，如图 8-20 所示。

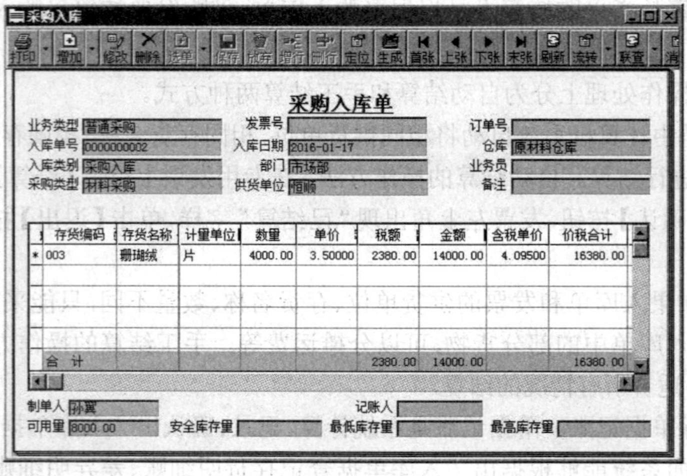

图 8-20

步骤 4：在“畅捷通 T3- 企业管理信息化软件教育专版—营改增版”窗口中，执行“库存”→“采购入库单审核”命令，进入“采购入库单”窗口。

步骤 5：在“采购入库单”窗口中，找到要审核的采购入库单，单击【审核】按钮，采购入库单审核成功。

第二，采购发票的处理：生成采购发票并复核。

步骤 1：在“畅捷通 T3- 企业管理信息化软件教育专版—营改增版”窗口中，执行“采购”→“采购发票”，进入“采购发票”录入界面。

步骤 2：在“采购发票”窗口中，单击【增加】按钮右侧的下三角按钮，选择“专用发票”，显示一张空白采购专用发票。

步骤 3：在“专用发票”窗口中，单击【选单】按钮旁的下拉按钮，单击“采购入库单”选项，打开“单据拷贝”窗口，如图 8-21 所示。

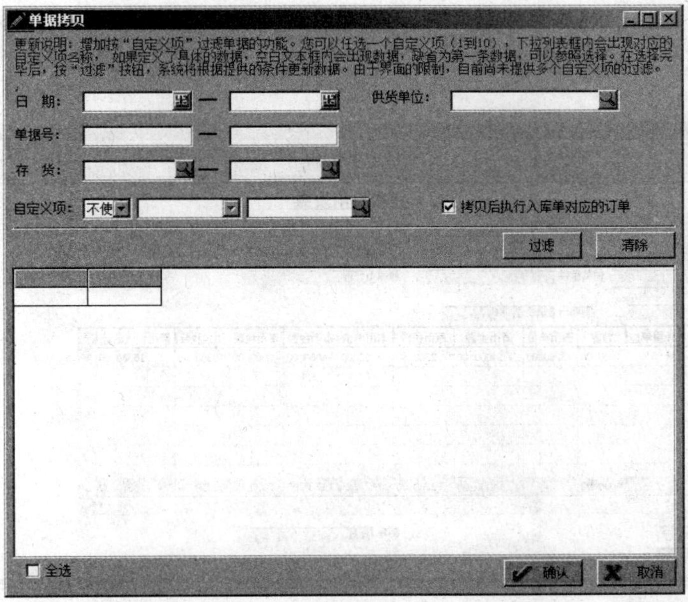

图 8-21

步骤 4：在“单据拷贝”窗口中，取消“拷贝后执行入库单对应的订单”，单击【过滤】按钮，打开“入库单列表”对话框。

步骤 5：在“入库单列表”对话框中，单击“选择”栏，选中要生成采购专用发票的采购入库单，如图 8-22 所示。

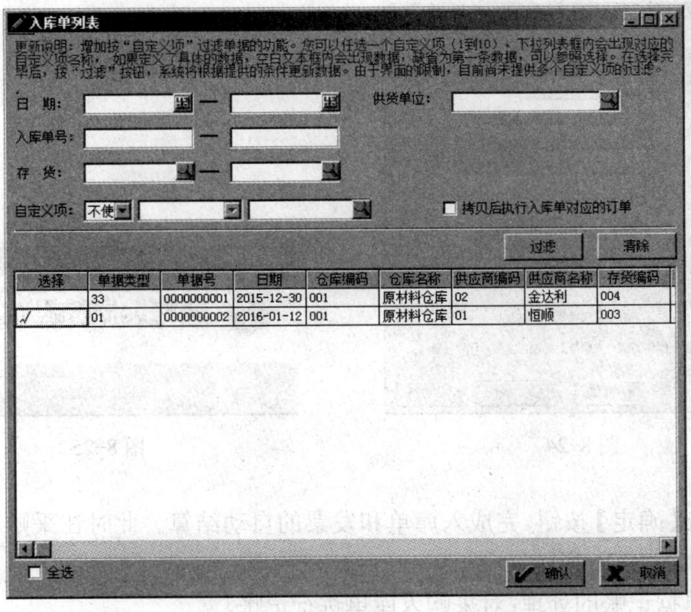

图 8-22

步骤 6：单击【确认】按钮，生成一张采购专用发票。录入发票号“6826”，修改其他有关内容后，单击【保存】按钮。

步骤 7：在“采购专用发票”窗口中，单击工具栏【复核】按钮，对刚填制的采购发票进行审核，发票上显示“已审核”字样，如图 8-23 所示。

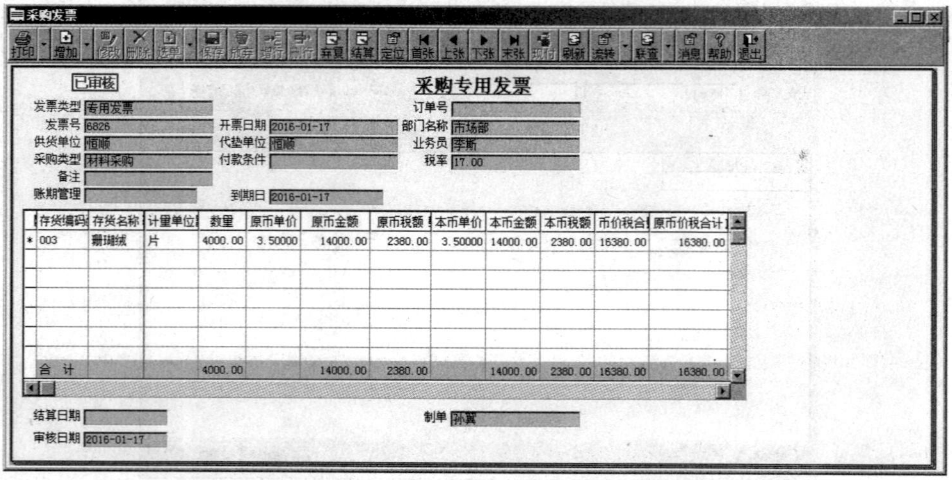

图 8-23

第三，采购结算的处理：将采购发票与入库单进行结算，在这里采用自动结算。

步骤 1：在“采购专用发票”窗口中，单击工具栏【结算】按钮，打开“自动结算”对话框，如图 8-24 所示。

步骤 2：在“自动结算”对话框中，单击【确认】按钮，系统弹出提示框，如图 8-25 所示。

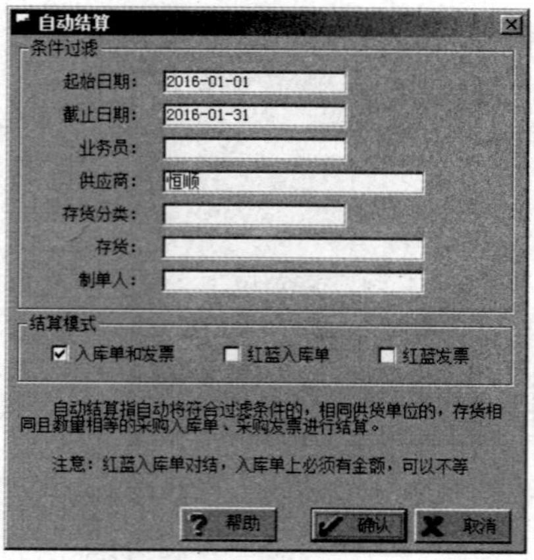

图 8-24

图 8-25

步骤 3：单击【确定】按钮，完成入库单和发票的自动结算。此时在采购专用发票上显示“已结算”字样，如图 8-26 所示。

第四，正常单据记账的处理：对采购入库单进行记账。

步骤 1：在“畅捷通 T3- 企业管理信息化软件教育专版—营改增版”窗口中，执行“核算”→“核算”→“正常单据记账”命令，打开“正常单据记账条件”对话框，如图 8-27 所示。

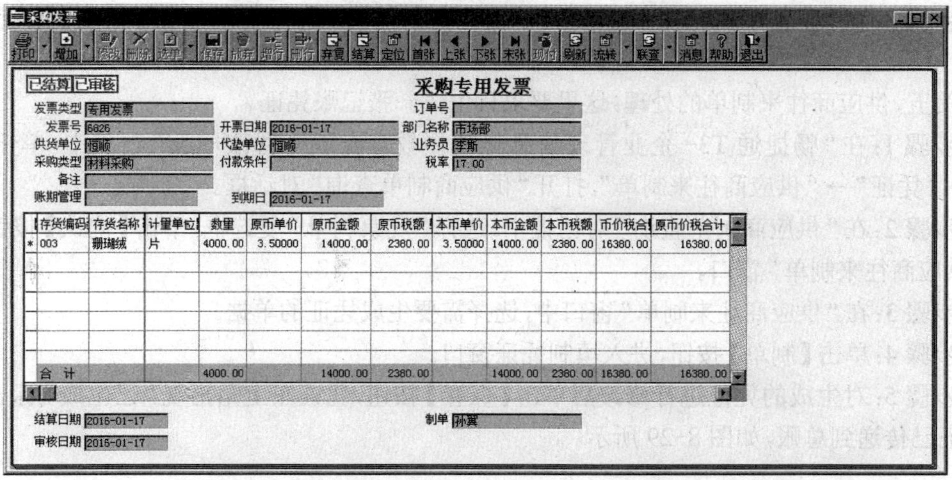

图 8-26

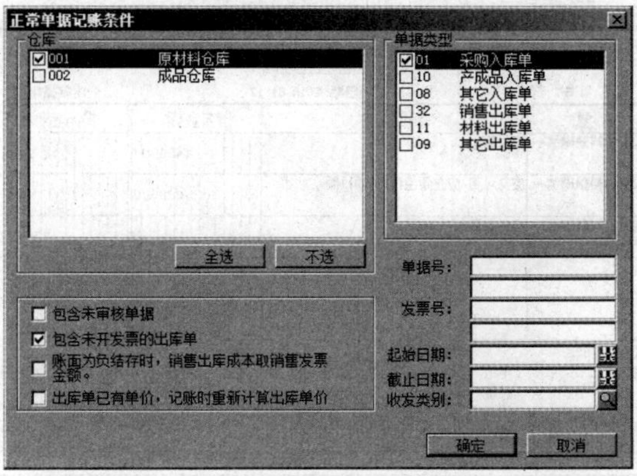

图 8-27

步骤 2:在“正常单据记账条件”对话框中,选择仓库“原材料仓库”,单据类型“采购入库单”,单击【确定】按钮,进入“正常单据记账”窗口,如图 8-28 所示。

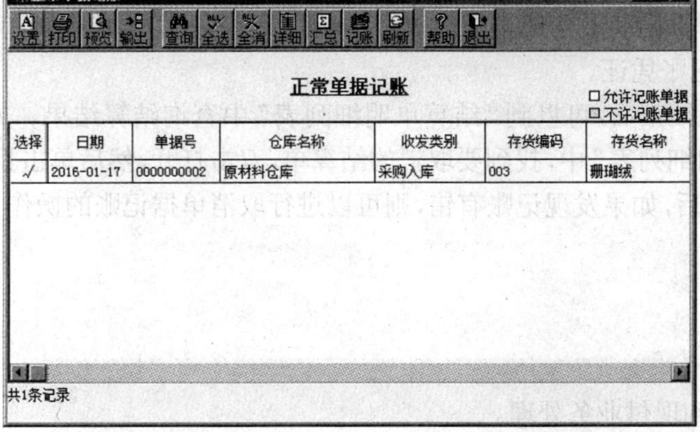

图 8-28

步骤 3：在“正常单据记账”窗口中，单击业务前面的“选择”后，单击【记账】按钮后退出。

第五，供应商往来制单的处理：这里要求只生成一张记账凭证。

步骤 1：在“畅捷通 T3- 企业管理信息化软件教育专版—营改增版”窗口中，单击“核算”→“凭证”→“供应商往来制单”，打开“供应商制单查询”对话框。

步骤 2：在“供应商制单查询”对话框中，选择“发票制单”复选框，单击【确认】按钮，进入“供应商往来制单”窗口。

步骤 3：在“供应商往来制单”窗口中，选择需要生成凭证的单据。

步骤 4：单击【制单】按钮，进入填制凭证窗口。

步骤 5：对生成的凭证进行修改后单击【保存】按钮，凭证左上角出现“已生成”标志，表示凭证已传递到总账，如图 8-29 所示。

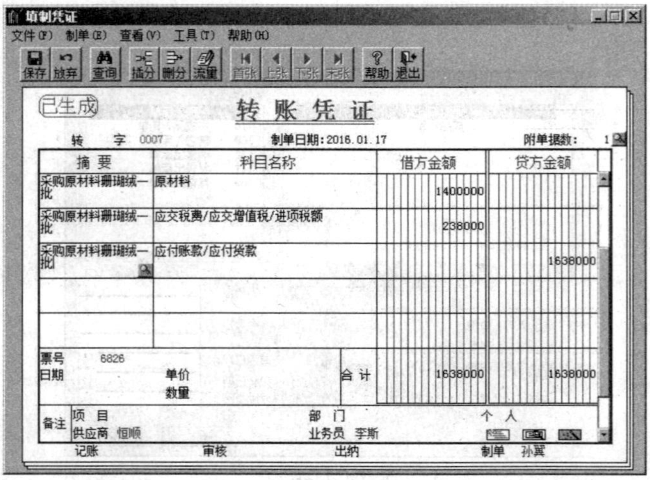

图 8-29

注意事项

（1）购销单据制单主要是针对出入库单据而进行的核算，如果采购的存货直接入库并且发票一块到达，则可以直接进行供应商往来制单，而不用进行购销单据制单，只生成一张记账凭证即可。如果需要记录采购成本核算过程，则可以先进行购销单据制单，再进行供应商往来制单，生成两张记账凭证。

（2）采购结算结束后，可以到“结算单明细列表”中查询结算结果。如果要取消采购结算，则到“结算单明细列表”中，找到要取消的结算单，双击打开，然后单击【删除】按钮即可。

（3）单据记账后，如果发现记账有错，则可以进行取消单据记账的操作。

活动 8.8

活动内容

单货同行，采购现付业务处理。

活动案例 49

1 月 19 日，市场部李斯从山东金达利工贸有限公司购入涤棉布 3000 米，单价 2.8 元，货税款以转账支票方式支付，材料已验收入库（发票号 3534，支票号 1114，银行账号 36954-1）。

借：原材料　　　　　　　　　　　　　8 400

　　应交税费——应交增值税（进项税）　1 428

　　贷：银行存款　　　　　　　　　　　　9 828

操作员：04 孙翼。

案例分析

采购现付业务是指在采购业务发生时，立即付款开发票的业务。采购现付业务的操作是在采购发票生成保存后就可以进行现付款处理，已审核的发票不能再做现付处理。

本案例属于采购现付业务的内容，需要按照采购业务的基本操作步骤加“现付”功能来完成。

案例操作

第一，采购入库单的处理：填制采购入库单并保存、审核。

步骤 1：在“畅捷通 T3- 企业管理信息化软件教育专版—营改增版”窗口中，执行“采购”→“采购入库单”命令，进入“采购入库单”窗口。

步骤 2：单击【增加】按钮，输入入库日期“2016-01-19”，选择仓库“原材料仓库”，选择供应单位“金达利”，存货编码“002”，输入数量“3000”，输入单价“2.8”元，输入税率“17”。

步骤 3：单击【保存】按钮，如图 8-30 所示。

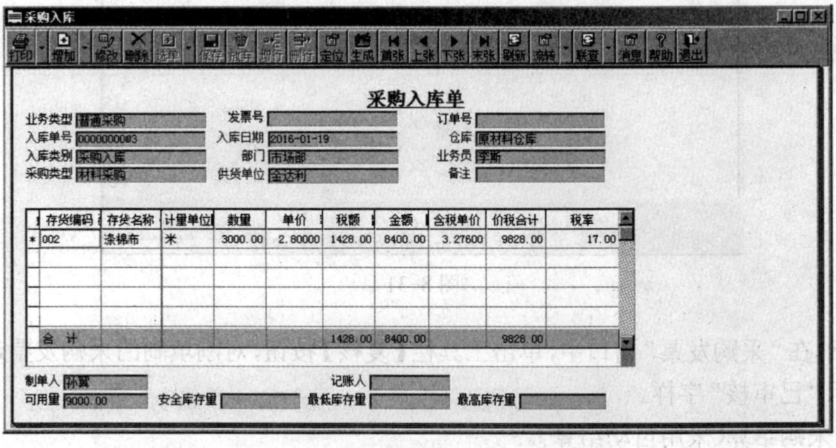

图 8-30

步骤 4：在“畅捷通 T3- 企业管理信息化软件教育专版—营改增版”窗口中，执行“库存”→“采购入库单审核”命令，进入“采购入库单”窗口。

步骤 5：在“采购入库单”窗口中，单击【审核】按钮，采购入库单审核成功。

第二，采购发票处理。

步骤 1：在“畅捷通 T3- 企业管理信息化软件教育专版—营改增版”窗口中，执行“采购”→“采购发票”，进入“采购发票”录入界面。

步骤 2：在“采购发票”窗口中，单击【增加】按钮右侧的下三角按钮，选择“专用发票”，显示一张空白采购专用发票。

步骤 3：在“专用发票”窗口中，单击【选单】按钮旁的下拉按钮，单击“采购入库单”选项，打开“单据拷贝”窗口。

步骤 4：在“单据拷贝”窗口中，取消“拷贝后执行入库单对应的订单”，单击【过滤】按钮，打开“入库单列表”对话框。

步骤 5：在“入库单列表”对话框中，单击“选择”栏，选中要生成采购专用发票的采购入库单。

步骤 6：单击【确认】按钮，生成一张采购专用发票。录入发票号“3534”，修改其他有关内容后，单击【保存】。

步骤 7：在采购发票上单击【现付】按钮，进入“采购现付”对话框，选择结算方式“转账支票”，输入金额“9828”，票号“1114”，供应商银行账号“36954-1”，单击【确定】按钮，系统弹出提示“现结记录已保存”。单击【确定】按钮后退出提示“现付成功”。在采购发票左上角出现“已现付”标志，如图 8-31 所示。

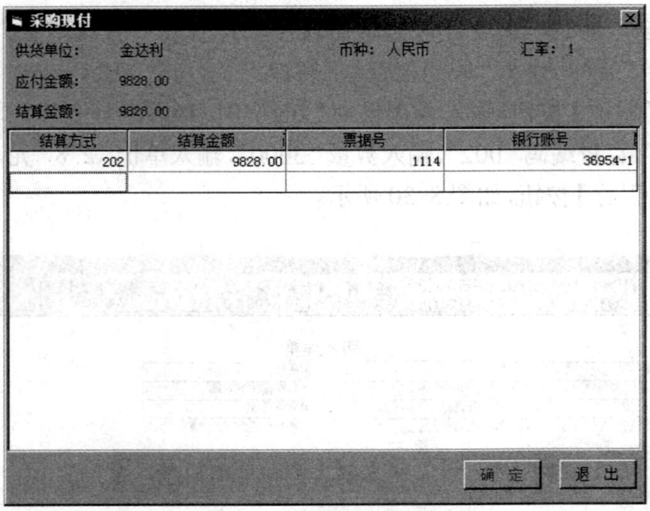

图 8-31

步骤 8：在“采购发票”窗口中，单击工具栏【复核】按钮，对刚填制的采购发票进行审核。发票上显示“已审核”字样。

第三，采购结算（采用自动结算）。

步骤：在发票录入界面单击【结算】按钮进行采购结算。结算成功后在采购专用发票左上角出现“已结算”标志，如图 8-32 所示。

第四，正常单据记账的处理。

步骤 1：在“畅捷通 T3- 企业管理信息化软件教育专版—营改增版”窗口中，执行“核算”→“核算”→“正常单据记账”命令，打开“正常单据记账条件”对话框。

步骤 2：在“正常单据记账条件”对话框中，选择仓库“原材料库”，单据类型“采购入库单”，单击【确定】按钮，进入“正常单据记账”窗口。

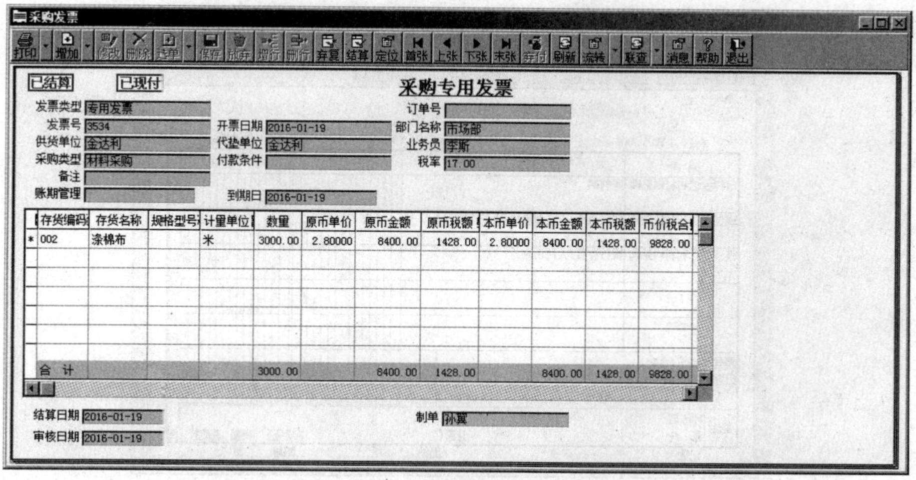

图 8-32

步骤 3：在“正常单据记账”窗口中，选择要记账的业务单据，单击【记账】按钮，退出，如图 8-33 所示。

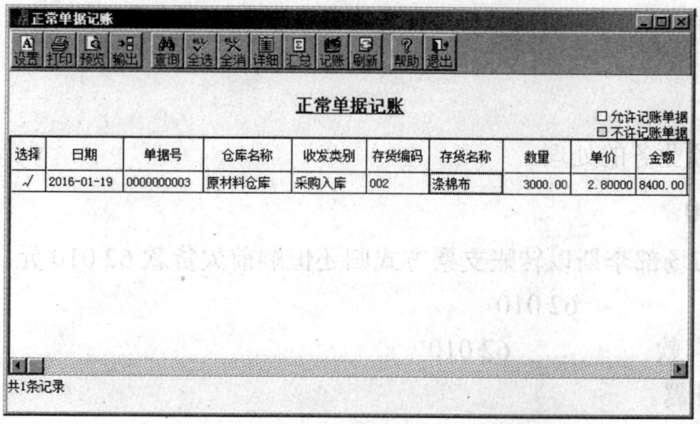

图 8-33

第五，供应商往来制单。

步骤 1：在“畅捷通 T3- 企业管理信息化软件教育专版—营改增版”窗口中，执行“核算”→“凭证”→“供应商往来制单”命令，打开“供应商制单查询”对话框。

步骤 2：在“供应商制单查询”对话框中，选择“现结制单”复选框，单击【确认】按钮，进入“供应商往来制单”窗口。

步骤 3：在“供应商往来制单”窗口中，选择需要生成凭证的单据。

步骤 4：单击【制单】按钮，进入填制凭证窗口。

步骤 5：对生成的凭证修改后单击【保存】按钮，凭证左上角出现“已生成”标志，表示凭证已传递到总账，如图 8-34 所示。

注意事项

（1）采购现付业务操作时，在采购发票保存后先单击【现付】按钮后再做审核处理，否则已审核的发票不能再做现付处理。

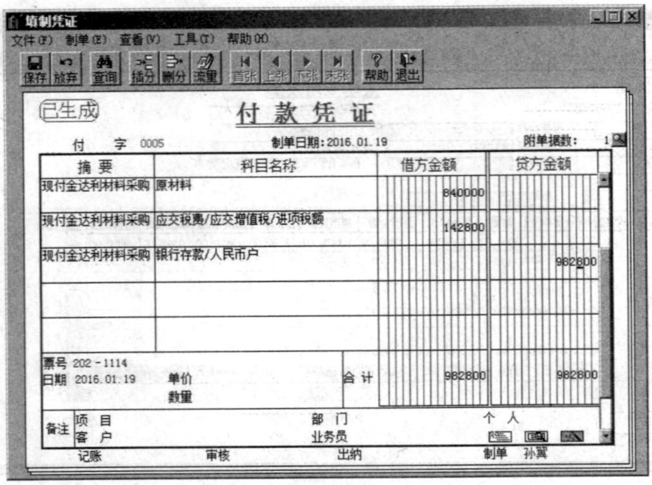

图 8-34

（2）采购现付业务与采购货款未付业务操作的不同之处在于：一是在采购发票界面要先单击【现付】按钮；二是制单时要选择“现结制单”。

活动 8.9

活动内容

偿还应付款项业务的处理。

活动案例 50

1 月 20 日，市场部李斯以转账支票方式归还恒顺前欠货款 62 010 元。（支票号 1115）

借：应付账款　　　　62 010

　贷：银行存款　　　　62 010

操作员：04 孙翼。

案例分析

企业的应付款项如果已经偿还，则需要在系统中进行核销并制单。

本案例属于偿还应付款项的内容，可以通过“采购”模块里的“付款结算”功能来完成。

案例操作

第一，输入付款单。

步骤 1：在“畅捷通 T3- 企业管理信息化软件教育专版—营改增版”窗口中，执行“采购”→“供应商往来”→“付款结算”命令，打开“单据结算”对话框。

步骤 2：在“单据结算”对话框中，选择供应商“青岛恒顺纺织有限公司”。

步骤 3：单击【增加】按钮，显示一张空白付款单。

步骤 4：在“付款单”的上半部分中输入日期“2016-01-20”，结算方式“转账支票”，结算科目“100201”，金额“62 010”，票据号“1115”，银行账号“37158-6”，部门“市场部”，业务员“李斯”内容后，单击【保存】按钮。

第二，单据核销。

步骤 1：单击【核销】按钮右侧的下三角按钮的“同币种核销”，付款单的下半部分中显示待核销的业务。

步骤 2：在“本次结算”文本框中，输入本次结算金额 62 010 元。

步骤 3：单击【保存】按钮，如图 8-35 所示。

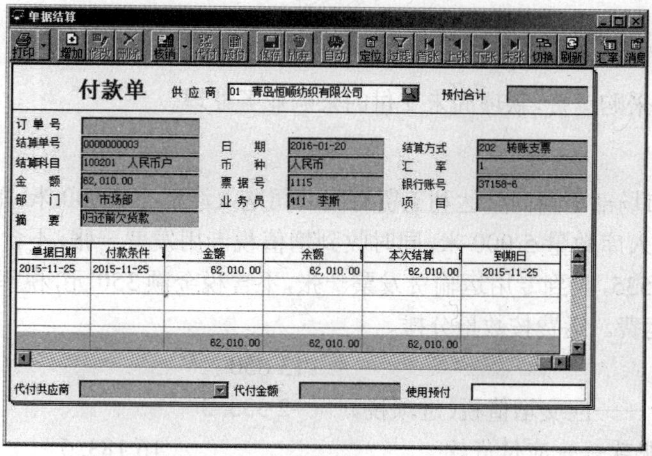

图 8-35

第三，生成记账凭证。

步骤 1：在“畅捷通 T3- 企业管理信息化软件教育专版—营改增版”窗口中，执行“核算”→“凭证”→“供应商往来制单”命令，打开“供应商制单查询”对话框。

步骤 2：在“供应商制单查询”对话框中，单击选择“核销制单”复选框，单击【确认】按钮，进入“供应商往来制单”窗口。

步骤 3：在“供应商往来制单”窗口中，选择需要生成凭证的付款单。

步骤 4：单击【制单】按钮，进入“填制凭证”窗口。

步骤 5：在“填制凭证”窗口中，对其进行修改后单击【保存】按钮，凭证左上角出现“已生成”标志，表示凭证已传递到总账，如图 8-36 所示。

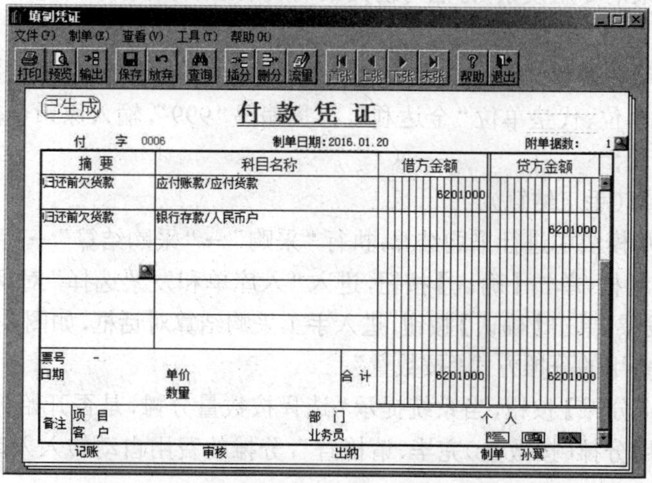

图 8-36

注意事项

填制付款单后，如要取消付款单，则操作方法为采购→供应商往来→取消操作(操作类型选择“核销”)。

活动 8.10

活动内容

单货同行，有采购运费，款项尚未支付的采购业务处理。

活动案例 51

1月20日，市场部李斯向金达利工贸有限公司购入涤棉布5 000米，单价2.7元，材料已验收入原材料库，入库数量5 000米，同时收到增值税专用发票一张，不含税金额13 500元，税率17%，票号3535，收到专用运输费发票一张，不含税金额350元，税率11%，金达利工贸有限公司已垫付运费。运费按数量分摊。

借：原材料　　13 850

　应交税费——应交增值税(进项税)　　2 333.5

　贷：应付账款——应付货款　　16 183.5

操作员：04 孙翼。

案例分析

如果企业要把某些运费、挑选整理费等费用按会计制度摊入采购成本中，那么可以填制“费用发票”，通过选择不同的费用分摊方式，把采购费用分摊到采购成本中。

本案例属于有采购运费的采购业务，可以按照采购基本操作步骤，再增加一张运费发票来完成。

案例操作

第一，采购入库单处理，同前面的操作。

第二，采购发票处理。

步骤1：录入采购专用发票，方法与前面采购发票录入相同，录入完成后单击【保存】【复核】按钮。

步骤2：录入运费发票。在采购专用发票录入界面，单击【增加】按钮右箭头下的专用运费发票，输入供应单位、代垫单位“金达利”，存货编码“999”，输入原币金额“350”后保存并复核，如图8-37所示。

第三，采购结算(手工结算)。

步骤1：在采购模块中进行采购结算：执行“采购”→“采购结算”→“手工结算”命令，打开“条件输入”对话框，单击【确认】按钮，进入“入库单和发票选择”对话框窗口，选择需要结算的入库单及发票，单击【确认】按钮，进入手工采购结算对话框，如图8-38所示。

步骤2：选择费用的分摊方式“按数量”。

步骤3：单击【分摊】按钮，当系统提示“选择按数量分摊，是否开始计算”，单击【是】按钮，系统提示“费用分摊(按数量)完毕，请检查”，分摊的费用自动转入入库单的“分摊费用”栏。

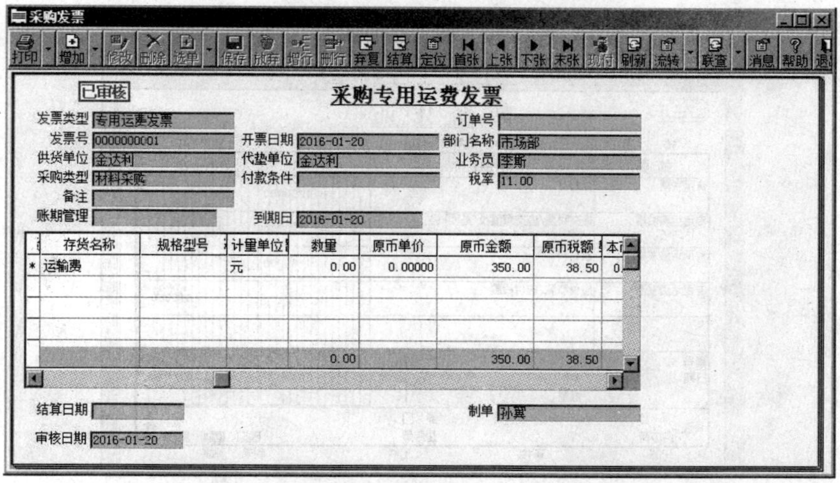

图 8-37

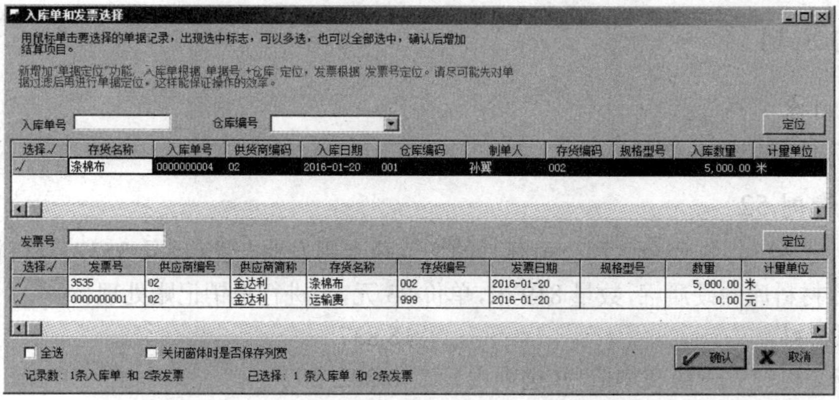

图 8-38

步骤 4：单击【结算】按钮，系统提示“完成结算”。

第四，正常单据记账。

操作步骤同前面案例的“正常单据记账”操作。

第五，供应商往来制单。

步骤 1：在“畅捷通 T3- 企业管理信息化软件教育专版—营改增版”窗口中，执行“核算”→“凭证”→“供应商往来制单”命令，打开“供应商制单查询”对话框。

步骤 2：在“供应商制单查询”对话框中，单击选择“发票制单”复选框，单击【确认】按钮，进入“供应商往来制单”窗口。

步骤 3：在“供应商往来制单”窗口中，选择需要生成凭证的单据，并单击【合并】按钮。

步骤 4：单击【制单】按钮，进入填制凭证窗口。

步骤 5：修改凭证后单击【保存】按钮，凭证左上角出现“已生成”标志，表示凭证已传递到总账，如图 8-39 所示。

注意事项

单货同行，有采购运费的采购业务，需要填制两张发票，所以在进行采购结算时需要进行手工结算。

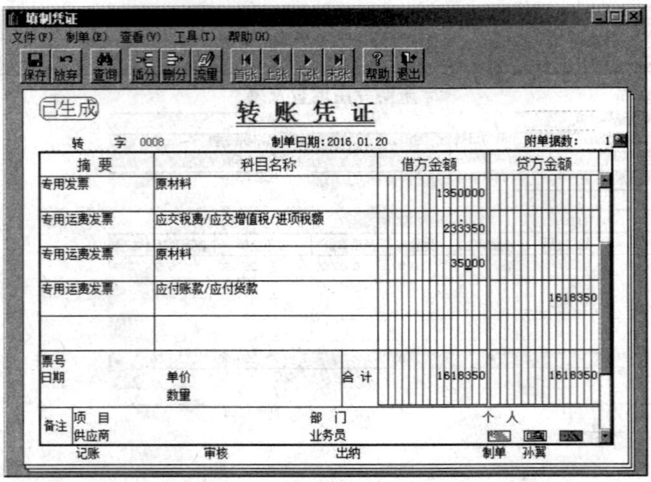

图 8-39

活动 8.11

活动内容

暂估入库报销业务处理。

活动案例 52

（1）1 月 20 日，收到金达利公司开具的增值税专用发票一张（票号 3537），材料为上个月已验收入原材料库的硬质棉，数量 819 米，单价 23 元，需进行报销记账处理。

借：原材料　　18 837

　　应交税费——应交增值税（进项税）　　3 202. 29

　　贷：应付账款——应付货款　　22 039. 29

借：原材料　　20 475

　　贷：应付账款——暂估应付款　　20 475

（2）1 月 20 日，收到金达利公司发来的硬质棉 2 000 米，验收入材料库，发票尚未收到，暂估每米 23 元。

借：原材料　　46 000

　　贷：应付账款——暂估应付款　　46 000

操作员：04 孙翼。

案例分析

（1）采购暂估业务可以理解为无发票到货的采购入库业务。对于暂估业务处理，可以先办理入库手续，货款以暂估价格（合同价格或计划价格）计价。下月或结算凭证到达后，通过红字予以冲销并按结算凭证所列示的货款和运杂费重新计价入账或按结算凭证补差。冲销暂估入库的方法主要有三种：月初回冲、单到回冲和单到补差，企业可结合本单位的具体情况进行选择。暂估入库方式在初始化时一次性设置，确定以后，本期不能修改。

① 月初回冲：采用这种方法，下月初核算模块会自动生成“红字回冲单”，对“红字回冲单”制单，冲回上月的暂估凭证。

② 单到回冲:采月这种方法,下月初不做处理,收到采购发票后,再进行处理。

③ 单到补差:采用这种方法,下月初不做处理,收到采购发票后,根据报销金额与暂估金额的差额产生调整单,对调整单制单,生成凭证。

以单到回冲为例,暂估业务的操作分为上月暂估业务的处理和本月发生的暂估业务的处理,处理流程如下,如图 8-40 所示。

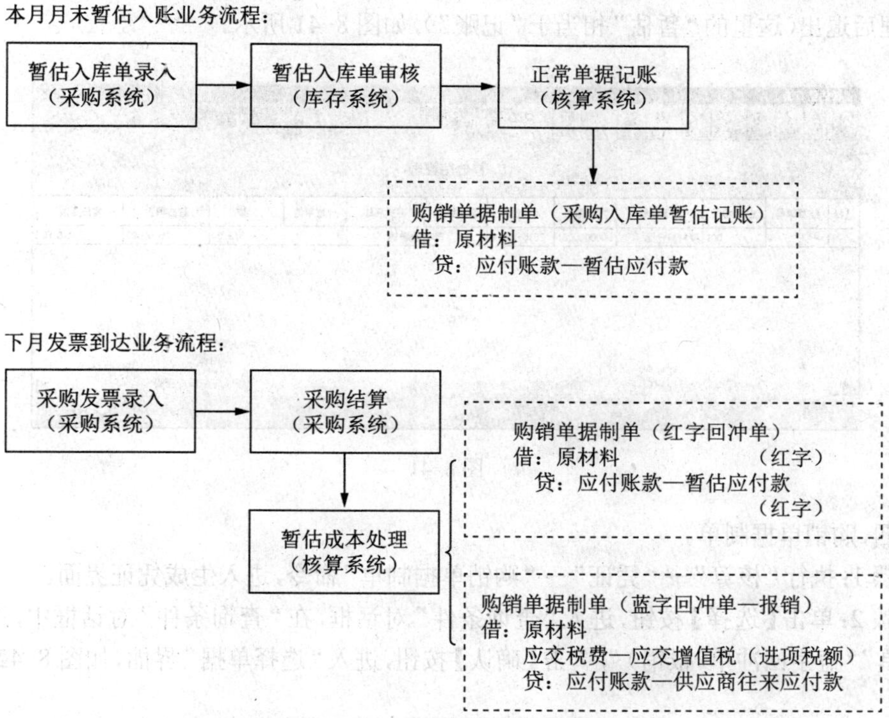

图 8-40

(2) 暂估入库采购业务采用单到回冲方式的基本操作步骤:

第一步,采购采购入库单的处理。填制采购入库单并审核。

第二步,本月末进行正常单据记账。

第三步,本月末进行购销单据制单。

第四步,下月发票到达时进行采购发票的处理。由采购入库单生成或填制采购发票并复核,若是现付就要先单击【现付】按钮,再单击【复核】按钮。

第五步,进行采购结算。

第六步,进行暂估成本处理。

第七步,制单。

本活动案例中,(1)属于上月暂估业务的内容,(2)属于本月暂估业务的内容,需要按照不同的操作步骤来完成。

案例操作

上月暂估业务的处理。收到发票才进行相关业务处理。

第一，采购发票处理（与前面业务采购发票录入操作处理相同）。

第二，采购结算处理：采购结算时在“条件过滤”处将起始日期选择在“入库单”日期之前方能进行结算。其他操作与前面业务的采购结算操作相同。

第三，暂估成本处理。

步骤：选择“核算”→“核算”→“暂估入库成本处理”，选择“原材料仓库”，单击【确认】按钮，进入“暂估结算表”窗口，选择需要进行暂估结算的单据，单击【暂估】按钮，完成暂估成本处理后退出（这里的“暂估”相当于“记账”），如图 8-41 所示。

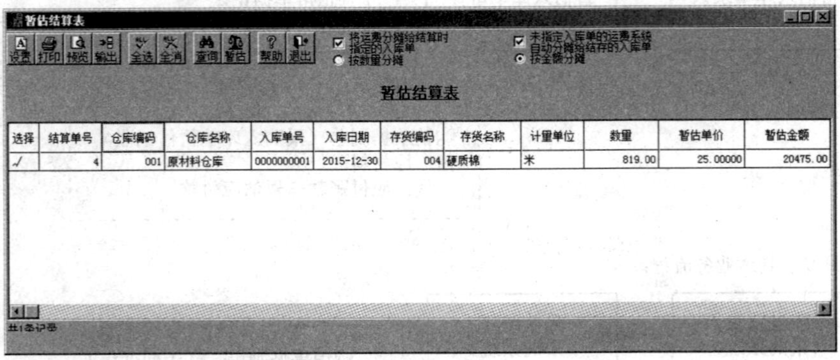

图 8-41

第四，购销单据制单。

步骤 1：执行“核算”→“凭证”→“购销单据制单”命令，进入生成凭证界面。

步骤 2：单击【选择】按钮，进入“查询条件”对话框，在“查询条件”对话框中，选择“红字回冲单”“蓝字回冲单（报销）”，单击【确认】按钮，进入“选择单据”界面，如图 8-42 所示。

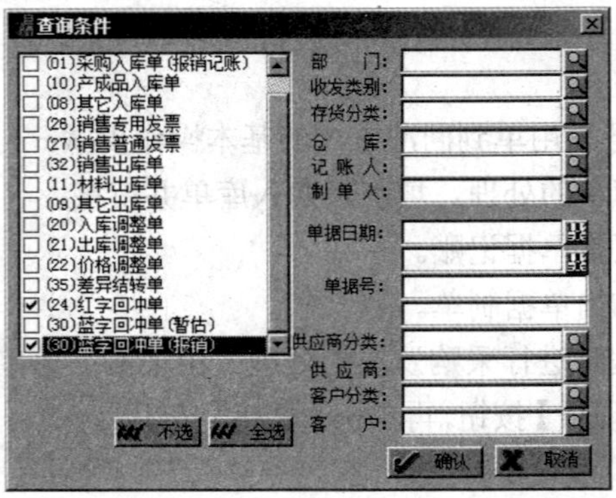

图 8-42

步骤 3：在“选择单据”界面中，将“已结算采购入库单自动选择全部结算单上单据（包括入库单、发票、付款单），非本月采购入库单按蓝字报销单制单”前的复选框选上。在工具栏单击【全选】→【确定】按钮，进入生成凭证界面。

步骤 4：单击【生成】按钮，分别生成红字凭证和蓝字凭证，如图 8-43、图 8-44 所示。

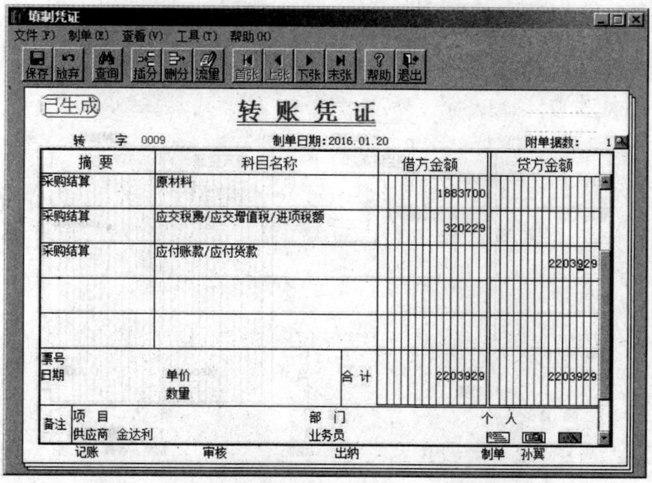

图 8-43

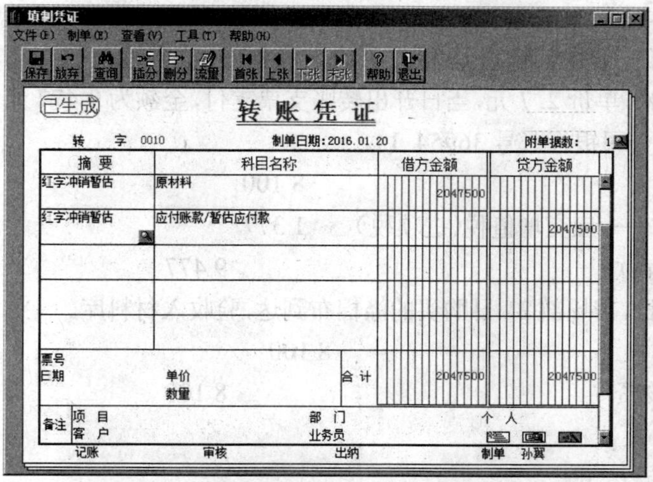

图 8-44 （凭证中金额为红字）

案例操作

本月暂估业务

第一，录入采购入库单并审核。入库单按暂估价录入单价。

第二，正常单据记账同前。

第三，购销单据制单：选择“采购入库单（暂估记账）”生成凭证，如图 8-45 所示。

注意事项

注意区分是本月暂估还是上月暂估业务，两者的处理方法不同。

活动 8.12

活动内容

票到货未到（在途物资）业务的处理。

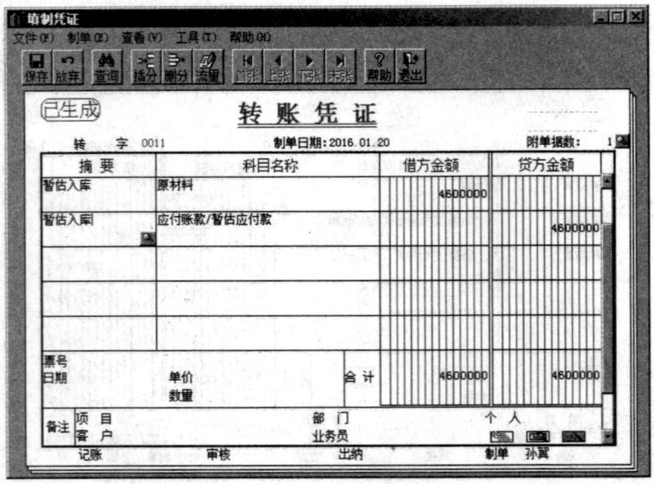

图 8-45

活动案例 53

（1）1 月 21 日，市场部向金达利公司购入涤棉布，收到增值税专用发票一张，发票号 3538，数量 3 000 米，单价 2.7 元，当日开出转账支票支付，金额为 9 477 元，材料尚未到达（支票号 1116，金达利公司银行账号 36954-1）。

借：在途物资　　　　　　　　　　　8 100

　　应交税费——应交增值税（进项税）　1 377

　　贷：银行存款　　　　　　　　　　　9 477

（2）1 月 22 日，市场部 21 日购买的涤棉布到达，验收入材料库。

借：原材料　　　　　　　　　　　8 100

　　贷：在途物资　　　　　　　　　　　8 100

操作员：04 孙翼。

案例分析

（1）票到货未到时，可以等货到时再一并进行处理，也可以在采购管理系统先输入采购发票作为在途物资处理，待货物到达后再进行结算、制单等业务。票到货未到（在途物资）业务的处理流程，如图 8-46 所示。

（2）票到货未到（在途物资）业务的基本操作步骤。

第一步，采购发票录入并审核。

第二步，供应商往来制单。

第三步，填制生成入库单。

第四步，进行采购结算。

第五步，正常单据记账。

第六步，购销单击制单。

本活动案例中，(1)属于票到货未到（在途物资）业务的内容，(2)属于货到验收入库的内容，需要按照基本操作步骤来完成。

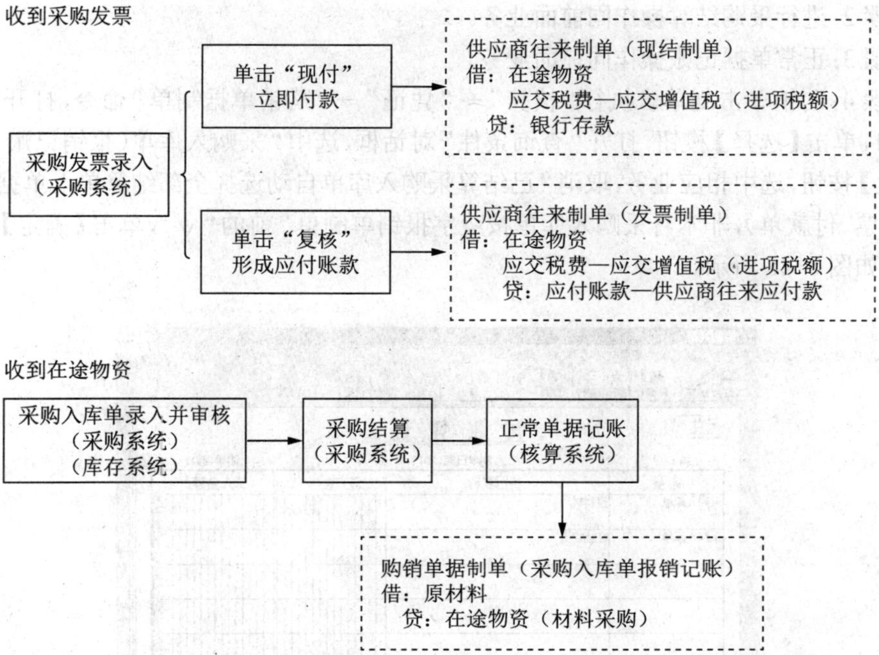

图 8-46

案例操作

第一，票到货未到业务处理。

步骤 1：采购发票录入并现付处理操作同前面业务。

步骤 2：制单处理。执行“核算”→“凭证”→“供应商往来制单”命令，打开“供应商制单查询”窗口，选中“现结制单”对话框，生成相应凭证，如图 8-47 所示。

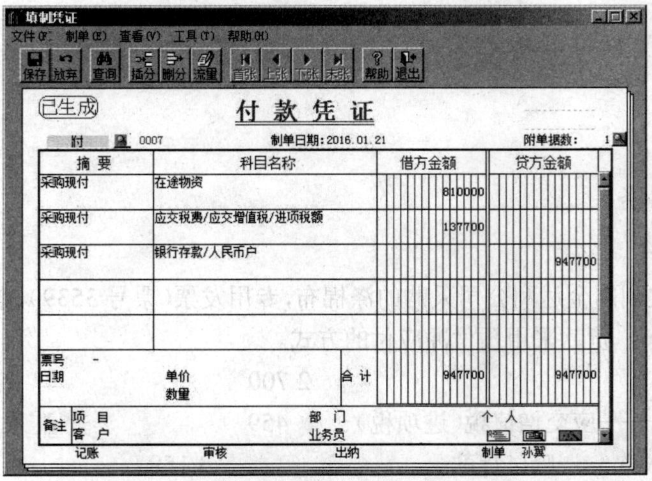

图 8-47

第二，货到验收入库业务处理。

步骤 1：填制生成入库单操作同前面业务。

步骤 2：进行采购结算操作同前面业务。

步骤 3：正常单据记账操作同前面业务。

步骤 4：购销单击制单。执行“核算”→“凭证”→“购销单据制单”命令，打开“生成凭证”窗口，单击【选择】按钮，打开“查询条件”对话框，选中“采购入库单（报销记账）”后，单击【确认】按钮，选中相应业务，取消“已结算采购入库单自动选择全部结算单上单据（包括入库单、发票、付款单），非本月采购入库单按蓝字报销单制单”前的“√”，单击【确定】按钮，生成凭证，如图 8-48 所示。

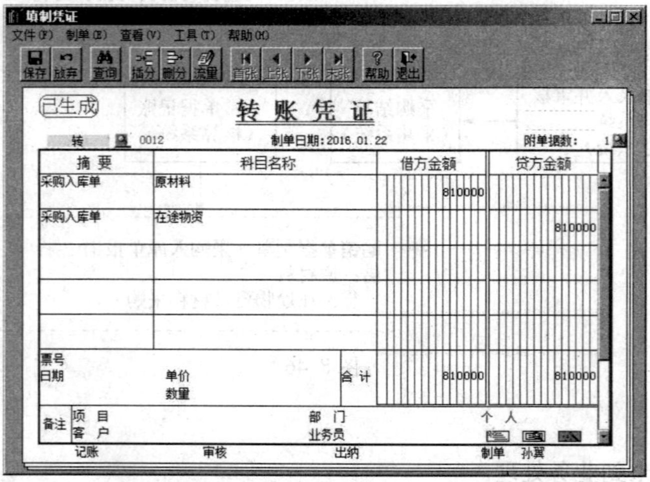

图 8-48

注意事项

票到货未到待货物到达后再填制入库单并做采购结算，然后再进行正常单据记账、购销单据制单。

活动 8.13

活动内容

预付冲应付业务。

活动案例 54

1 月 22 日，收到向金达利公司采购的涤棉布，专用发票（票号 3539），数量 1 000 米，单价 2.7 元，已验收入库。货款采用预付冲应付的方式。

借：原材料　　2 700

　　应交税费——应交增值税（进项税）　　459

　　贷：应付账款——应付货款　　3 159

借：应付账款——应付货款　　3 159

　　贷：预付账款　　3 159

操作员：04 孙翼。

案例分析

预付冲应付业务是企业将预先支付的预付款抵付购买材料货款的业务。通过预付冲应付业务，企业的预付账款和应付账款账上的金额都减少了，相当于核销。

本案例属于预付冲应付业务，可以通过“采购”模块里的“预付冲应付”功能来完成。

案例操作

步骤1：录入采购入库单操作同前。

步骤2：录入采购发票操作同前。

步骤3：采购结算操作同前。

步骤4：预付冲应付：执行“采购”→“供应商往来”→“预付冲应付”命令，进入“预付冲应付”对话框。

步骤5：在“预付冲应付”对话框中，单击“预付款”页签，在“预付款”页签上选择供应商名称，单击【过滤】按钮，在转账金额处输入“3159”。

步骤6：单击“应付款”页签，在“预付款”页签上选择供应商名称，单击【过滤】按钮，在转账金额处输入“3159”，单击【确认】按钮，如图8-49、图8-50所示。

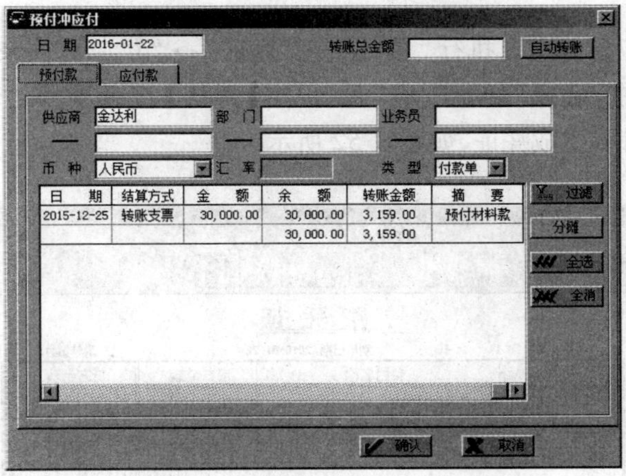

图8-49

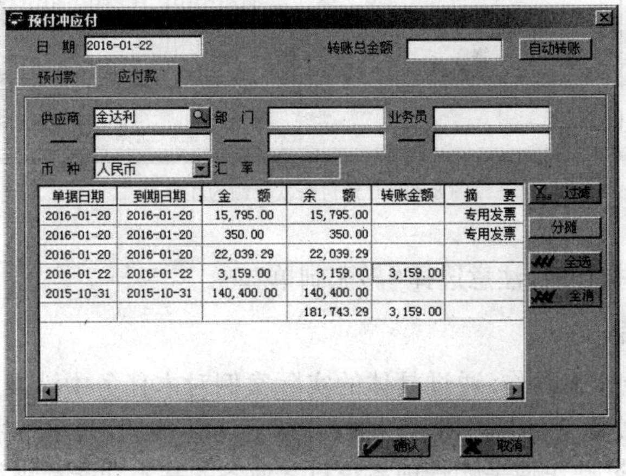

图8-50

步骤 7：正常单据记账，操作同前。

步骤 8：供应商往来制单，选择“发票制单”，如图 8-51 所示。

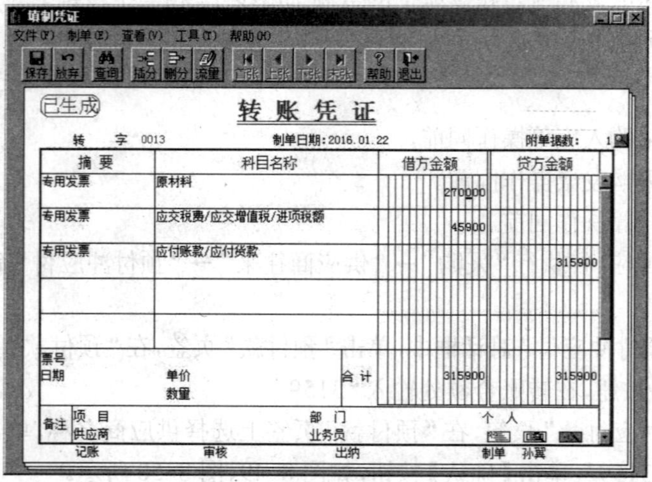

图 8-51

步骤 9：预付冲应付制单。执行“核算”→“凭证”→“供应商往来制单”命令，进入“供应商制单查询”对话框，选择“转账制单”后，单击【确认】按钮，进入“转账制单界”面，选择单据，单击【制单】按钮，生成凭证，如图 8-52 所示。

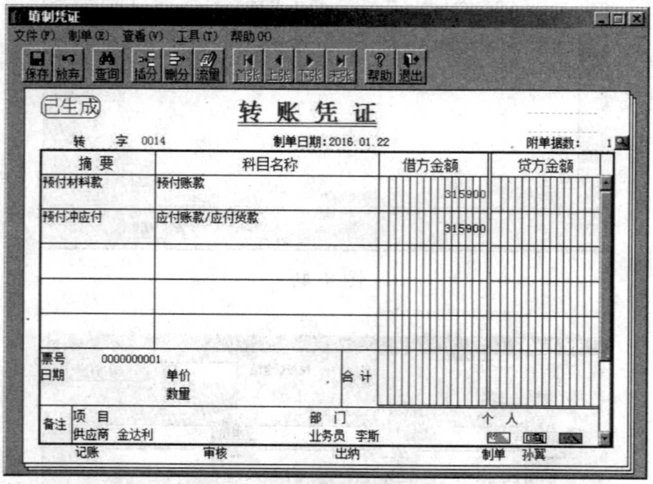

图 8-52 （预付账款金额为红字）

注意事项

预付冲应付制单操作时，注意选择“转账制单”。

模块任务二小结

本任务由制单会计来操作，通过具体的实际案例对本任务中涉及的内容进行了实训操作，采购业务情况比较复杂，但各种情况的操作步骤大体相同，只是个别环节有所不同，操作时加以调整即可。通过操作使采购管理系统日常业务的基本功能都进行了练习巩固，为企业建立的账套完成了日常业务处理，为期末业务处理做好了准备。

模块备份

把本任务操作内容备份到“采购管理系统日常业务处理”文件夹中，以备练习使用。

评价

将实训记录和评分结果填入表 8-2 中。

表 8-2 学生学习情况评价表

任务名称： 座位号： 姓名：

项目	分值	自我记录	自我评价	小组评价	教师评价
账套恢复设置是否正确	5				
采购入库单填制的方法，输入是否正确	20				
采购发票填制的方法，操作是否正确	20				
采购结算的作用，操作是否正确	20				
正常单据记账的作用，操作是否正确	10				
供应商往来制单的前提条件，操作是否正确	20				
账套备份设置是否正确	5				

任务三 采购管理系统期末业务处理

采购管理期末业务的主要任务就是采购账表的查询及月末结账。

活动 8.14

活动内容

采购账表查询。

活动案例 55

1 月 31 日，查询 1 月份采购明细表。

操作员：01 李敏，04 孙翼。

案例分析

企业可以查询供应商交易的历史情况，采购明细表的查询，入库明细表的查询等内容。本案例属于采购账表查询的内容，可以通过“采购”模块里“采购明细表”功能来完成。

案例操作

步骤 1：以账套主管身份登录采购管理系统。在“畅捷通 T3- 企业管理信息化软件教育专版—营改增版”窗口中，执行“采购”→“采购明细表”→“采购明细表”命令，打开“查询［采购明细表］”对话框。

步骤 2：在“查询‘采购明细表’”对话框中，默认系统提供的查询条件，单击【确认】按钮，进入“采购明细表”窗口。

步骤 3：查询完毕，单击【退出】按钮，返回。

注意事项

查询账表时，看清楚查询的条件。

活动 8.15

活动内容

采购管理系统月末结账。

活动案例 56

1 月 31 日，进行 1 月份采购管理系统月末结账并进行反结账。

操作员：01 李敏。

案例分析

采购管理月末结账是将每月的采购单据逐月封存，并将当月的采购数据记入有关账表。采购管理月末处理后，才能进行库存核算、总账模块的月末处理。

本案例属于采购管理系统月末结账的内容，可以通过“采购”模块里“月末结账”功能来完成。

案例操作

步骤 1：在“畅捷通 T3- 企业管理信息化软件教育专版—营改增版”窗口中，执行“采购”→“月末结账”命令，选择需要结账的月份。

步骤 2：单击【结账】按钮，系统弹出“月末结账完毕！”提示框。

步骤 3：单击【确定】按钮，即可完成月末结账。

步骤 4：取消结账。选择需要取消结账的月份，单击【取消结账】按钮，单击【确定】按钮，即可完成取消结账，如图 8-53 所示。

图 8-53

注意事项

（1）采购管理月末处理后，才能进行销售管理系统、库存管理系统、核算管理系统的月末处理，如果采购管理系统要取消月末处理，必须要判断是否全部取消了销售管理系统、库存管理系统、核算管理系统的月末处理。

（2）由于此时还未进行销售、库存和核算系统的日常业务处理，所以此账套现在还不能进行月末结账。

模块任务三小结

本任务由账套主管或者有操作权限的人员来操作，通过具体的实际案例对本任务中涉及的内容进行了实训操作，对采购管理系统期末业务的基本功能都进行了练习，为企业建立的账套完成了期末业务处理。

模块备份

把本任务操作内容备份到“采购管理系统期末业务处理”文件夹中，以备练习使用。

评价

将实训记录和评分结果填入表 8-3 中。

表 8-3　学生学习情况评价表

任务名称：　　　　　　　　　　座位号：　　　　　　　　　　姓名：

项目	分值	自我记录	自我评价	小组评价	教师评价
账套恢复设置是否正确	5				
查询采购明细表的作用，操作是否正确	30				
采购管理系统系统结账的作用，操作是否正确	30				
反结账操作的意义，操作是否正确	30				
账套备份设置是否正确	5				

模块九　销售管理

一、模块简介

销售管理系统是会计信息化软件的一个子系统，主要负责对企业销售业务的管理，其主要任务是在销售管理系统中处理销售发货单和销售发票，并根据销售发货单等发货成本信息确认销售成本及根据销售发票进行销售收款的全过程管理。

销售管理系统与库存管理系统、核算管理系统共同使用，可以随时掌握销售的存货量和存货销售成本的信息，动态反映各种销售业务数据，便于企业及时了解销售相关信息。

销售管理系统的主要功能是进行销售订单的处理，动态掌握订单的执行情况；处理销售出库单、销售发票，并根据销售出库单等数据确认销售成本；处理销售收款业务；处理销售退货业务；进行单据查询及账表的查询、统计。

二、任务目标

(1) 能熟练完成销售管理系统初始化；客户往来期初录入。

(2) 能熟练完成销售管理系统日常业务处理(销售业务单据录入与账务处理；收款业务单据录入与账务处理)。

(3) 能熟练完成销售管理系统期末业务处理。

三、模块操作流程

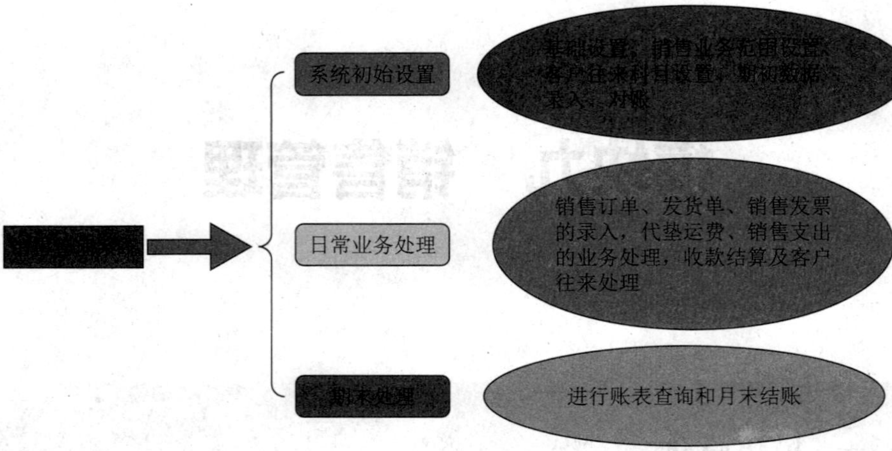

图 9-1

四、模块操作

任务一 销售管理系统期初设置

销售管理系统初始设置主要任务是，根据本公司的核算要求，进行销售管理基础设置、销售业务范围设置、存货科目设置、客户往来科目设置、录入有关的期初数据等内容的操作。要使用销售管理系统首先要启用购销存系统和核算系统。

销售管理的基础设置参考“基础设置模块”里的“购销存基础设置”。存货科目设置参考采购管理系统中的“存货科目设置”操作。

活动 9.1

活动内容

销售管理系统业务范围设置。

活动案例 57

销售管理系统业务范围设置要求：销售生成出库单，允许零出库，显示现金折扣，其他参数采用系统默认。

操作员：01 李敏。

案例分析

为了满足不同业务的需要，在初始化设置时可以对销售业务处理进行限定，进行业务处理控制参数的设置，主要包括业务范围、业务控制参数、系统参数、价格管理和应收控制参数的设置等。

购销存管理系统、核算系统的启用已经在采购管理系统中操作。

本案例属于销售管理系统业务范围设置的内容，可以通过“销售”模块里的“销售业务范围设置”功能来完成。

案例操作

步骤 1：以账套主管或销售业务主管登录 T3 系统。

步骤 2：执行“销售”→“销售业务范围设置”命令，进入“选项”界面。

步骤 3：打开选项页签，完成参数选择设置。（即根据企业要求在参数选项前面的方框打钩或取消钩。）

步骤 4：设置完毕，单击【确认】按钮后退出，如图 9-2 所示。

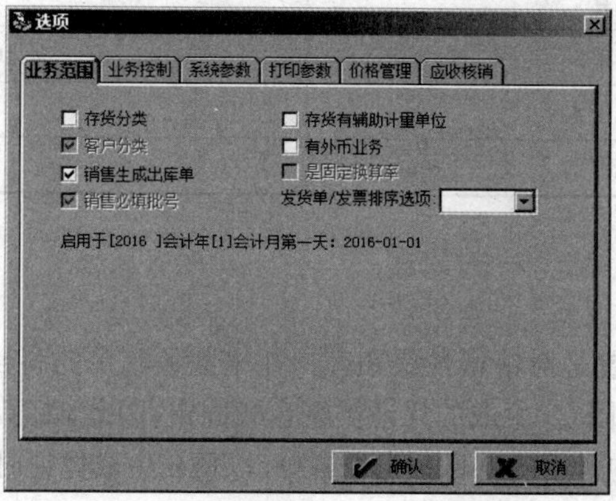

图 9-2

注意事项

在使用销售管理系统前应仔细了解销售管理系统的控制参数，如果不需要另行设置，则可以默认系统已设置好的控制参数，由于有些参数在日常业务开始后不能随意更改，因此在业务开始前应结合企业的实际业务需要进行全盘考虑。

活动 9.2

活动内容

设置客户往来科目。

活动案例 58

根据下面资料进行设置。

（1）客户往来基本科目设置。

基本科目名称	科目编码
应收科目	1122
销售收入科目	6001
应交增值税科目	22210102
预收科目	2203

（2）客户往来控制科目设置。

编码名称	应收科目	预收科目
省内	1122	2203
省外	1122	2203

（3）客户往来结算方式科目设置。

结算方式	科目
现金结算	1001
转账支票	100201
商业承兑汇票	1121
银行承兑汇票	1121

操作员：01 李敏。

案例分析

客户往来科目的设置是对销售发票和客户往来业务制单的科目设置。由于购销存系统中，客户的业务类型比较固定，生成的凭证类型也较固定，因此，为了简化凭证生成操作，可以在设置中将各业务类型中常用的科目预先设置好，以便在生成凭证时科目是完整的。

本案例属于客户往来科目设置的内容，可以通过“核算”模块里“科目设置”功能来完成。

案例操作

步骤1：执行“核算”→“科目设置”→“客户往来科目”命令，打开“客户往来科目设置”对话框。

步骤2：根据需要选择“基本科目设置”“控制科目设置”“结算方式科目设置”等文件夹，按要求进行科目设置，如图9-3所示。

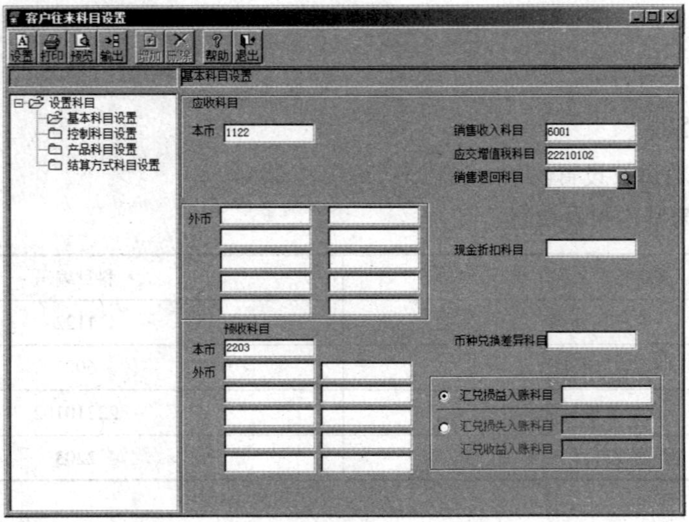

图9-3

注意事项

一定要按企业实际业务需要设置。

活动 9.3

活动内容

销售管理系统期初数据录入。

活动案例 59

根据下面资料完成销售期初数据录入。

（1）输入客户往来期初（应收账款）。保存后与总账对账。

单据类型	发票号	时间	客户	存货	数量	单价	价税合计	部门	业务员
专用发票	9638	2015. 11. 13	仁海	毛巾被	3 000	60	210 600	市场部	孔浩
专用发票	7823	2015. 12. 5	饰乐佳	运动服	1 000	240	280 800	市场部	孔浩

（2）输入客户往来期初（预收账款）。保存后与总账对账。

开票日期	摘要	客户	科目	金额（元）	部门	结算方式	业务员
2015. 11. 20	预收仁海公司销货款	仁海	2203	30 000	市场部	转账支票	孔浩

操作员：04 孙翼。

案例分析

初次使用销售管理系统时，要将截止到销售管理系统启用时未处理完成的销售单据全部录入销售管理系统中，作为销售业务的初始状态起点，也便于以后核销账务。销售期初数据录入主要是客户往来期初数据的录入。

客户往来期初数据是指企业已形成的应收款项目前为止尚未收到的余额。由于应收款项业务形成的原因不同，使得形成应收款项的原始单据也有所不同。形成应收款项的单据主要有销售专用发票、销售普通发票、预收单及其他应收单等，具体包括应收账款和预收账款两种情况。

客户往来期初数据录入时可根据实际情况来确定录入的原始单据的类型，应收账款期初余额的录入一般通过输入期初销售发票来完成，预收账款期初余额的录入通过输入期初预收款单来完成。当完成全部应收款期初数据录入后，通过对账功能可将销售管理系统的应收款余额与总账系统的期初余额进行核对。

本案例属于销售管理系统期初数据录入的内容，可以通过“销售”模块里的“客户往来期初”功能来完成。

案例操作

第一，“应收账款”期初数据录入。

步骤 1：执行“销售”→“客户往来”→“客户往来期初”命令，在“期初余额－查询”对话框窗口，单击【确认】按钮，进入“期初余额明细表”窗口。

步骤 2：单击【增加】按钮，进入“单据类别”窗口，在“单据名称”处选择“销售发票”，

“单据类型”处选择“专用发票”,“方向”处选择“正向”,单击【确认】按钮。

步骤 3:按活动案例资料输入开票日期、发票号、选择客户名称、部门、业务员、科目编码“1122”,输入金额、摘要后保存退出,如图 9-4 所示。

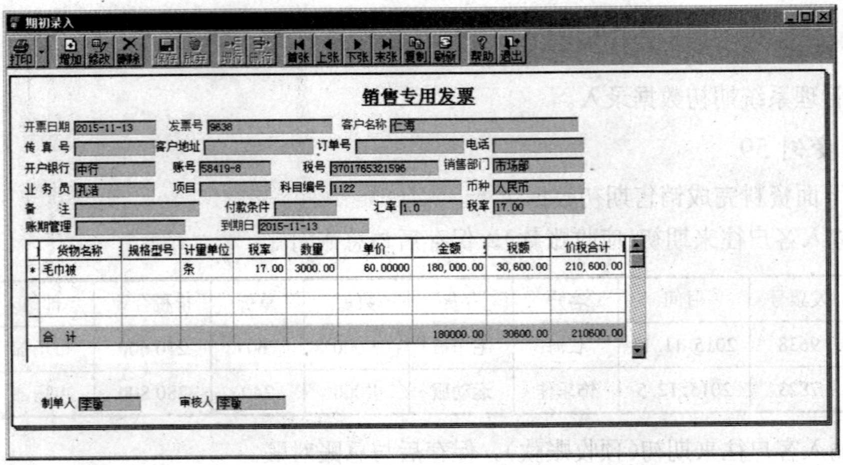

图 9-4

步骤 4:在“期初余额明账表”窗口中,单击【对账】按钮,与总账系统进行对账,如图 9-5 所示。

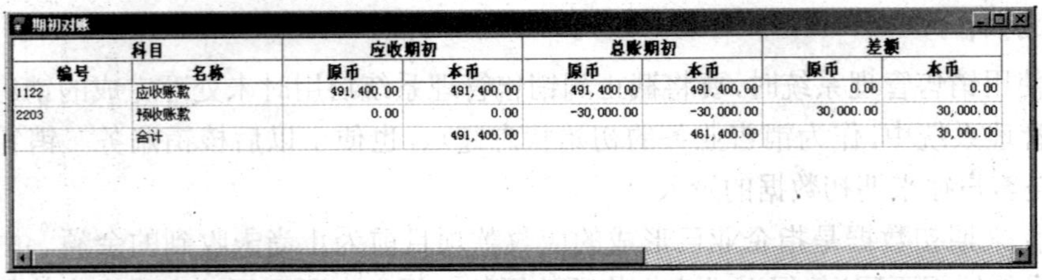
期初对账

科目		应收期初		总账期初		差额	
编号	名称	原币	本币	原币	本币	原币	本币
1122	应收账款	491,400.00	491,400.00	491,400.00	491,400.00	0.00	0.00
2203	预收账款	0.00	0.00	-30,000.00	-30,000.00	30,000.00	30,000.00
	合计		491,400.00		461,400.00		30,000.00

图 9-5

第二,“预收账款”期初数据录入。

步骤 1:与“应收账款期初录入”相同。

步骤 2:单击【增加】按钮,进入“单据类别”窗口,在“单据名称”处选择“预收款”,“单据类型”处选择“收款单”,“方向”处选择“正向”,单击【确认】按钮。

步骤 3:按活动案例资料录入结算日期、选择客户名称、部门、业务员,输入金额、摘要后保存退出,如图 9-6 所示。

步骤 4:单击“期初余额明账表”窗口,【对账】按钮,与总账系统对账,如图 9-7 所示。

注意事项

(1) 销售管理系统没有单据的期初,只有客户往来期初。期初数据的日期要早于模块启用的日期。

(2) 客户往来期初数据录入时可根据实际情况来确定录入的原始单据的类型。

(3) 在发票录入窗口,要选择科目编号,若不选,则对账不平。

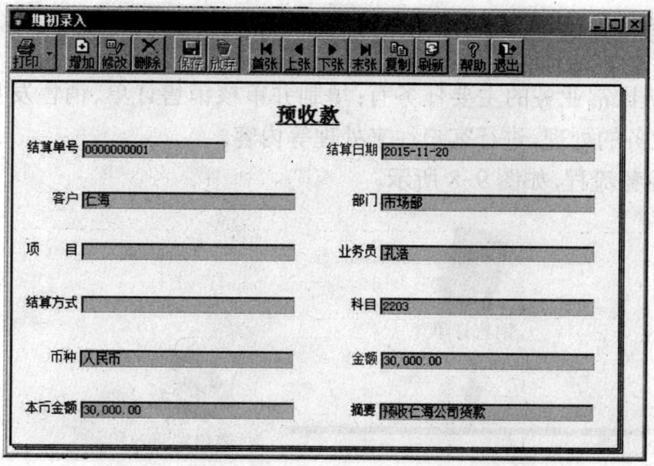

图 9-6

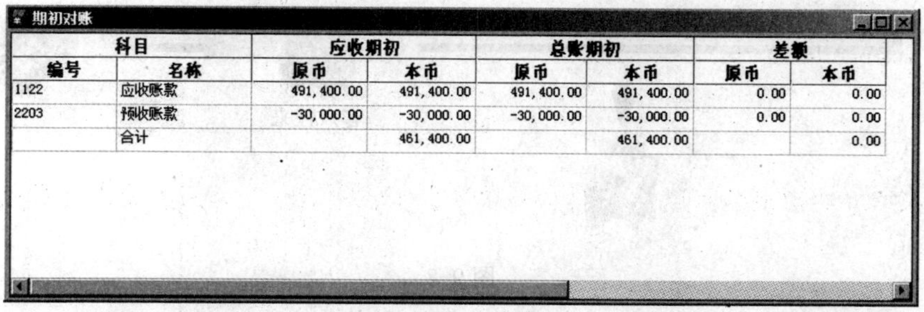

科目		应收期初		总账期初		差额	
编号	名称	原币	本币	原币	本币	原币	本币
1122	应收账款	491,400.00	491,400.00	491,400.00	491,400.00	0.00	0.00
2203	预收账款	-30,000.00	-30,000.00	-30,000.00	-30,000.00	0.00	0.00
	合计		461,400.00		461,400.00		0.00

图 9-7

模块任务一小结

本任务由账套主管来操作，通过具体的实际案例对本任务中涉及的内容进行了实训操作。销售管理系统的期初，没有单据的期初，只有客户往来期初，通过练习，对销售管理系统的期初设置基本功能都进行了练习巩固，并为销售管理系统的日常使用做好了准备。

模块备份

把本任务操作内容备份到“销售管理系统期初设置”文件夹中，以备练习使用。

评价

将实训记录和评分结果填入表 9-1 中。

表 9-1 学生学习情况评价表

任务名称： 座位号： 姓名：

项目	分值	自我记录	自我评价	小组评价	教师评价
账套恢复设置是否正确	5				
销售业务范围设置的作用，设置是否正确	30				
客户往来科目设置的意义，录入是否正确	30				
期初余额录入情况有哪几种，录入是否正确	30				
账套备份设置是否正确	5				

任务二 销售管理系统日常业务处理

销售管理系统日常业务的主要任务有：填制并审核销售订单、销售发货单、销售发票，进行销售收款结算业务的处理，进行客户往来处理等内容。

销售的日常业务流程，如图 9-8 所示。

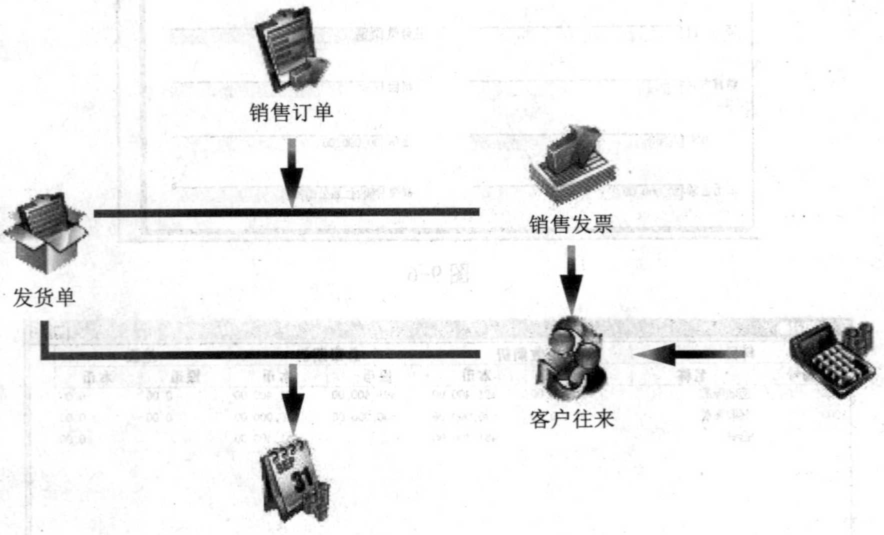

图 9-8

销售管理系统业务与其他购销存系统的关系，如图 9-9 所示。

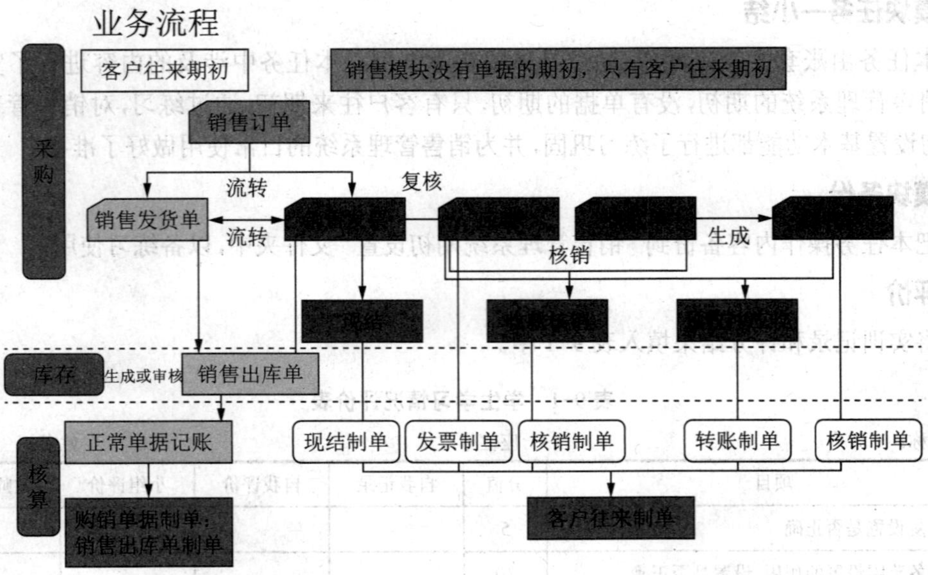

图 9-9

销售业务处理方法：一般的销售业务按销售发货的方式不同，可以分为两种模式。一是先发货后开票。二是开票直接发货。两种模式的不同点在于，先发货后开票需要先填制发货单，后填制发票，而开票直接发货则需要先填制发票后填制发货单，本书以先发货后开票为例。

此外，还有销售退货和代垫运费等情况。

下面结合具体案例来说明不同销售业务的操作步骤。

活动 9.4

活动内容

赊销业务的处理。

活动案例 60

1 月 22 日，市场部孔浩向青岛美盛网络商贸有限公司售出四件套 500 套，单价 90 元，货税款尚未收到(发票号 1412，银行账号 36529-3)。

借：应收账款 52 650

贷：主营业务收入 45 000

应交税费—应交增值税(销项税) 7 650

操作员：04 孙翼。

案例分析

先发货后开票的业务，指根据销售订单或其他销售合同、协议，向客户发出货物，发货之后根据发货单开票结算。

(1) 先发货后开票业务处理流程，如图 9-10 所示。

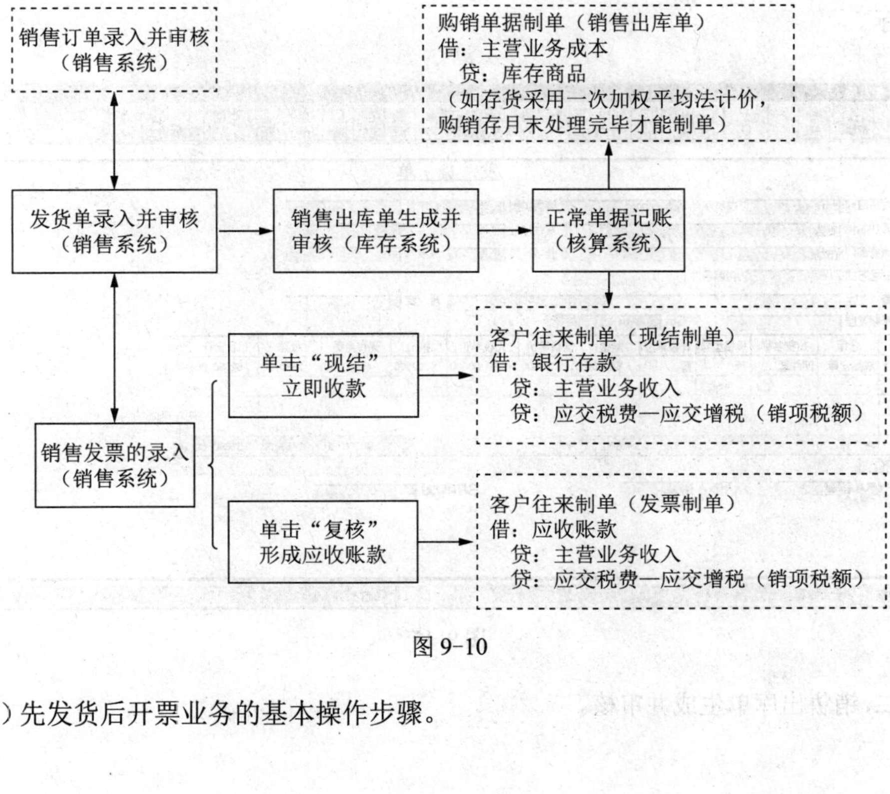

图 9-10

(2) 先发货后开票业务的基本操作步骤。

第一步，根据销售订货填制销售订单并审核。销售订单不是单据流程中必须经过的一步，即可以不参照订单而直接发货，只有经审核确认而且不处于关闭状态的销售订单才能根据其发货。

第二步，填制或由销售订单生成销售发货单并审核。销售货物发货时，根据实际发货数量填制销售发货单。销售发货单可以直接录入，也可以由发货订单自动生成，发货单生成后需要进行审核。

第三步，销售出库单生成并审核。根据销售发货单生成销售出库单并进行审核。

第四步，由销售订单或销售发货单生成销售发票并复核，若是现结就要先单击【现结】按钮，再单击【复核】按钮。销售发票是会计主体开出的销售货物的凭证。销售发票按发票类型分为专用发票、普通发票和专用发票（红字）、普通发票（红字）。红字发票是销售退货时需要使用的。

第五步，执行正常单据记账。销售管理系统与采购管理系统基本一致。

第六步，进行制单处理。制单包括购销单据制单和往来单据制单。购销单据制单的操作与采购管理系统里的购销单据制单基本一致（在计价方式采用全月一次加权平均法下，购销存月末业务处理完毕方能进行制单）。往来单据制单包括客户往来制单和供应商往来制单，供应商往来制单在采购管理系统里操作，这里需要进行客户往来制单。

本案例属于赊销业务的内容，可以在“销售”模块中按照基本操作步骤来完成。

案例操作

第一，填制销售发货单并审核。

步骤 1：执行“销售”→“销售发货单”命令，进入“发货单”录入界面。

步骤 2：单击【增加】按钮，按活动案例资料录入信息后，单击【保存】【审核】按钮，如图 9-11 所示。

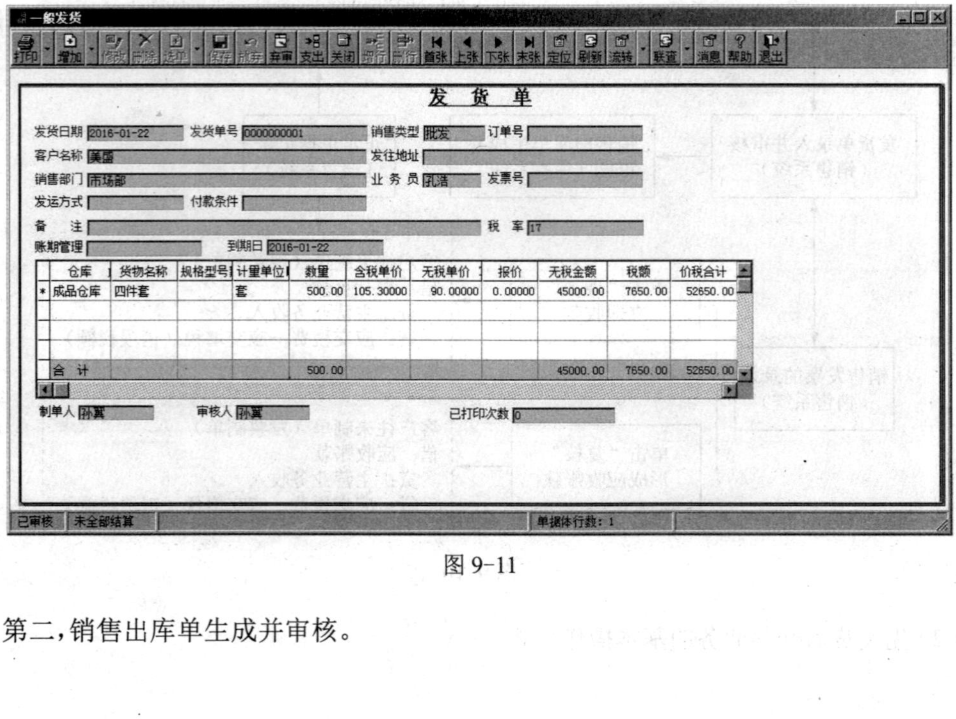

图 9-11

第二，销售出库单生成并审核。

步骤 1:执行“库存”→“销售出库单生成 / 审核”命令,进入“销售出库单”窗口,系统自动生成出库单。

步骤 2:单击上张或下张,找到需要审核的出库单,单击【审核】按钮,如图 9-12 所示。

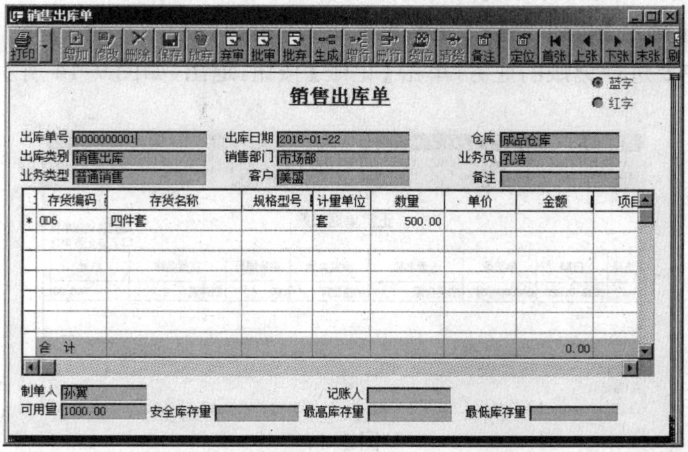

图 9-12

第三,填制销售发票。

步骤 1:执行“销售”→“销售发票”命令,单击【增加】按钮右侧的向下三角,选择“专用发票”,单击【选单】按钮下三角下的发货单,打开“选择发货单”对话框,单击【显示】按钮,选择要参照的“发货单”,单击【确认】按钮。

步骤 2:在“销售专用发票”窗口中,根据资料填制发票号、销售类型、日期、数量、单价等正确信息后单击【保存】【复核】按钮,如图 9-13 所示。

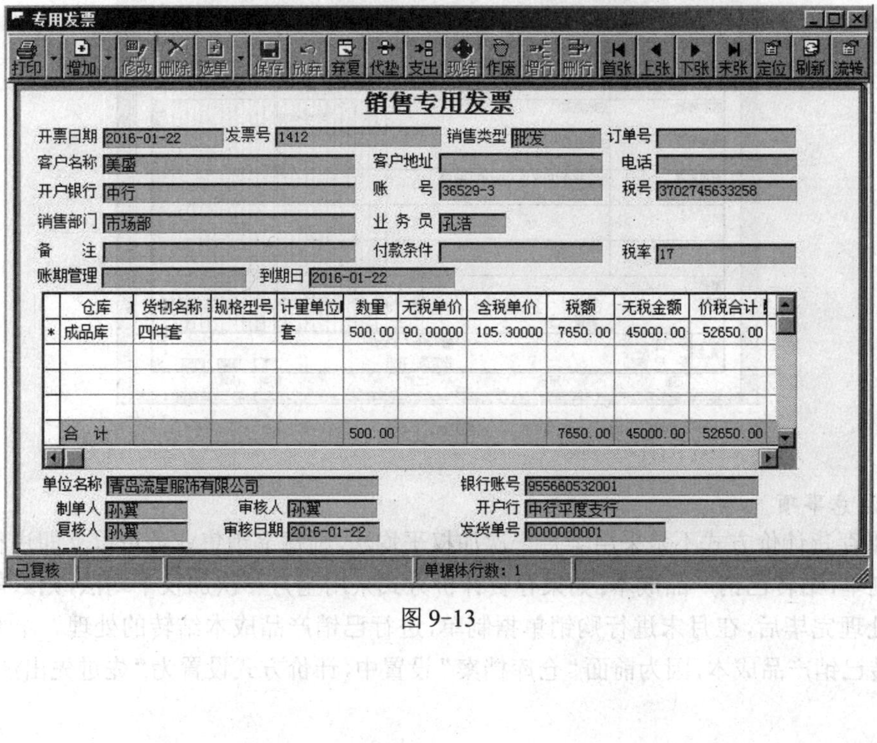

图 9-13

第四，正常单据记账的处理。

步骤1：在"畅捷通T3-企业管理信息化软件教育专版—营改增版"窗口中，执行"核算"→"核算"→"正常单据记账"命令，打开"正常单据记账条件"对话框。

步骤2：在"正常单据记账条件"对话框中，选择仓库为"成品仓库"，单据类型为"32销售出库单"，单击【确定】按钮，进入"正常单据记账"窗口。

步骤3：选中要进行记账的业务，单击【记账】按钮，退出，如图9-14所示。

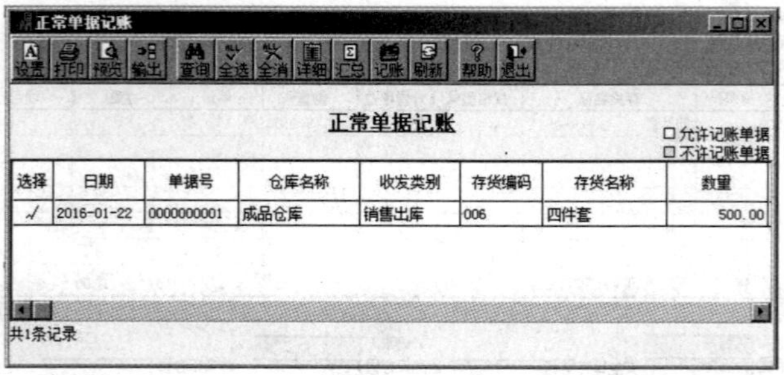

图9-14

第五，进行客户往来制单。

步骤1：执行"核算"→"凭证"→"客户往来制单"命令，选择"发票制单"，进入"销售发票制单"界面。

步骤2：在"销售发票制单"界面中，选择要制单的单据，单击【制单】按钮。

步骤3：检查修改各项信息正确后单击【保存】按钮，生成凭证，如图9-15所示。

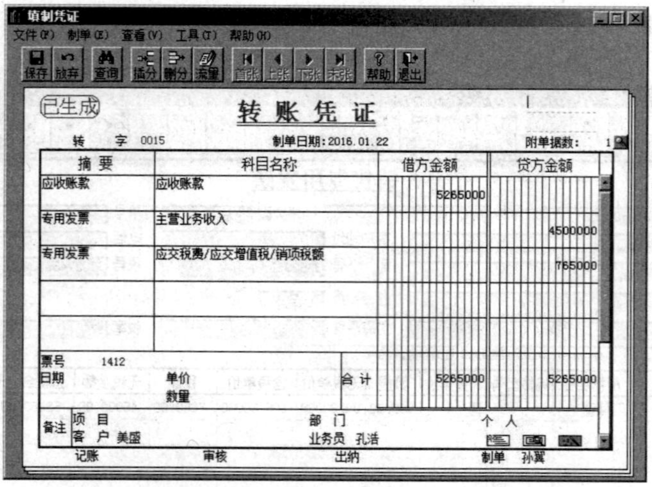

图9-15

注意事项

如果存货计价方式不是采用全月一次加权平均法，则每笔销售业务可以立即进行一次购销单据制单，结转已销产品成本；如果存货计价方式采用全月一次加权平均法，则只能等购销存业务处理完毕后，在月末进行购销单据制单，进行已销产品成本结转的处理。本案例可以立即结转已销产品成本，因为前面"仓库档案"设置中，计价方式设置为"先进先出法"。本书采用全部业务处理完后再进行已销产品成本结转的处理方法。

活动 9.5

活动内容

现结业务的处理。

活动案例 61

1 月 23 日市场部孔浩向天津饰乐佳实业有限公司（银行账号 84210-6）售出休闲服 300 套，单价 220 元，收到一张转账支票，价款金额 66 000 元，税款 11 220 元（发票号 1413，支票号 2136，银行账号 84210-6）。

借：银行存款　　　　　　　　　　77 220

　贷：主营业务收入　　　　　　　　　　66 000

　　应交税费—应交增值税（销项税）　　11 220

操作员：04 孙翼。

案例分析

销售业务发生后，如果收到货款或收到与货款同等效力的票据，可看作现结业务。

本案例收到一张转账支票，则属于“现结”业务的内容，可以按照现结操作步骤来完成。

案例操作

第一，填制并审核发货单。具体同前面操作。

第二，销售出库单生成并审核。具体同前面操作。

第三，销售发票的生成。具体同前面操作。

第四，现结处理。

步骤 1：生成销售专用发票后，单击【保存】按钮。

步骤 2：单击【现结】按钮，进入“销售现结”对话框，选择结算方式“202”，输入票号“1413”，金额“77220”，银行账号“84210-6”等信息后，单击【确定】按钮，在销售专用发票右上角出现“现结”标志，则表示现结成功。

步骤 3：在发票上单击【复核】按钮退出，如图 9-16、图 9-17 所示。

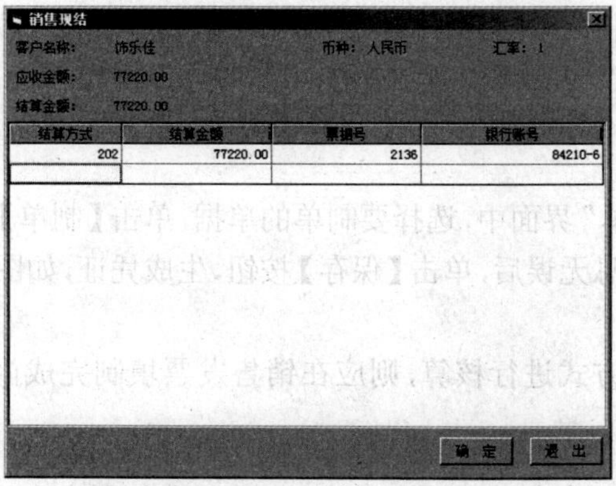

图 9-16

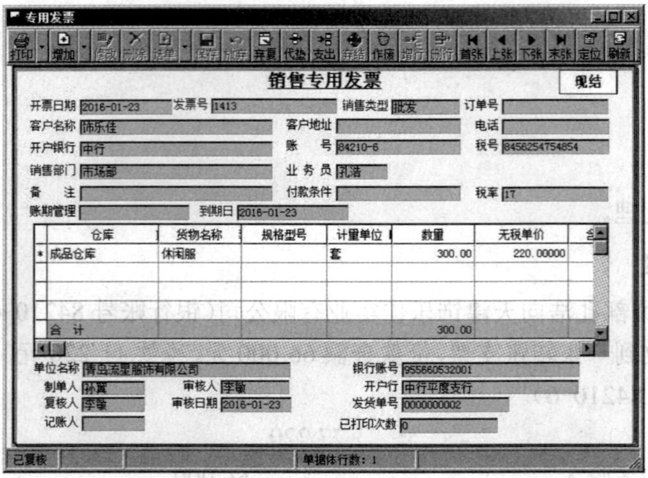

图 9-17

第五，正常单据记账的处理。

步骤 1：在“畅捷通 T3- 企业管理信息化软件教育专版—营改增版”窗口中，执行“核算”→“核算”→“正常单据记账”命令，打开“正常单据记账条件”对话框。

步骤 2：在“正常单据记账条件”对话框中，选择仓库为“成品仓库”，单据类型为“32 销售出库单”，单击【确定】按钮，进入“正常单据记账”窗口。

步骤 3：选择要记账的业务，单击【记账】按钮，退出，如图 9-18 所示。

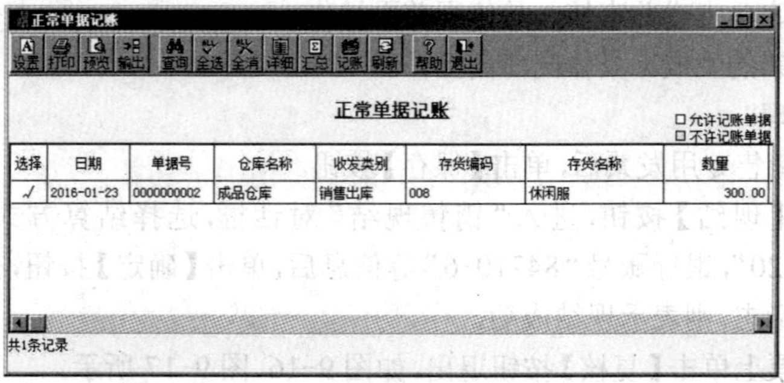

图 9-18

第六，进行客户往来制单。

步骤 1：执行“核算”→“凭证”→“客户往来制单”命令，选择“现结制单”，进入“现结制单”界面。

步骤 2：在“现结制单”界面中，选择要制单的单据，单击【制单】按钮。

步骤 3：检查各项信息无误后，单击【保存】按钮，生成凭证，如图 9-19 所示。

注意事项

如果采用的是现结方式进行核算，则应在销售发票填制完成尚未复核时进行现结的操作。

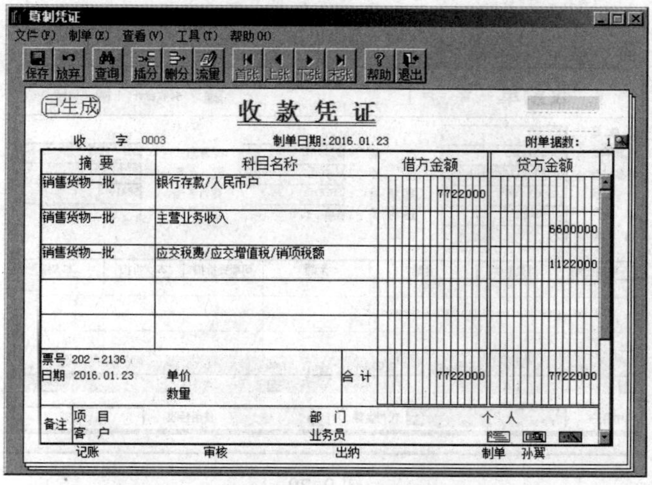

图 9-19

活动 9.6

收到前欠货款的收款单业务的处理。

活动案例 62

1 月 26 日,收到山东仁海商贸有限公司转账支票 1 张,归还前欠货款 100 000 元(支票号 2578)。

借:银行存款　　100 000

　贷:应收账款　　100 000

操作员:04 孙翼。

案例分析

收到前欠货款业务是与客户之间的货款结算关系,所以只要进行收款结算和客户往来制单就可以了。

本案例属于收到前欠货款的内容,可以通过"销售"模块中的"收款结算"功能来完成。

案例操作

第一,收款结算并核销收款单。

步骤 1:在"畅捷通 T3- 企业管理信息化软件教育专版一营改增版"窗口中,执行"销售"→"客户往来"→"收款结算",进入"收款单"录入界面。

步骤 2:在收款单界面中,选择客户"山东仁海商贸有限公司",单击【增加】按钮,输入结算方式、金额、票号等信息,单击【保存】按钮,完成收款单的填制,如图 9-20 所示。

步骤 3:单击【核销】按钮,在收款单的下半部分显示出了待核销的单据及对应的金额。在"本次结算"处输入结算金额"100 000",单击【保存】按钮后退出,如图 9-21 所示。

第二,客户往来制单。

步骤 1:执行"核算"→"凭证"→"客户往来制单"命令,选择"核销制单",进入"核销制单"界面。

步骤 2:在"核销制单"界面中,选择要制单的单据,单击【制单】按钮。

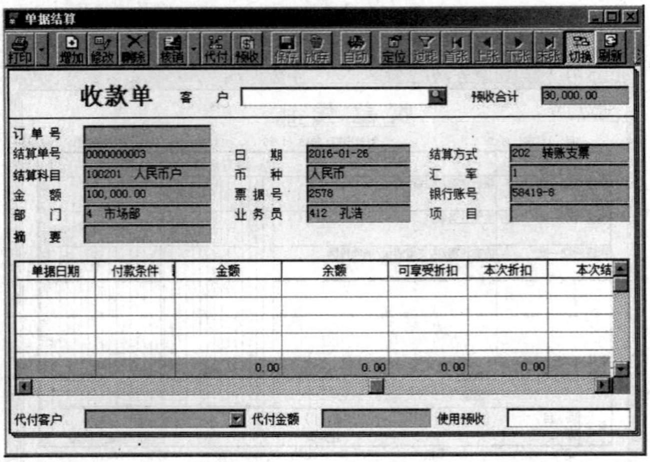

图 9-20

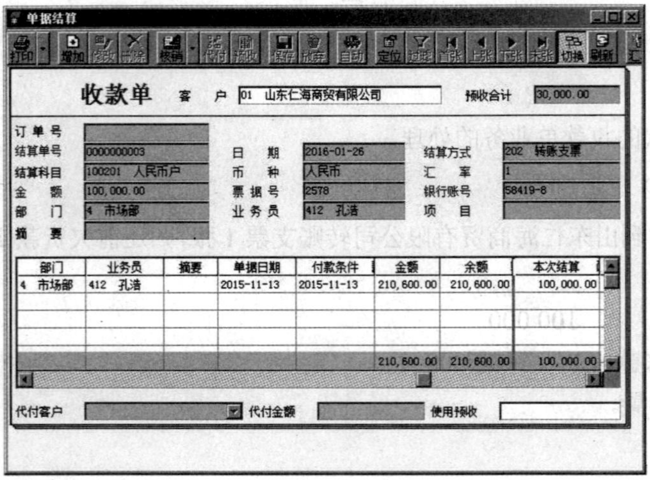

图 9-21

步骤 3：检查修改各项信息正确后单击【保存】按钮，生成凭证，如图 9-22 所示。

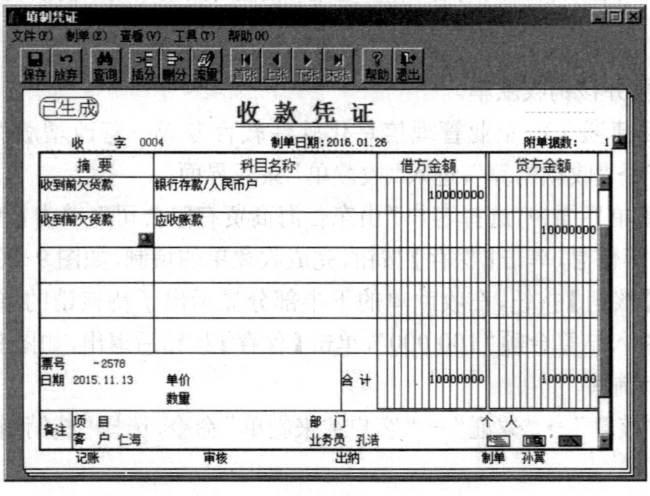

图 9-22

注意事项

（1）在收款结算中，如果收到的货款大于购货款，则在收款单结算中，多余的货款自动作为预收款处理。

（2）取消收款核销，可在“销售”→“客户往来”→“取消操作”中进行。

活动 9.7

活动内容

预收款业务的处理。

活动案例 63

1 月 27 日，收到山东仁海商贸有限公司转账支票一张，金额 100 000 元，作为预收款（支票号 2579）。

借：银行存款　　　100 000

　贷：预收账款　　　100 000

操作员：04 孙翼。

案例分析

收到预收款业务是与客户之间的货款结算关系，所以只要进行收款结算和客户往来制单就可以了。

本案例属于预收款的内容，可以通过“销售”模块中的“收款结算”功能来完成。

案例操作

第一，填制收款单。

步骤 1：在“畅捷通 T3- 企业管理信息化软件教育专版—营改增版”窗口中，执行“销售”→“客户往来”→“收款结算”，进入“收款单”界面。

步骤 2：在“收款单”界面中，选择客户“山东仁海商贸有限公司”，单击【增加】按钮。输入结算方式、金额、票号等信息，单击【保存】按钮，完成收款单的填制，如图 9-23 所示。

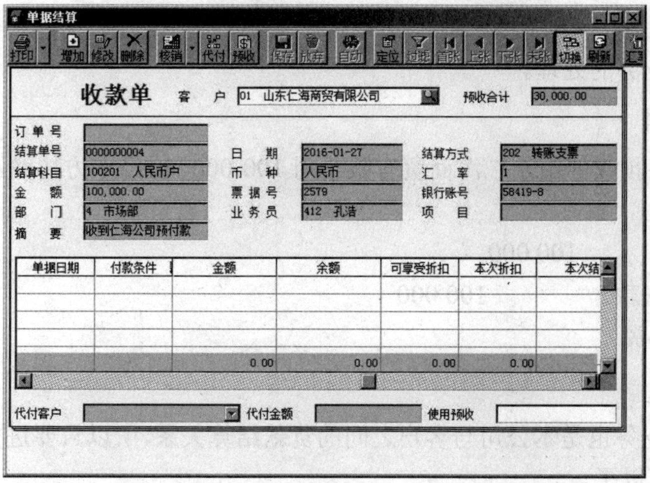

图 9-23

步骤 3：单击【预收】按钮。

步骤 4：单击【退出】按钮。

第二，客户往来制单。

步骤 1：执行“核算”→“凭证”→“客户往来制单”命令，选择“核销制单”后，单击【确认】按钮，进入“核销制单”界面。

步骤 2：在“核销制单”界面中，选择需要制单的收款单，单击【制单】按钮，生成一张记账凭证，录入检查各项信息正确后单击【保存】按钮，系统自动将生成的凭证传递到总账系统，如图 9-24 所示。

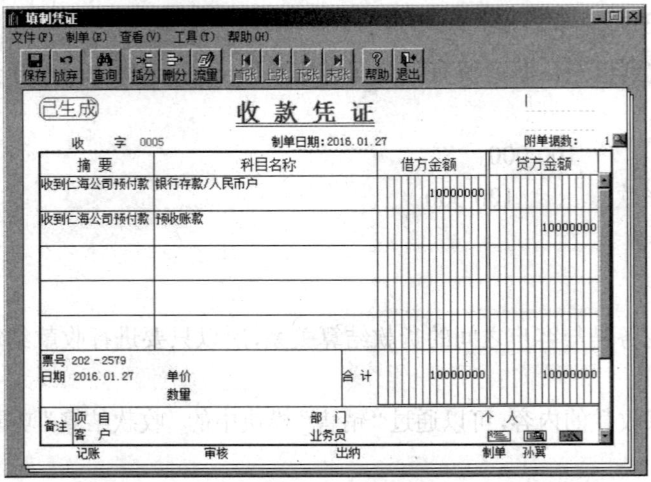

图 9-24

注意事项

预收款业务在客户往来制单时要选择“核销制单”。

活动 9.8

活动内容

预收冲应收业务的处理。

活动案例 64

1 月 28 日，将预收的山东仁海商贸有限公司 100 000 元，经双方协商决定冲抵前欠的应收账款。

借：预收账款　　100 000

　　贷：应收账款　　100 000

操作员：04 孙翼。

案例分析

预收冲应收业务也是本公司与客户之间的货款结算关系，所以只要进行客户往来结算和客户往来制单就可以了。

本案例属于预收冲应收的内容，可以通过“销售”模块中的“预收冲应收”功能来完成。

案例操作

第一，进行预收冲应收转账。

步骤 1：在“畅捷通 T3- 企业管理信息化软件教育专版—营改增版”窗口中，执行“销售”→“客户往来”→“预收冲应收”，进入“预收冲应收”转账界面。

步骤 2：单击“预收款”选项卡中的“客户”栏选择“山东仁海商贸有限公司”。

步骤 3：单击【过滤】按钮，出现待结算的预收款的数据，在“转账金额”栏录入“100 000”，如图 9-25 所示。

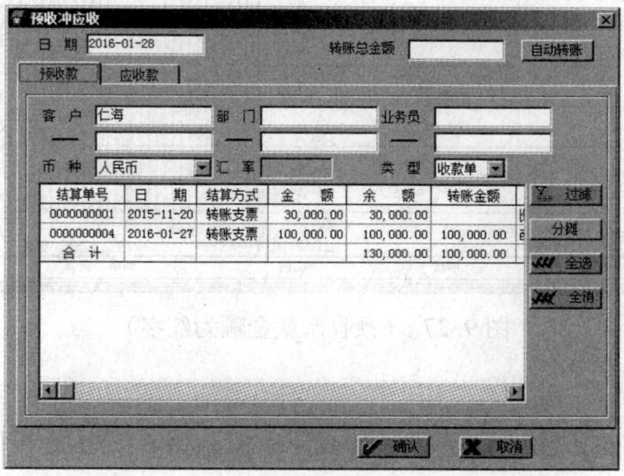

图 9-25

步骤 4：打开“应收款”选项卡，单击【过滤】按钮，出现待结算的应收款的数据，在“转账金额”栏录入“100 000”，如图 9-26 所示。

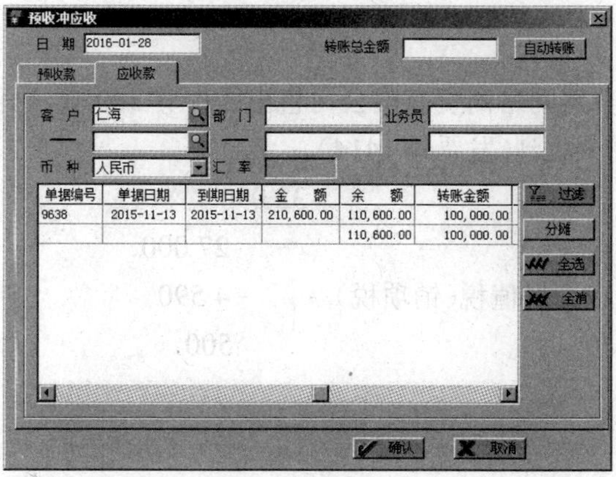

图 9-26

步骤 5：单击【确认】按钮，完成转账操作。

第二，客户往来制单。

步骤 1：执行“核算”→“凭证”→“客户往来制单”命令，选择“转账制单”后，单击【确认】按钮，进入“转账制单”界面。

步骤 2：在“转账制单”界面中，选择需要制单的转账单，单击【制单】按钮，生成一张记账凭证，录入检查各项信息正确后单击【保存】按钮，系统自动将生成的凭证传递到总账系统，如图 9-27 所示。

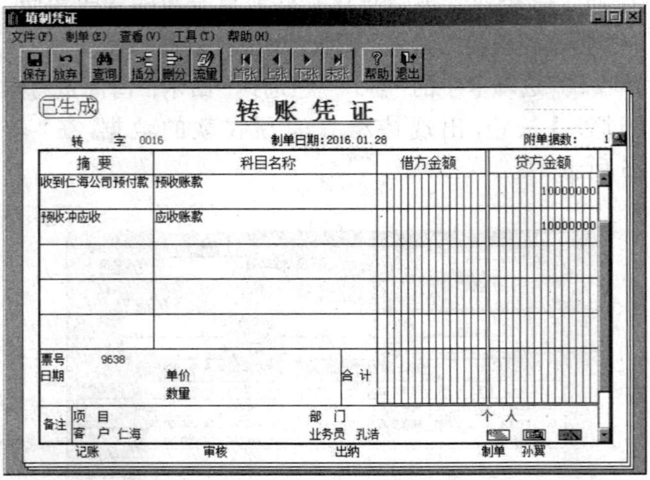

图 9-27 （预收账款金额为红字）

注意事项

预收冲应收业务在客户往来制单时要选择“转账制单”。

活动 9.9

活动内容

代垫运费业务的处理。

活动案例 65

1 月 28 日，向青岛美盛网络商贸有限公司售出四件套 300 套，单价 90 元，以库存现金代垫运费 500 元，货税款尚未收到(发票号 1414)。

借：应收账款 32 090

　　贷：主营业务收入 27 000

　　　　应交税费—应交增值税(销项税) 4 590

　　　　库存现金 500

操作员：04 孙翼。

案例分析

在销售业务中，有的企业随货物销售有代垫费用的发生，如代垫运杂费、保险费等。代垫费用属于需要向客户收取的费用项目。对代垫运费处理有两种方法：一种是以应税劳务的方式直接录入在销售发票中，这样做的好处是能将代垫费用和销售发票直接关联起来，和货款一起进行核销；二是不录入销售发票，通过系统中提供的代垫费用单独录入，再到应收款系统中进行收款处理。

本案例属于代垫运费的内容，可以通过与采购模块中有运费的采购业务的操作对照来完成。

案例操作

第一，填制并审核发货单。具体同前面操作。

第二，销售出库单生成并审核。具体同前面操作。

第三，销售发票的生成。具体同前面操作。

第四，垫支运费的处理。

步骤1：生成销售专用发票后，单击【保存】按钮。

步骤2：在“销售专用发票”工具栏上单击【代垫】按钮，进入“代垫费用单”录入界面。

步骤3：单击【增加】按钮，参照选择费用项目为“代垫运费”，代垫金额“500”，货物名称“四件套”，单击【保存】【审核】按钮后退出，如图9-28所示。

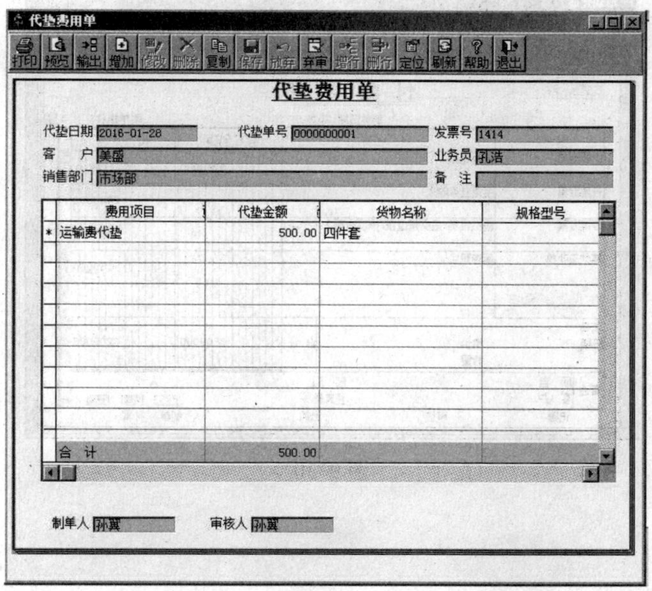

图9-28

步骤4：审核销售发票。

第五，正常单据记账。具体操作同前。

第六，客户往来制单—发票制单、应收单制单。

步骤1：执行“核算”→“凭证”→“客户往来”，选择“发票制单”“应收单制单”，单击【确认】按钮进入发票、应收单制单界面。

步骤2：合并制单。单击【全选】按钮，选择全部单据，单击【合并】【制单】按钮，进入填制凭证界面，选择凭证类别，录入检查各项信息正确后单击【保存】按钮，如图9-29、图9-30所示。

注意事项

代垫费用直接增加客户的应收往来款，通过客户往来制单里的“应收单”制单来生成凭证传递到总账。在客户往来制单时，可以合并制单，也可以分别制单。

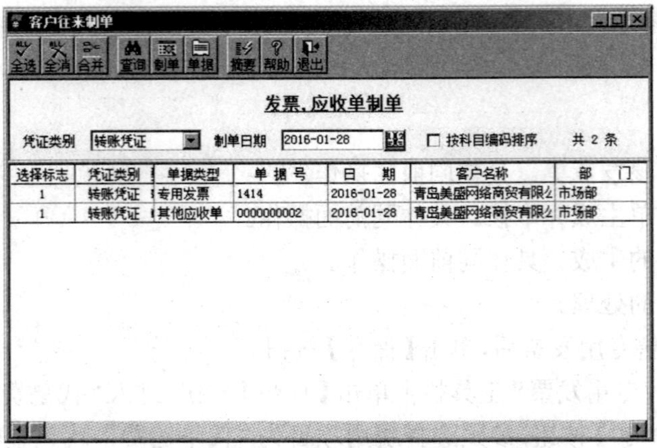

图 9-29

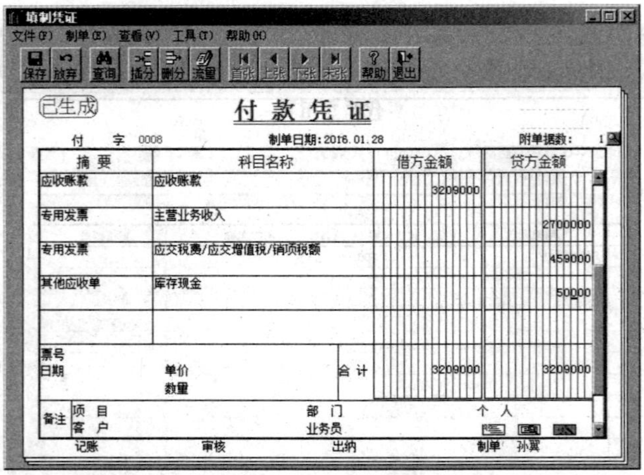

图 9-30

活动 9.10

活动内容

退货业务的处理。

活动案例 66

1 月 29 日，销售给天津饰乐佳实业有限公司的休闲服因质量问题退回 10 套，单价 220 元，收回成品库，开出 1 张专用发票（票号 1415）。通过汇兑的方式退回货款共计 2 574 元（银行账号 84210-6）。

借：主营业务收入　　　　　　　　2 200

　　应交税费—应交增值税（销项税）　374

　　贷：银行存款　　　　　　　　　　2 574

操作员：04 孙翼。

案例分析

销售退货业务是指客户因质量、品种不符合规定要求而将已购货物退回。

退货业务处理流程，如图 9-31 所示。

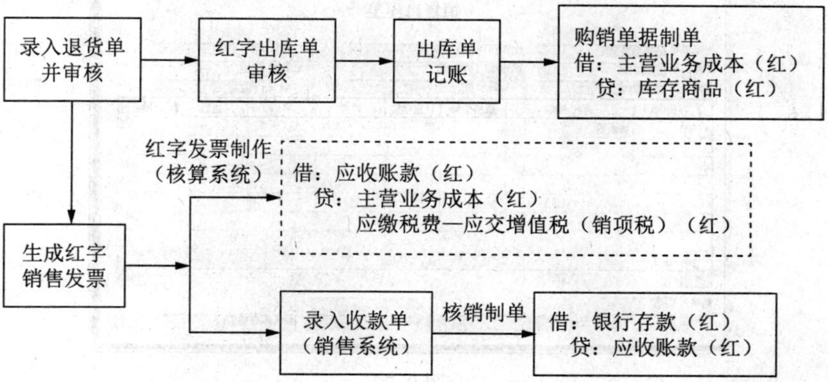

图 9-31

本案例属于现结退货业务的内容，可以按照现结销售步骤来操作，只是要选择“退货单”“红字出库单”“红字专用发票”等红字单据来完成。

案例操作

第一，填制并审核红字发货单。具体同前面操作，如图 9-32 所示。

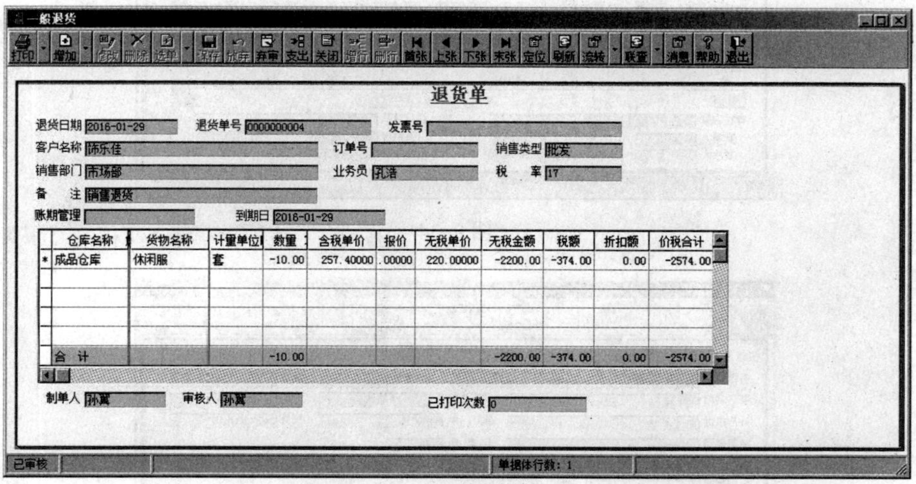

图 9-32

第二，销售出库单生成并审核（数量显示负数）。具体同前面操作，如图 9-33 所示。

第三，销售发票的生成。具体同前面操作。选择“红字专用发票”，由退货单流转生成，也可自行录入，录入时数量用负数（−）录入，如图 9-34 所示。

第四，现结退款处理。在红字专用发票界面中，单击【现结】按钮，打开“销售现结”对话框，录入结算方式、金额（金额按负数录入）及银行账号，单击【确定】按钮退出。红字发票显示“现结”标志后，单击【复核】按钮，如图 9-35 所示。

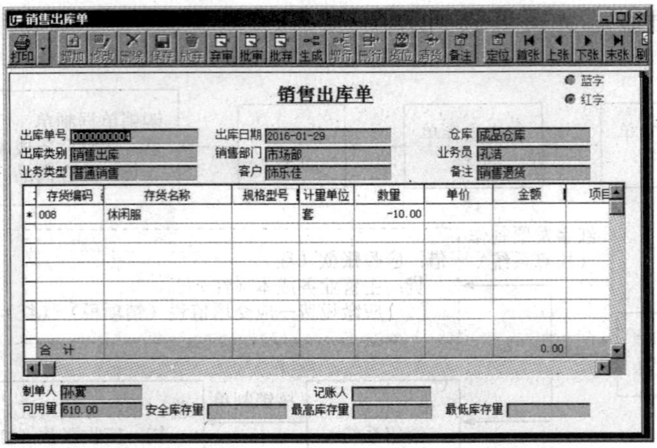

图 9-33

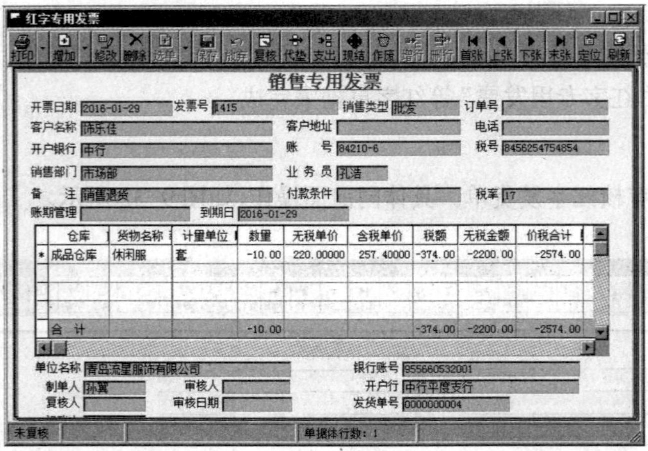

图 9-34

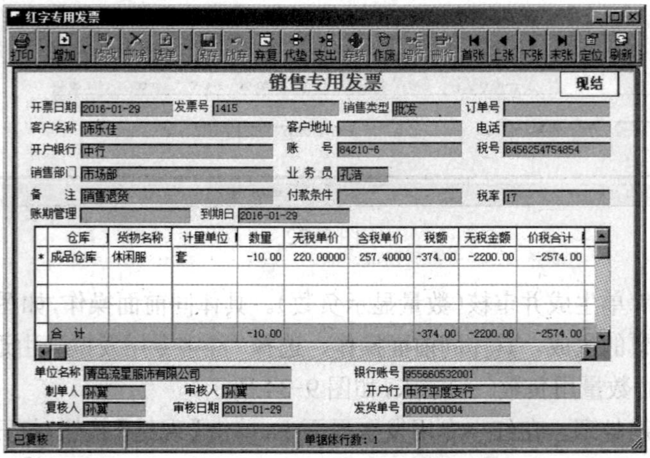

图 9-35

第五，正常单据记账。具体操作同前。

第六，客户往来制单—现结制单。具体操作同前，生成红字收款凭证，如图 9-36 所示。

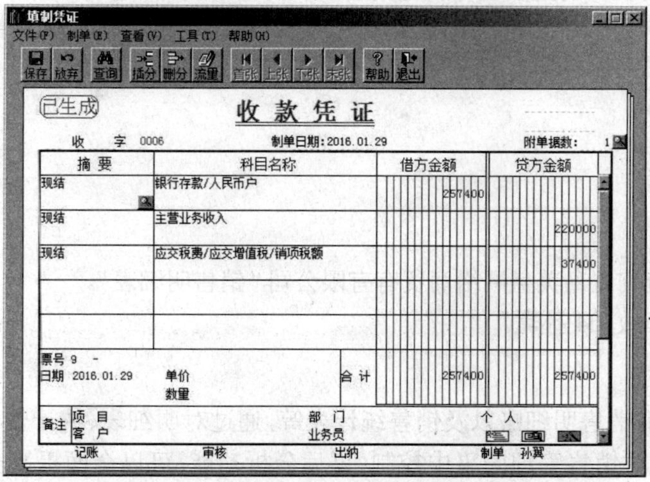

图 9-36

注意事项

销售退货业务与普通销售业务在会计核算上做相反的业务处理，在软件中就要选择“红字”单据作冲销操作。

模块任务二小结

本任务由制单会计来操作，通过具体的实际案例对任务中涉及的内容进行了实训操作，销售业务情况不太复杂，各种情况的操作步骤大体相同，操作时加以调整即可。通过操作对销售管理系统日常业务的基本功能都进行了练习巩固，为企业建立的账套完成了日常业务处理，为期末业务处理做好了准备。

模块备份

把本任务操作内容备份到“采购管理系统日常业务处理”文件夹中，以备练习使用。

评价

将实训记录和评分结果填入表 9-2 中。

表 9-2 学生学习情况评价表

任务名称： 座位号： 姓名：

项目	分值	自我记录	自我评价	小组评价	教师评价
账套恢复设置是否正确	5				
销售发货单填制的方法，输入是否正确	20				
销售出库单填制的方法，输入是否正确	20				
销售发票填制的方法，操作是否正确	20				
正常单据记账的作用，操作是否正确	10				
客户往来制单的前提条件，操作是否正确	20				
账套备份设置是否正确	5				

任务三 销售管理系统期末业务处理

销售管理期末业务的主要任务就是销售账表的查询及月末结账。

活动 9.11

活动内容

销售账表查询。

活动案例 67

1 月 31 日，查询青岛美盛网络商贸有限公司“销售明细表”。

操作员：01 李敏，04 孙翼。

案例分析

企业可以查询销售明细账以及销售统计表等，通过对明细表、统计表以及销售分析表的对比分析，实现了对销售管理的事中控制、事后分析功能，可以全面提高企业的销售管理水平。

本案例属于销售账表查询的内容，可以通过“销售”模块中的“销售明细表”功能来完成。

案例操作

步骤 1：以账套主管身份登录销售管理系统。在“畅捷通 T3- 企业管理信息化软件教育专版一营改增版”窗口中，执行“销售”→“销售明细表”→“销售明细表”命令，打开“查询‘销售明细表’”对话框。

步骤 2：在查询“销售明细表”对话框中，默认系统提供的查询条件，单击【确认】按钮，进入“销售明细表”窗口。

步骤 3：查询完毕后，单击【退出】按钮，返回。

注意事项

查询账表时，看清楚查询的条件。

活动 9.12

活动内容

销售管理系统月末结账。

活动案例 68

1 月 31 日，对青岛流星服饰有限公司进行月末结账及反结账。

操作员：01 李敏。

案例分析

销售管理月末结账是将每月的销售单据逐月封存，并将当月的销售数据记入有关账表中。销售管理月末处理后，才能进行库存管理、核算、总账的月末处理。

本案例属于销售管理系统月末结账的内容，可以通过“销售”模块中的“月末结账”功能来完成。

案例操作

步骤 1：在“畅捷通 T3- 企业管理信息化软件教育专版—营改增版”窗口中，执行“销售”→“月末结账”命令，选择需要结账的月份。

步骤 2：单击【月末结账】按钮，即可完成月末结账。

步骤 3：取消结账。选择需要取消结账的月份，单击【取消结账】按钮，单击【确定】按钮，即可完成取消结账，如图 9-37 所示。

图 9-37

注意事项

（1）上月未结账，本月不能结账。

（2）已结账月份不能再录入单据。与库存系统、核算系统联合使用时，本系统月末结账应先于这些系统的月末结账。

模块任务三小结

本任务由账套主管或者有操作权限的人员来操作，通过具体的实际案例对本任务中涉及的内容进行了实训操作，对销售管理系统期末业务的基本功能都进行了练习，为企业建立的账套完成了期末业务处理。

模块备份

把本任务操作内容备份到“销售管理系统期末业务处理”文件夹中，以备练习使用。

评价

将实训记录和评分结果填入表 9-3 中。

表 9-3 学生学习情况评价表

任务名称： 座位号： 姓名：

项目	分值	自我记录	自我评价	小组评价	教师评价
账套恢复设置是否正确	5				
查询销售明细表的作用，操作是否正确	30				
销售管理系统结账的作用，操作是否正确	30				
反结账操作的意义，操作是否正确	30				
账套备份设置是否正确	5				

模块十　库存管理

一、模块简介

库存管理系统是会计信息化软件的一个子系统，主要用于管理企业的存货，通过对存货的收、发、存业务的处理，能够及时、动态地掌握库存存货的各种信息，避免存货积压或短缺，有利于生产计划的制订，提高库存管理水平。

库存管理系统要与采购系统、销售系统和核算系统紧密结合使用，才能完成库存核算任务。

库存管理系统的主要功能是有效管理库存的存货，对存货进行出入库管理，并有效进行库存控制，时时地进行库存账表查询及统计分析，能够满足采购入库、销售出库、产成品入库、材料出库、其他出入库等业务需要，并且提供了仓库货位管理、批次管理、保质期管理、不合格产品管理、现存量管理等业务的全面应用。

在库存管理系统中，对接收采购和销售系统中填制的各种出入库单审核；向核算系统传递经审核后的出入库单和盘点数据；向采购系统和销售系统传递存货信息。

二、任务目标

（1）能熟练完成库存管理系统初始化。

（2）能熟练完成库存管理系统日常业务处理（入库单、出库单的录入与账务处理）。

（3）能熟练完成库存管理系统期末业务处理。

三、模块操作流程

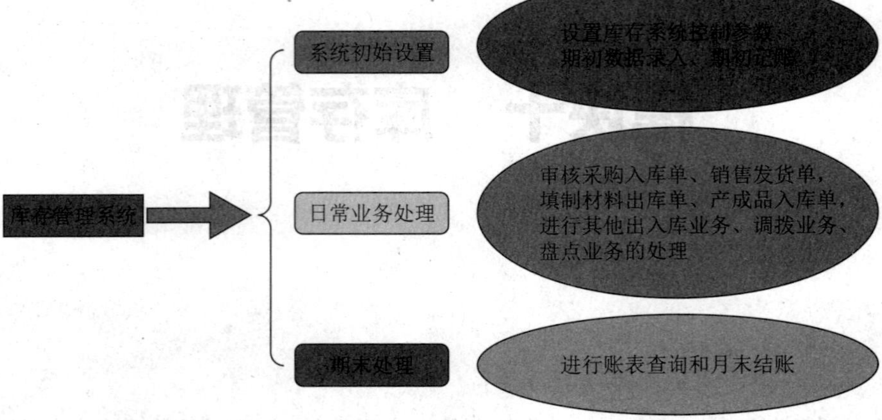

图 10-1

四、模块操作

任务一 库存管理系统期初设置

在购销存基础设置完成后，可根据企业的实际需要，具体设置库存管理系统业务范围设置，录入有关的期初数据并进行期初记账处理等内容。（由于库存管理系统和采购管理系统、核算系统联合使用，所以库存管理系统的期初设置都在讲解采购管理系统时设置完成，否则，采购管理系统有些操作无法进行，具体操作见采购管理系统期初设置。）

任务二 库存管理系统日常业务处理

库存管理系统日常业务的主要任务就是审核采购入库单、销售发货单，填制材料出库单、产成品入库单，处理其他出入库业务、调拨业务、盘点业务等内容。

库存管理系统业务流程，如图 10-2 所示。

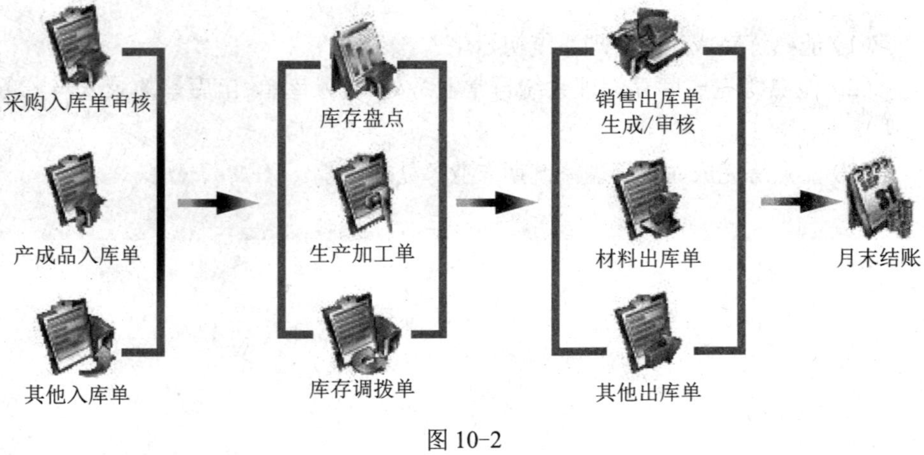

图 10-2

库存管理系统与其他购销存系统的关系(库存模块与相关模块的联系,已经在采购和销售模块中提及,这里仅简单补充一下),如图 10-3 所示。

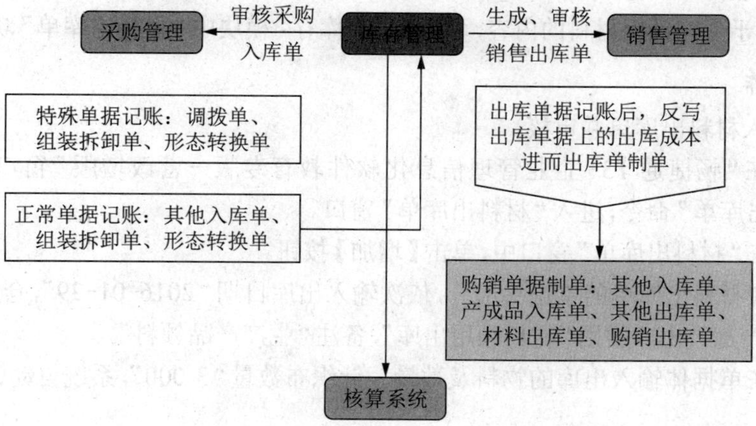

图 10-3

库存管理系统日常业务处理方法:库存管理系统日常业务核算主要包括审核采购入库单、生成审核销售出库单、材料出库、产成品入库、盘点业务等内容。审核采购入库单、生成审核销售出库单已在采购及销售业务中多次说明,本节只介绍材料出库、产成品入库及盘点业务。下面结合具体案例来说明不同采购业务的操作步骤。

活动 10.1

活动内容

生产直接领用材料的出库业务。

活动案例 69

1 月 29 日,汇总生产部为生产运动服领用针织布 3 000 米,单价 5. 3 元(附单据一张)。

借:生产成本　　　15 900

　贷:原材料　　　　　15 900

操作员:04 孙翼。

案例分析

材料出库可逐笔处理也可月末汇总处理,材料出库业务需要填制材料出库单,填制材料出库单时只需要输入出库数量,在库存管理系统中审核,经过核算系统的单据记账或期末处理以后,系统自动计算材料出库成本。企业应该根据选择的成本核算方法,定期根据材料出库单结转材料出库的成本。材料出库制单时,系统根据初始设置,贷方取预置的存货科目,借方取预置的对方科目中收发类别为“材料领用出库”对应的科目。材料出库制单会生成如下凭证:

借:生产成本　(对应科目)

　贷:原材料　　　　(存货科目)

采用先进先出法、移动平均法和个别计价法核算存货实际成本的仓库，其材料的金额是根据材料出库单经过单据记账后系统自动计算出来的。在全月平均、计划价 / 售价法计价下，是在期末处理之后由系统计算出来的。

本案例属于生产领用材料的内容，可以通过“库存”模块中“材料出库单”功能来完成。

案例操作

第一，输入材料出库单并审核。

步骤 1：在“畅捷通 T3- 企业管理信息化软件教育专版—营改增版”窗口中，执行“库存”→“材料出库单”命令，进入“材料出库单”窗口。

步骤 2：在“材料出库单”窗口中，单击【增加】按钮。

步骤 3：在材料出库单的单据头部分，依次输入出库日期“2016-01-29”，仓库“原材料仓库”，部门“生产部”，出库类别“材料领用出库”，备注“生产产品领料”。

步骤 4：在单据体输入出库的物料及数量。针织布数量“3 000”，系统自动计算所耗物料的金额。

步骤 5：单击【保存】按钮。单击【审核】按钮，单据审核成功，如图 10-4 所示。

图 10-4

第二，单据记账。

单据记账后，材料出库单自动生成单价和金额。

步骤 1：在“畅捷通 T3- 企业管理信息化软件教育专版—营改增版”窗口中，执行“核算”→“核算”→“正常单据记账”命令，打开“正常单据记账条件”对话框。

步骤 2：在“正常单据记账条件”对话框中，选择“001 原材料仓库”和“11 材料出库单”，单击【确定】按钮，进入“正常单据记账”窗口。

步骤 3：在“正常单据记账”窗口中，选择需要记账的材料出库单，单击【记账】按钮。

第三，生成记账凭证。

步骤 1：在“畅捷通 T3- 企业管理信息化软件教育专版—营改增版”窗口中，执行“核算”→“凭证”→“购销单据制单”命令，进入“生成凭证”窗口。

步骤 2：在“生成凭证”窗口中，单击【选择】按钮，打开“查询条件”对话框。

步骤 3:在“查询条件”对话框中,单击选择“(11)材料出库单”复选框。

步骤 4:单击【确认】按钮,进入“选择单据”窗口。

步骤 5:在“选择单据”窗口中,选择需要生成凭证的材料出库单。

步骤 6:单击【确定】按钮,将制单的相关信息补充完整。

步骤 7:单击【生成】按钮,生成一张记账凭证,输入“生产成本/直接材料”的项目核算为“运动服”。

步骤 8:单击【保存】按钮,出现“已生成”字样。系统自动将凭证传递到总账系统,如图 10-5 所示。

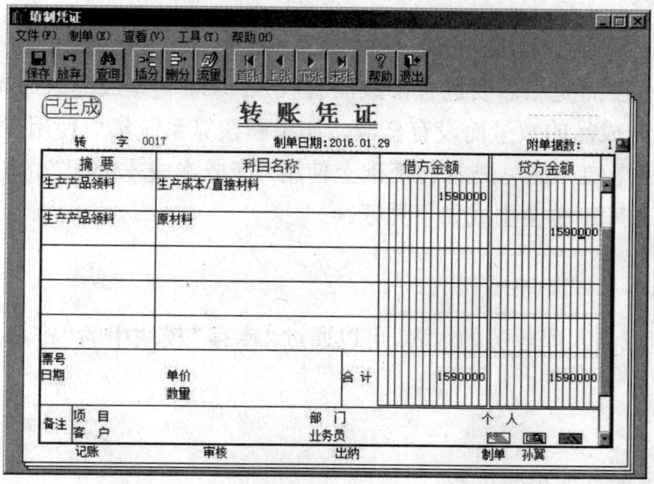

图 10-5

注意事项

(1) 如果出库单手工录入了单价,则材料出库成本就按手工录入的单价确定;如果出库单未录入单价,则系统就根据前面预设的仓库计价方式来确定出库成本。

(2) 生产领用材料,则可用配比功能生成材料出库单。

活动 10.2

活动内容

产成品入库业务处理。

活动案例 70

1 月 31 日,生产车间将已经生产好的产成品分别入库,明细如下(附单据一张)。

存货名称	数量	单位成本	总成本
毛巾被	100	40	4 000
四件套	200	65	13 000
运动服	150	180	27 000
休闲服	300	160	48 000

借:库存商品——毛巾被　　4 000
　　　　　　——四件套　　13 000
　　　　　　——运动服　　27 000
　　　　　　——休闲服　　48 000
　贷:生产成本——生产成本转出(毛巾被)　　4 000
　　　　　　　——生产成本转出(四件套)　　13 000
　　　　　　　——生产成本转出(运动服)　　27 000
　　　　　　　——生产成本转出(休闲服)　　48 000

操作员:04 孙翼。

案例分析

对于工业企业,产品完工需要进行产成品验收入库,填制产成品入库单。产成品入库单录入时可以只输入产成品的数量而没有金额。如果和核算系统集成使用,产品的金额需要经过成本计算得出,在得知产品总成本的基础上使用“产成本成本分配”的功能自动计算分配产品成本。产成品入库制单会生成如下凭证:

借:库存商品
　贷:生产成本

本案例属于产成品入库业务的内容,可以通过“库存”模块中的“产成品入库单”功能来完成。

案例操作

第一,输入产成品入库单并审核。

步骤 1:在“畅捷通 T3- 企业管理信息化软件教育专版—营改增版”窗口中,执行“库存”→“产成品入库单”命令,进入“产成品入库单”窗口。

步骤 2:在“产成品入库单”窗口中,单击【增加】按钮。

步骤 3:在产成品入库单的单据头部分,依次输入入库日期“2016-01-31”,仓库“成品仓库”,部门“生产部”,入库类别“产成品入库”,备注“完工产品入库”。

步骤 4:在单据体输入入库的物料名称“毛巾被”,数量“100”,单价“40”,保存并审核,如图 10-6 所示。

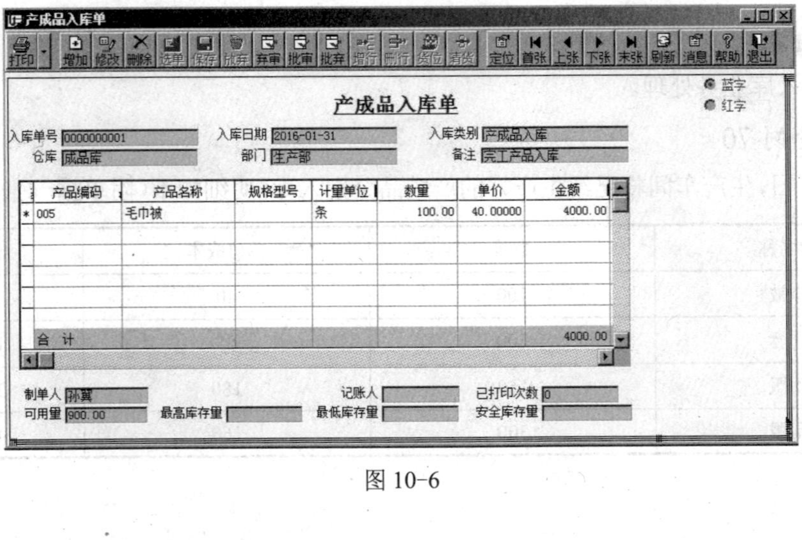

图 10-6

步骤 5：在“产成品入库单”窗口中，继续单击【增加】按钮，输入第二个产品的资料，保存并审核，输入四张入库单后，退出。

第二，单据记账。（方法同前）

第三，生成记账凭证。

步骤 1：在“畅捷通 T3- 企业管理信息化软件教育专版—营改增版”窗口中，执行“核算”→“凭证”→“购销单据制单”命令，进入“生成凭证”窗口。

步骤 2：在“生成凭证”窗口中，单击【选择】按钮，打开“查询条件”对话框。

步骤 3：在“查询条件”对话框中，单击选择“（10）产成品入库单”复选框。

步骤 4：单击【确认】按钮，进入“选择单据”窗口。

步骤 5：在“选择单据”窗口中，选择需要生成凭证的产成品入库单，在此单击【全选】按钮。

步骤 6：单击【确定】按钮，将制单的相关信息补充完整，在此窗口科目类型的对方对应的科目编码为“500199 生产成本 / 生产成本转出”，如图 10-7 所示。

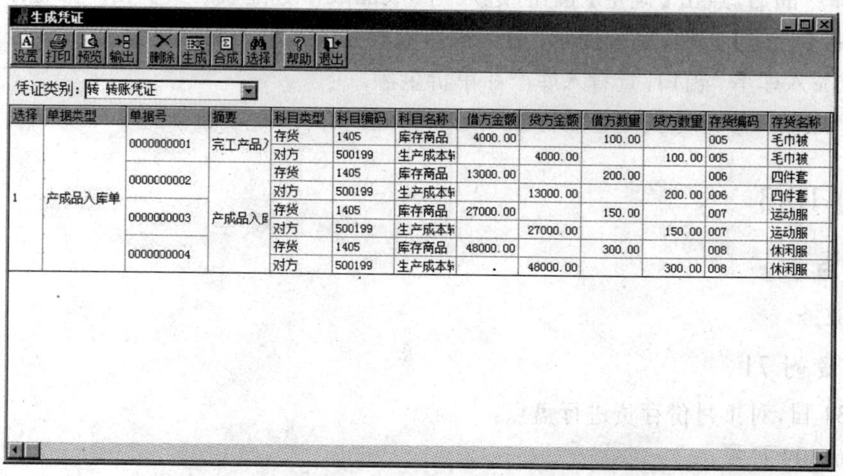

图 10-7

步骤 7：单击【生成】按钮，生成一张记账凭证。

步骤 8：对生成的凭证进行补充修改，将光标移动到生产成本科目行单击一下，然后将光标在凭证的左下角项目部位移动，当光标变成钢笔尖形状时，双击鼠标，出现辅助项对话框，在辅助项对话框中的项目名称选择“毛巾被”后，单击【确认】按钮，返回到记账凭证界面，单击【保存】按钮，出现“已生成”字样。系统自动将凭证传递到总账系统，如图 10-8 所示。

步骤 9：在生成的记账凭证界面，单击下一张，继续生成其他三张记账凭证，单击退出。

注意事项

（1）产成品入库单上的金额可以根据计算的产成品成本直接录入，也可以先不录入，通过核算模块的“产成品成本分配”后自动记入产成品入库单中。步骤如下：① 执行“核算”→“核算”→“产成品成本分配”命令，进入“产成品成本分配表”。② 单击“查询”进入“产成品成本分配表查询”，选择“成品库”，单击【确认】按钮，进入“需要分配的产成品单据

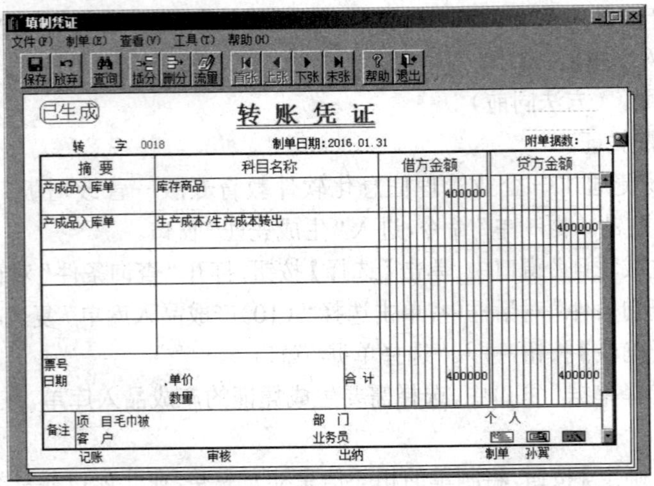

图 10-8

选择”，选择产品后，点击【确定】按钮，进入“产成品成本分配表”。③ 在产品记录行输入金额。④ 单击【分配】按钮，系统提示“分配操作顺利完成”，单击确定后退出。⑤ 进入“核算”下的“产成品入库单”窗口，查看入库产品单价金额。

（2）产成品入库单填制完整后再生成记账凭证。

活动 10.3

活动内容

盘点业务。

活动案例 71

1 月 31 日，对 1 月份存货进行盘点。

操作员：04 孙翼。

案例分析

盘点业务是通过对企业各种存货确定实际库存量，并与账面记录相核对，查明存货盘盈、盘亏和毁损的数量以及造成的原因，并据以编制存货盘点报告表，按规定程序，报有关部门审批。

本功能提供两种盘点方法：按仓库盘点及按批次盘点。盘盈、盘亏的结果可自动生成出 / 入库单。

本案例属于盘点业务的内容，可以通过“库存”模块中的“盘点单”功能来完成。

案例操作

步骤 1：执行“库存”→“库存其他业务”→“盘点单”命令，进入“盘点单”界面。

步骤 2：单击【增加】按钮，选择盘点仓库、盘点日期等内容。

步骤 3：单击【盘库】【保存】按钮。单击【审核】按钮后退出，如图 10-9、图 10-10 所示。

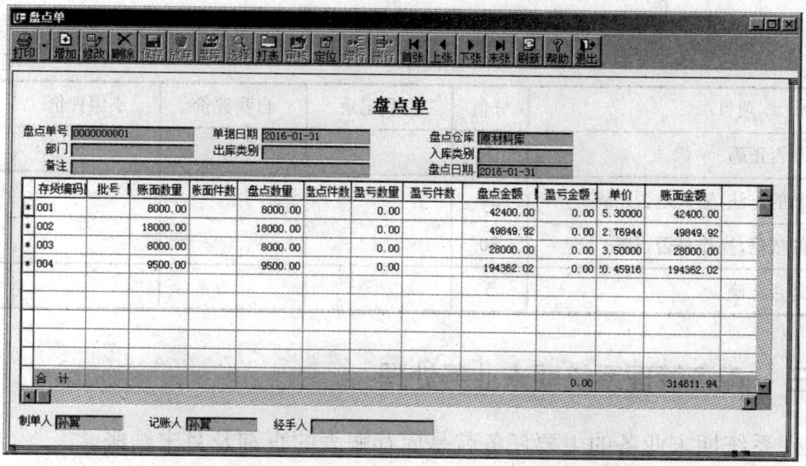

图 10-9

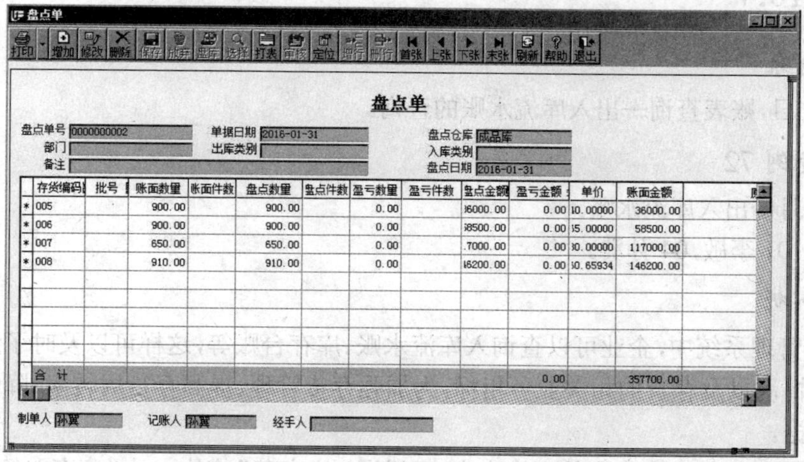

图 10-10

注意事项

(1) 盘点单审核后即可生成其他出库单，其他出库单不能删除、修改；如果要删除，可以对盘点单取消审核后进行删除操作。

(2) 盘点业务后，盘盈、盘亏的结果可以进行单据记账、制单操作。

模块任务二小结

本任务由制单会计来操作，通过具体的实际案例对本任务中涉及的内容进行了实训操作。通过操作对库存管理系统日常业务的基本功能都进行了练习巩固，为企业建立的账套完成了日常业务处理，为期末业务处理做好了准备。

模块备份

把本任务操作内容备份到“库存管理系统日常业务处理”文件夹中，以备练习使用。

评价

将实训记录和评分结果填入表 10-1 中。

表 10-1 学生学习情况评价表

任务名称： 座位号： 姓名：

项目	分值	自我记录	自我评价	小组评价	教师评价
账套恢复设置是否正确	5				
材料出库单填制的方法，输入是否正确	30				
正常单据记账的依据，操作是否正确	30				
账套备份设置是否正确	5				

任务三 库存管理系统期末业务处理

库存管理系统期末业务的主要任务就是库存账表的查询及月末结账。

活动 10.4

活动内容

1 月 31 日，账表查询—出入库流水账的查询。

活动案例 72

查询 1 月份出入库流水账。

操作员：01 李敏，04 孙翼。

案例分析

在库存管理系统中，企业可以查询入库流水账、库存台账等，这样可以及时了解每笔存货的收、发、存情况以及存货的相关业务指标，为加强存货管理、提高存货周转率、降低库存资金占用提供依据。

本案例属于出入库流水账的查询内容，可以通过“库存”模块中的“库存账簿查询”功能来完成。

案例操作

步骤 1：以账套主管身份登录库存管理系统。在“畅捷通 T3- 企业管理信息化软件教育专版—营改增版”窗口中，执行“库存”→“库存账簿查询”→“入库流水账”命令，打开“入库流水账”对话框。

步骤 2：在“入库流水账”对话框中，选择“全部仓库”前的复选框，即选择“原材料库”和“成品库”，单击【确认】按钮，进入“入库流水账”窗口。

步骤 3：查询完毕，单击【退出】按钮，返回。

注意事项

查询账表时，看清楚查询的条件。

活动 10.5

活动内容

库存管理系统月末结账。

活动案例 73

1 月 31 日，对 1 月份库存管理系统进行月末结账及反结账。

操作员：01 李敏。

案例分析

结账前用户应检查本会计月工作是否已全部完成，只有在当前会计月所有工作全部完成的前提下，才能进行月末结账，否则会遗漏某些业务。

库存管理系统、采购管理系统和销售管理系统集成使用，则必须在采购管理系统和销售管理系统结账后，库存管理系统才能结账。库存管理系统结账后，核算系统才能结账。

本案例属于库存管理系统月末结账的内容，可以通过“库存”模块中的“月末结账”功能来完成。

案例操作

由于购销存系统是集成使用的，前面采购管理系统、销售管理系统结账后又取消了结账，所以库存管理系统结账时，要先把采购管理系统、销售管理系统重新结账，再进行库存管理系统的结账。

步骤 1：执行“库存”→“月末结账”命令，选择“月末结账”，屏幕显示结账主窗口，蓝条处是当前的会计月，即要结账的月份。

步骤 2：单击【结账】按钮，即可完成结账工作。当前的会计月顺延一月。

步骤 3：取消结账。选择需要取消结账的月份，单击【取消结账】按钮，即可完成取消结账。同时还要依次取消销售管理系统结账、采购管理系统的结账，如图 10-11 所示。

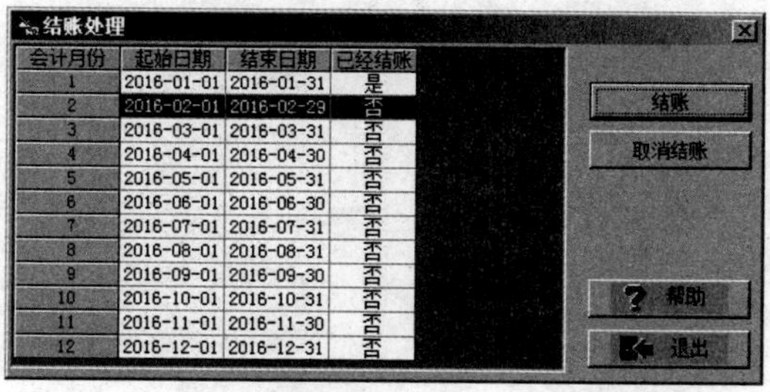

图 10-11

注意事项

（1）月末结账之前用户一定要进行数据备份，否则数据一旦损坏将不能挽回。

（2）当某月账结错了时，可单击【取消结账】按钮取消结账状态，然后再进行该月业务处理，再结账。

（3）如果库存管理系统和核算系统集成使用，必须在核算系统当月未结账或取消结账后，库存管理系统才能取消结账。

模块任务三小结

本任务由账套主管或者有操作权限的人员来操作，通过具体的实际案例对本任务中涉及的内容进行了实训操作，对库存管理系统期末业务的基本功能都进行了练习，为企业建立的账套完成了期末业务处理。

模块备份

把本任务操作内容备份到“库存管理系统期末业务处理”文件夹中，以备练习使用。

评价

将实训记录和评分结果填入表 10-2 中。

表 10-2 学生学习情况评价表

任务名称： 座位号： 姓名：

项目	分值	自我记录	自我评价	小组评价	教师评价
账套恢复设置是否正确	5				
查询出入库流水账的作用，操作是否正确	20				
库存管理系统结账的作用，操作是否正确	50				
取消结账操作的意义，操作是否正确	20				
账套备份设置是否正确	5				

模块十一　核算管理

一、模块简介

核算管理系统是会计信息化软件的一个子系统。与库存管理系统相比，库存管理系统侧重于从数量上对存货进行管理，而核算管理系统侧重于从金额上进行管理，它主要用于核算企业存货的入库成本、出库成本和结余成本，反映和监督存货资金的占用情况。

核算模块起着“桥梁”连接的作用，把购销存模块的业务通过核算模块的制单传递到总账。

在核算管理系统中，接收采购、销售和库存系统中传递的已审核过的出入库单，进行记账，并生成记账凭证；向总账系统传递出入库的存货成本；接收采购和销售系统中传递的收付款单，生成记账凭证；向总账系统传递收付款结算凭证。

二、任务目标

（1）能熟练完成核算管理系统初始化。

（2）能熟练完成核算管理系统日常业务处理。

（3）能熟练完成核算管理系统期末业务处理。

三、模块操作流程

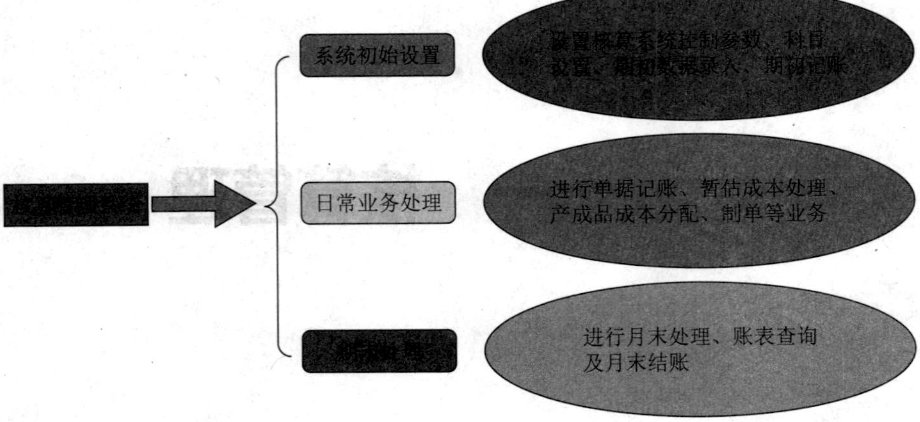

图 11-1

四、模块操作

任务一　核算管理系统期初设置

核算管理系统初始化设置主要包括核算业务范围设置、科目设置和录入有关的期初数据并进行期初记账处理等内容。由于核算管理系统是连接总账系统与业务处理系统(采购管理、销售管理、库存管理)的桥梁和纽带,因此,核算管理系统的初始设置应既要满足业务处理的需要,又要满足会计核算的需要。

(1)核算业务范围设置主要包括核算方式、控制方式、最高/最低控制、供应商/客户往来。核算业务范围决定了核算管理系统的日常业务处理流程。(这部分内容已经在采购管理系统中介绍过)

(2)科目设置。在核算模块中,进行了科目设置后,制单时才会自动带出科目,否则科目都要手工录入。(这部分内容已经在前面采购管理系统、销售管理系统中介绍过)

(3)核算管理系统期初数据的录入和进行期初记账处理。由于核算模块的期初数据录入和期初记账与库存模块期初数据的录入和期初记账通用,这部分内容已经在库存管理系统中介绍过,这里不再叙述其方法。

任务二　核算管理系统日常业务处理

核算管理系统日常业务的主要任务就是进行单据记账、暂估成本处理、制单等内容。

核算的日常业务处理流程,如图 11-2 所示。

核算管理系统与其他购销存系统的关系,如图 11-3 所示。

核算管理系统主要日常业务处理方法:核算管理系统能够处理采购、销售、库存各种出入库单等业务单据。由于购销存系统是集成使用,相应出入库单据的录入在库存管理系统或采购、销售管理系统中进行,因此核算管理系统就负责单据的记账、成本处理和制单等内容。下

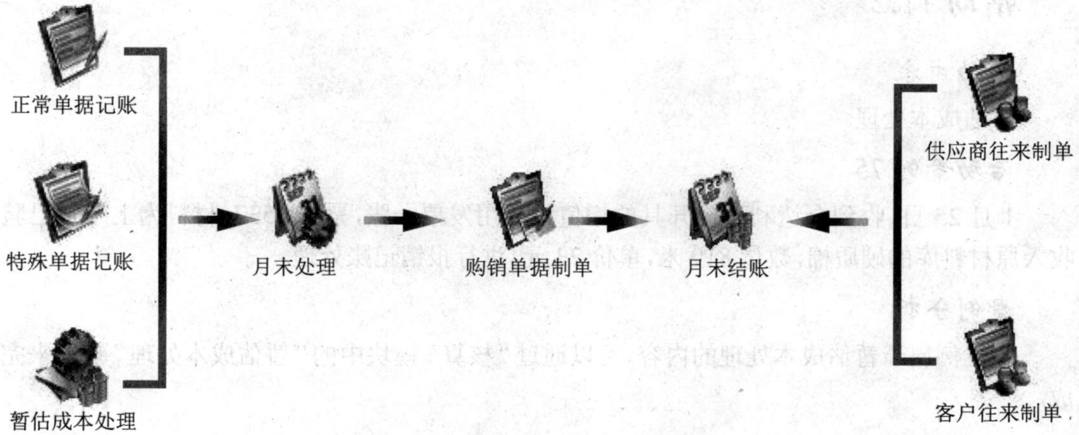

图 11-2

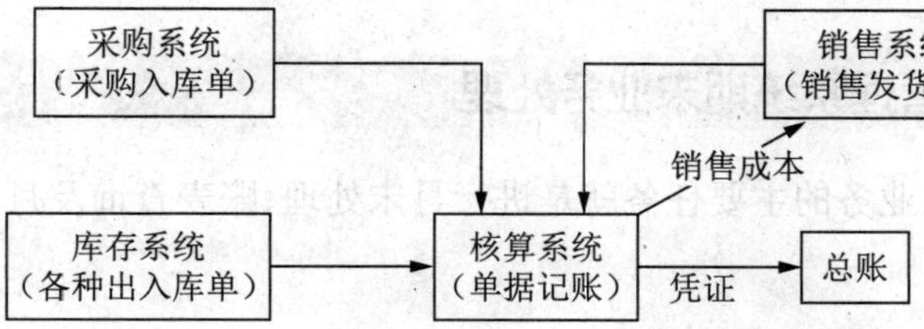

图 11-3

面结合具体案例来说明不同业务的操作步骤。

活动 11.1

活动内容

单据记账。

***活动案例* 74**

对前面本公司的出入库单进行单据记账。

案例分析

单据记账对于核算管理系统来说意义重大，它是计算、记录、确认出入库单据成本的关键。通过单据记账，系统能够根据出 / 入库单据登记存货明细账等账簿，同时在存货使用先进先出法、移动平均法、个别为计价法时，存货在单据记账时会进行出库成本的计算。因此，单据记账是核算管理系统进行存货成本计算的重要步骤。存货记账后，就可以更新收、发、存的数量和金额了。

这里需要注意的是，对于全月平均计价、计划价 / 售价法计价的存货，只有在月末处理后才能进行出库成本的计算并进行会计核算。

本案例属于单据记账的内容，可以通过“核算”模块中的“正常单据记账”功能来完成。

案例操作

具体操作步骤见前面采购、销售、库存管理系统的单据记账。

活动 11.2

活动内容

暂估成本处理。

活动案例 75

1 月 25 日，收到金达利公司开具的增值税专用发票一张，票号 3537，材料为上个月已验收入原材料库的硬质棉，数量 819 米，单价 23 元，进行报销记账处理。

案例分析

本案例属于暂估成本处理的内容，可以通过“核算”模块中的“暂估成本处理”功能来完成。

案例操作

见采购管理系统活动 11 暂估业务的处理。

任务三　核算管理系统期末业务处理

核算管理系统期末业务的主要任务就是进行月末处理、账表查询及月末结账。

活动 11.3

活动内容

核算管理系统月末处理。

活动案例 76

1 月 31 日，对本公司核算管理系统进行月末处理。

操作员：01 李敏。

案例分析

核算管理系统月末结账前必须进行期末处理，当日常业务全部完成后，计算按全月平均方式核算的存货的全月平均单价及本会计月的出库成本，计算按计划价核算的存货的差异及本会计月的分摊差异，并对已完成日常业务的仓库 / 部门做处理标志。核算管理系统的这些操作称为“月末处理”。

核算管理系统必须在采购管理系统、销售管理系统、库存管理系统全部结账后，才能进行月末处理，才能结账。

本案例属于核算管理系统月末处理的内容，可以通过“核算”模块中“月末处理”功能来完成。

案例操作

首先把采购管理系统、销售管理系统、库存管理系统进行结账。

步骤 1：执行“核算”→“月末处理”命令，单击“未期末处理仓库”选项卡，单击【全选】按钮。

步骤 2：单击【确定】按钮，系统提示“您对所选仓库进行期末处理，确认进行吗？”，单击

【确定】按钮，系统提示“期末处理完毕”，单击【确定】按钮退出，如图 11-4 所示。

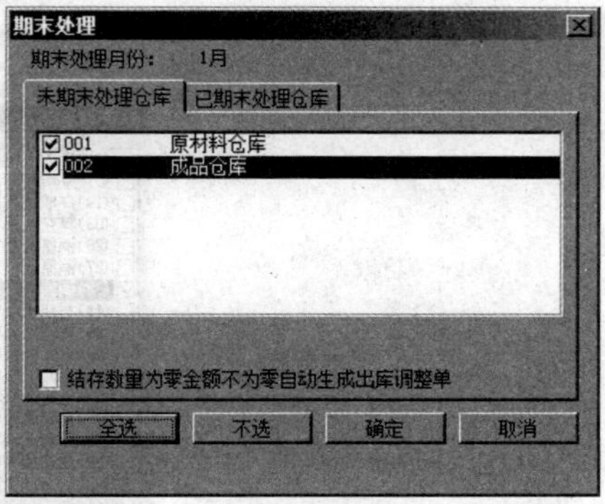

图 11-4

注意事项

（1）在进行月末处理之前，应仔细检查是否本月还有未记账单据，应做完本月份的全部日常业务后，再做月末处理。

（2）必须在采购、销售、库存模块月末结账后才能进行核算模块“期末处理”。

（3）期末处理是核算模块“月末结账”的必需步骤。

（4）期末处理后，不能再记账，正常单据记账界面不再显示“仓库”，但可以制单。

活动 11.4

活动内容

结转已销售产品成本。

活动案例 77

1 月 31 日，根据销售出库单生成记账凭证。

操作员：04 孙翼。

案例分析

核算管理系统在生成凭证时，首先应该选择相应的原始单据，如采购入库单、销售出库单等；然后在系统内进行制单处理，系统会根据单据上记载的信息，并根据前面设置的存货科目，自动将会计科目和相应的金额登记到记账凭证上。

销售出库单的“制单”是根据审核并完成单据记账处理后的销售出库单生成记账凭证的工作。企业应该根据选择的成本核算方法，定期根据销售出库单结转销售出库的销售成本。销售出库制单时，系统根据初始设置，贷方取预置的存货科目，借方取预置的对方科目中收发类别对应的科目，销售出库制单会生成如下凭证。

借：主营业务成本

　　贷：库存商品

在先进先出、移动平均、个别计价的仓库，库存商品的金额是根据销售出库单经过单据记账后系统自动计算出来的。在全月平均、计划价 / 售价法计价下，是在期末处理之后由系统计算出来的。

本案例属于结转已销售产品成本的内容，可以通过“核算”模块中的“购销单据制单”功能来完成。

案例操作

步骤 1：执行“核算”→“凭证”→“购销单据制单”命令，进入“生成凭证”界面。

步骤 2：在“生成凭证”界面，单击【选择】按钮，打开“查询条件”对话框。

步骤 3：在“查询条件”对话框中，单击选择“32 销售出库单”复选框，单击【确认】按钮，进入“选择单据”窗口，如图 11-5 所示。

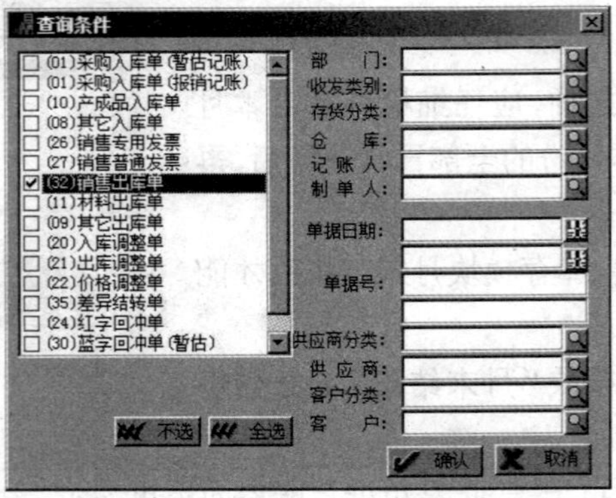

图 11-5

步骤 4：在“选择单据”窗口中，选择需要生成凭证的销售出库单，如图 11-6 所示。

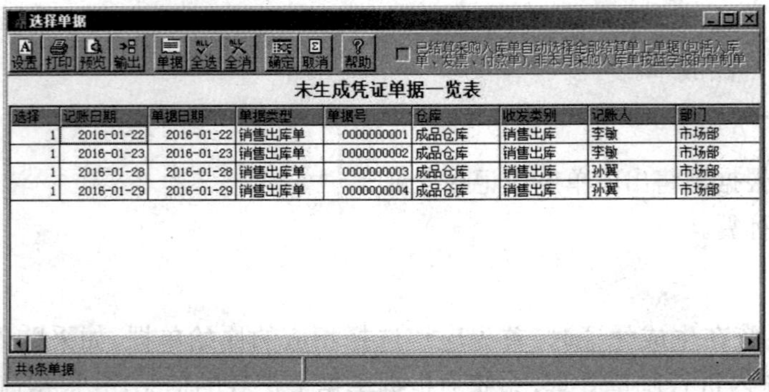

选择	记账日期	单据日期	单据类型	单据号	仓库	收发类别	记账人	部门
1	2016-01-22	2016-01-22	销售出库单	0000000001	成品仓库	销售出库	李敏	市场部
1	2016-01-23	2016-01-23	销售出库单	0000000002	成品仓库	销售出库	李敏	市场部
1	2016-01-28	2016-01-28	销售出库单	0000000003	成品仓库	销售出库	孙翼	市场部
1	2016-01-29	2016-01-29	销售出库单	0000000004	成品仓库	销售出库	孙翼	市场部

图 11-6

步骤 5：单击【确定】按钮，将制单的信息补充完整后，单击【合成】按钮，检查修改各项信息正确后单击【保存】按钮生成凭证，如图 11-7 所示。

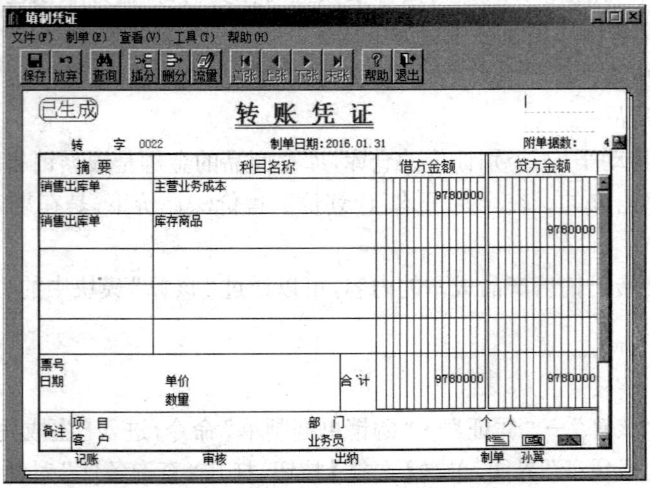

图 11-7

活动 11.5

活动内容

账表查询—存货明细账。

活动案例 78

1 月 31 日,对本公司进行存货明细账查询。

操作员:01 李敏,04 孙翼。

案例分析

在核算管理系统中,企业可以查询存货明细账、总账、入库汇总表、出库汇总表等。

本案例属于存货明细账查询的内容,可以通过“核算”模块中的“明细账”功能来完成。

案例操作

步骤 1:以账套主管身份登录核算管理系统。在“畅捷通 T3-企业管理信息化软件教育专版—营改增版”窗口中,执行“核算”→“账表”→“明细账”命令,进入“明细账查询”对话框。

步骤 2:在“明细账查询”对话框中,选择仓库为“原材料库”,单击【确认】按钮,进入明细账的界面。

步骤 3:查询完毕,单击【退出】按钮,返回。

注意事项

查询账表时,看清楚查询的条件。

活动 11.6

活动内容

核算管理系统月末结账及反结账。

活动案例 79

1 月 31 日,对本公司核算管理系统进行月末结账与反结账。

操作员:01 李敏。

案例分析

核算管理系统月末结账就是对本月账簿做结账标志。如果与采购管理系统集成,并且暂估处理方式采用“月初回冲”,则同时生成下月红字回冲单等。月末结账后将不能再进行当前会计月的工作,只能做下个月的日常工作。

本案例属于核算管理系统月末结账的内容,可以通过“核算”模块中的“月末结账”功能来完成。

案例操作

步骤 1:执行“核算”→“月末结账”命令,打开“月末结账”对话框,如图 11-8 所示。

步骤 2:单击【确定】按钮,系统弹出“月末结账完成!”的提示,如图 11-9 所示。

图 11-8

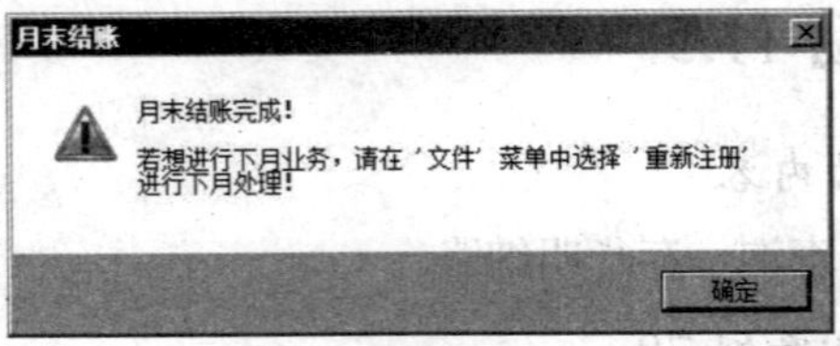

图 11-9

步骤 3：单击【确定】按钮，结账完成。

步骤 4：取消结账。如果要取消结账，则要先取消月末处理。按顺序单击“核算”→“月末处理”，单击“已期末处理仓库”选项卡，单击【全选】按钮，单击【确定】按钮，系统提示“您对所选仓库恢复期末处理，确认进行吗？”，单击【确定】按钮，系统提示“恢复期末处理完毕”，单击【确定】按钮退出。再以 2 月份进入系统，单击“核算”→“月末结账”，打开“月末结账”对话框。单击“取消结账”单选框，单击【确定】即可完成取消结账。

注意事项

（1）月末结账时必须首先进行月末处理。月末结账之前用户一定要进行数据备份，否则数据一旦损坏将不能挽回。

（2）月末结账后，不能再记账、制单。

（3）如果想取消结账，可以单击【取消结账】按钮取消结账，然后再进行该月业务处理，再结账。

模块任务三小结

本任务由账套主管或者有操作权限的人员来操作，通过具体的实际案例对本任务中涉及的内容进行了实训操作，对核算管理系统期末业务的基本功能都进行了练习，为企业建立的账套完成了期末业务处理。

模块备份

把本任务操作内容备份到“核算管理系统期末业务处理”文件夹中，以备练习使用。

评价

将实训记录和评分结果填入表 11-1 中。

表 11-1 学生学习情况评价表

任务名称： 座位号： 姓名：

项目	分值	自我记录	自我评价	小组评价	教师评价
账套恢复设置是否正确	5				
核算管理系统月末处理的作用，操作是否正确	40				
核算管理系统结账的作用，操作是否正确	40				
取消结账操作的意义，操作是否正确	10				
账套备份设置是否正确	5				

模块十二　报表管理

一、模块简介

报表管理系统是会计信息化软件的一个子系统，主要负责对企业会计报表方面的管理。它的主要任务就是设计报表的格式和编制公式，从总账系统或其他子系统中取得有关会计信息，自动编制财务报表，并对报表进行审核、汇总，生成各种分析图表，同时按预定格式输出各种财务报表，为各级管理者提供强大的数据收集和输出功能，是企业信息系统重要的数据输出口。

报表管理系统的主要功能有文件管理、格式管理、数据处理、图表功能、打印功能和二次开发功能，并提供各行业报表模板。

二、任务目标

(1) 理解报表管理系统的基础知识及基本功能。

(2) 掌握报表管理系统的操作流程，熟练操作报表管理系统的各项内容(报表格式设计、报表公式设计、报表数据处理、表页管理)。

三、模块操作流程

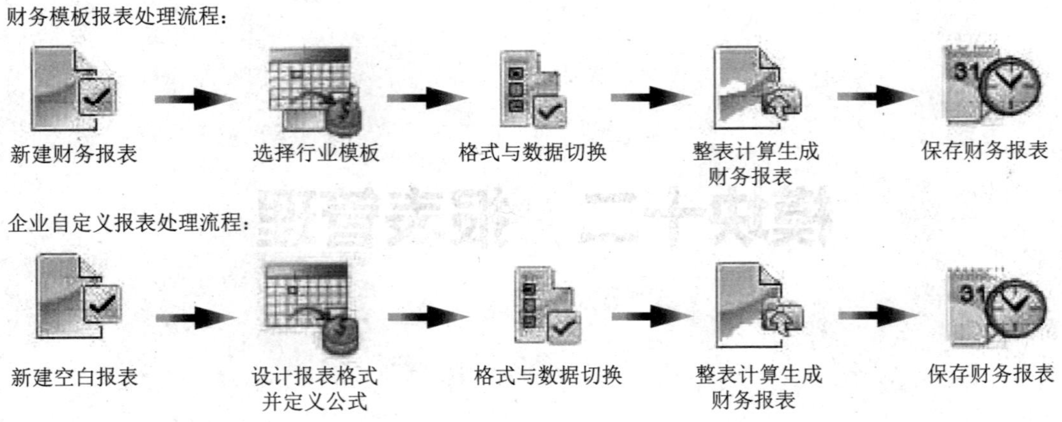

图 12-1

四、模块操作

任务一 认知报表管理系统

当我们新建或者打开一张财务报表，会看到左下角显示“格式”或者“数据”字样的按钮，单击按钮，变成了对应的“数据”或者“格式”。即财务报表有两种状态：格式状态和数据状态。这说明财务报表管理系统将含有数据的报表分为两大部分来处理，即报表格式设计工作与报表数据处理工作。报表格式设计工作和报表数据处理工作是在“格式”或者“数据”两种状态下进行的。

1. 在“格式”状态下可以完成的操作

（1）定义报表尺寸：“格式”菜单下的“表尺寸”。

（2）调整行高、列宽：“格式”菜单下的“行高列宽”。

（3）行（列）的增加、删除：“编辑”菜单下的“增加”“删除”。

（4）格式属性的调整：“格式”菜单下“单元属性”。

（5）画表格线：“格式”菜单下的“区域画线”。

（6）定义关键字：“数据”菜单下的关键字：设置，偏移，取消。

（7）设置单元公式：“数据”菜单下的编辑公式—单元公式。

在格式状态下时，看到的是报表的格式，报表的数据全部都隐藏了。在格式状态下所做的操作对本报表所有的表页都发生作用。在格式状态下不能进行数据的输入、计算等操作。

2. 在“数据”状态下可以完成的操作

（1）追加表页：“编辑”菜单下的追加。

（2）录入关键字：“数据”菜单下关键字，录入。

（3）运算：“数据”菜单下的“整表重算”“表页重算”。

（4）表页不计算：“数据”菜单下的“表页不计算”。

（5）数据采集：“数据”菜单下的“数据采集”。

（6）表页汇总：“数据”菜单下的“汇总”。

（7）账套初始："数据"菜单下的"账套初始"。

在数据状态下不能修改报表的格式。

任务二 利用报表模板生成会计报表

活动 12.1

活动内容

利用报表模板生成会计报表。

活动案例 80

根据下面资料进行操作。

（1）启动与注册 UFO 报表管理系统，并调用报表模板。

（2）利用报表模板和流星服饰公司账套的信息，设计该企业的资产负债表公式。需要修改的公式是存货 = 在途物资 + 原材料 + 库存商品 + 生产成本。

未分配利润 = 本年利润 + 未分配利润

（3）将设计好的青岛流星服饰公司报表模板（即资产负债表和利润表）进行保存。

（4）利用已定义好的资产负债表和利润表模板，生成青岛流星服饰公司账套 2016 年 1 月的资产负债表和利润表数据。

操作员：01 李敏 03 王少平。

案例分析

（1）报表模板。在财务报表管理系统中，一般都提供了多种分行业的常用财务报表格式及公式，称为报表模板。在每个模板中详细设计了该报表的格式、公式及修饰。

调用报表模板后，首先要在格式状态下检查该模板的格式或公式是否适合本企业实际需要，如果不一致，则应做适当的修改。

（2）单元公式。单元公式，是指为报表数据单元进行赋值的公式。其作用就是从账簿、凭证、本表或其他报表，以及其他子系统等处调用、运算所需要的数据，并填入相应的报表单元中。

账务单元公式的基本格式如下：

函数名（"科目编码"，会计期间，["方向"]，[账套号]，[会计年度]，[编码 1]，[编码 2]）。

其中，① 科目编码：可以是科目名称，但必须用双引号括起来。② 会计期间：可以是"年""季""月"等变量，也可以是具体数字表示的年、季、月。③ 方向：即"借"或"贷"，可以省略。④ 账套号：必须为数字，缺省时默认为第一账套。⑤ 会计年度：即数据取数的年度，可以省略。⑥ 编码 1 与编码 2：与科目编码的核算账类有关，可以取科目的辅助账，如职员编码、项目编码等，如无辅助核算则省略。

例如，B6 = QM（"1001"，月，，，年，，）+ QM（"1002"，月，，，年，，）+ QM（"1012"，月，，，年，，）。

（3）关键字。关键字是整张报表的"向导"，可以唯一标识一个表页，用于在大量表页中快速地选择表页。关键字的设置在格式状态下进行，关键字的录入则在数据状态下进行。

常见的关键字有单位名称、单位编号、年、月、日、季。

对于系统提供的报表，一般都设置好了关键字，只须录入相应关键字即可。对于自定义报表，设置合适的关键字是决定一张报表取数正确与否的关键。

本案例属于利用报表模板生成会计报表的内容，可以按照财务模板报表操作流程来完成。

案例操作

第一，首先由操作员 01 王敏对前面生成的凭证在总账系统中完成记账，然后由操作员 03 王少平完成期末自动转账生成记账凭证的操作。（先把模块四里总账期末自动转账生成的两张凭证删掉，然后再进行期末自动转账生成记账凭证的操作。）

步骤 1：在"畅捷通 T3- 企业管理信息化软件教育专版—营改增版"窗口中，执行"总账"→"期末"→"转账生成"命令，打开"转账生成"窗口，完成"自定义结转"和"期间损益结转"的凭证生成（期间损益结转要求生成两张记账凭证），如图 12-2、图 12-3、图 12-4 所示。

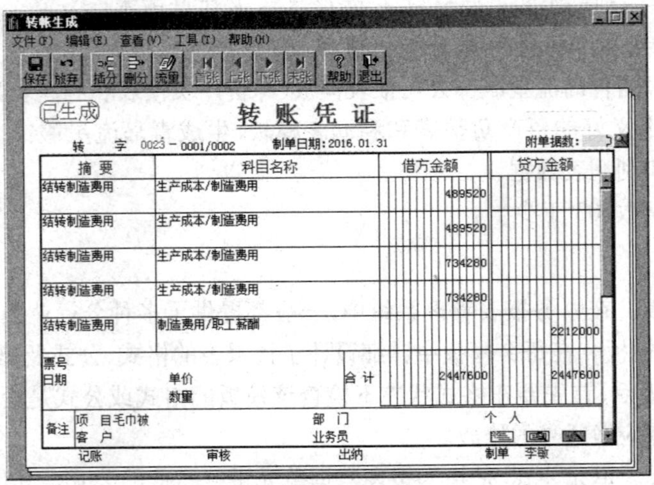

图 12-2

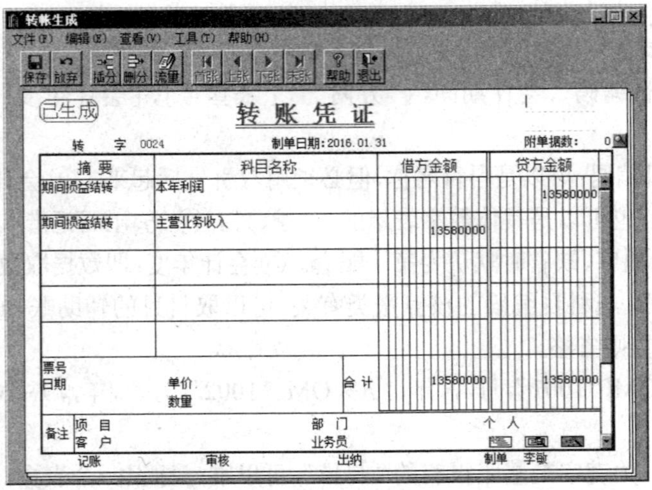

图 12-3

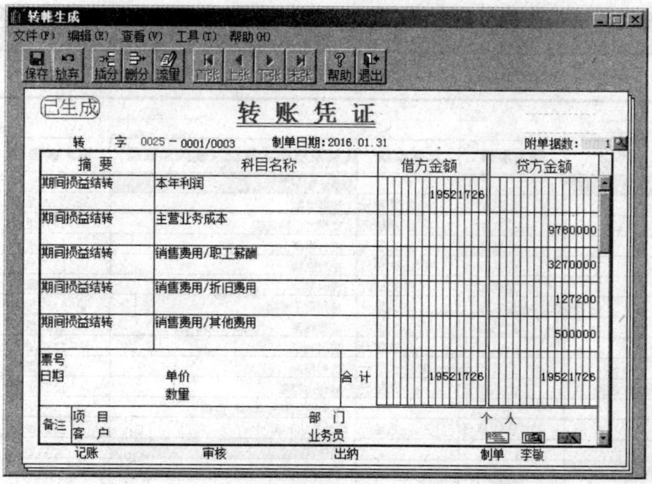

图 12-4

步骤 2：在总账中，对凭证进行审核、记账操作。

第二，结账。最后进行全部模块的结账。结账顺序：工资—固定资产—采购—销售—库存—核算—总账。

第三，启动与注册财务报表管理系统。

步骤 1：以账套主管身份登录财务报表管理系统。

步骤 2：单击“文件”→“新建”，进入新建报表对话框。

步骤 3：在新建报表对话框中，在“常用模版”框中选择“空报表”，单击【确定】按钮，系统自动生成一张空白表，如图 12-5 所示。

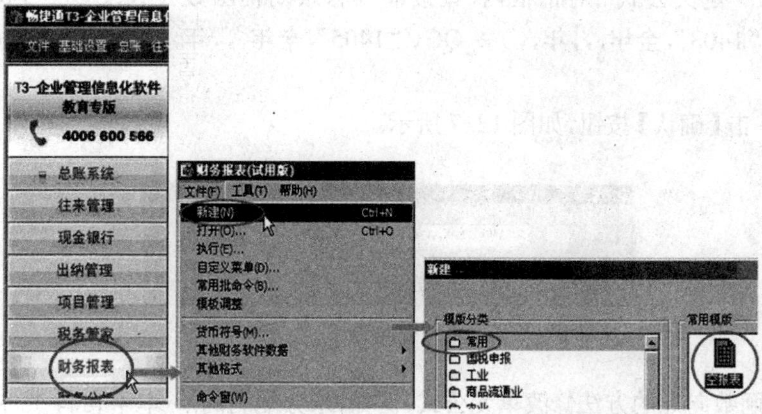

图 12-5

第四，调用报表模板（如资产负债表模板）。

步骤：在格式状态下，执行“格式”→“报表模板”命令，选择企业所在的行业（一般企业 2007 新会计准则）及报表模板（资产负债表）后，单击【确认】按钮（也可执行“文件”→“新建”命令后直接打开“报表模板”），如图 12-6 所示。

	A	B	C	D	E	F
1	资产负债表					
2						会企01表
3	单位名称：xxxxxxxxxxxxxxxxxxxxxxxxxxxxxx年		xx 月		xx 日	单位：元
4	资　产	期末余额	年初余额	负债及所有者权益（或股东权益）	期末余额	年初余额
5	流动资产：			流动负债：		
6	货币资金	公式单元	公式单元	短期借款	公式单元	公式单元
7	交易性金融资产	公式单元	公式单元	交易性金融负债	公式单元	公式单元
8	应收票据	公式单元	公式单元	应付票据	公式单元	公式单元
9	应收账款	公式单元	公式单元	应付账款	公式单元	公式单元
10	预付款项	公式单元	公式单元	预收款项	公式单元	公式单元
11	应收利息	公式单元	公式单元	应付职工薪酬	公式单元	公式单元
12	应收股利	公式单元	公式单元	应交税费	公式单元	公式单元
13	其他应收款	公式单元	公式单元	应付利息	公式单元	公式单元
14	存货	公式单元	公式单元	应付股利	公式单元	公式单元
15	一年内到期的非流动资产	公式单元	公式单元	其他应付款	公式单元	公式单元
16	其他流动资产			一年内到期的非流动负债		
17	流动资产合计	公式单元	公式单元	其他流动负债	公式单元	公式单元
18	非流动资产：			流动负债合计	公式单元	公式单元
19	可供出售金融资产	公式单元	公式单元	非流动负债：		
20	持有至到期投资	公式单元	公式单元	长期借款	公式单元	公式单元
21	长期应收款	公式单元	公式单元	应付债券	公式单元	公式单元
22	长期股权投资	公式单元	公式单元	长期应付款	公式单元	公式单元

图 12-6

第五，修改报表模板（如修改公式单元，在“格式”状态下进行）。

（1）利用直接输入公式的方法修改单元公式（例如，存货 = 在途物资 + 原材料 + 库存商品 + 生产成本）。

步骤 1：在“用友通 - 财务报表”窗口中，选择需要定义公式的单元，如“C14”即“存货”的年初余额。

步骤 2：执行“数据”→“编辑公式”→“单元公式”命令，打开“定义公式”对话框。

步骤 3：在“定义公式”对话框内，直接输入总账期初函数公式：QC（“1402”，全年，，，年，，）+ QC（“1403”，全年，，，年，，）+ QC（“1405”，全年，，，年，，）+QC（“5001”，全年，，，年，，）。

步骤 4：单击【确认】按钮，如图 12-7 所示。

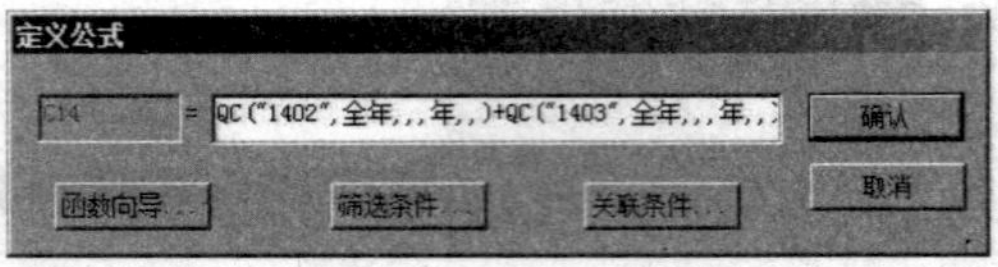

图 12-7

（2）利用函数向导的方法修改单元公式（例如，未分配利润 = 本年利润 + 未分配利润）。

步骤 1：在“用友通 - 财务报表”窗口中，选定需要定义公式的单元，例如，“F34”即“未分配利润”的年初余额。

步骤 2：单击编辑框中的【Fx】按钮，打开“定义公式”对话框。

步骤 3：在“定义公式”对话框中，把原来的公式删除后，单击【函数向导…】按钮，打开“函数向导”对话框。

步骤 4：在“函数向导”对话框中，在“函数分类”列表框中选择“用友账务函数”，在“函数名”列表框中选择“期初（QC）”，如图 12-8 所示。

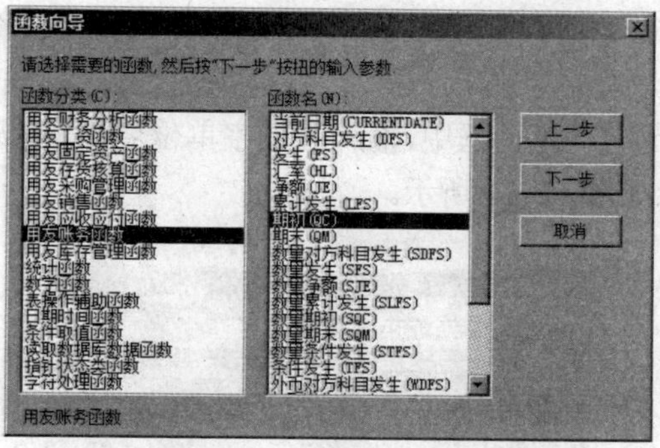

图 12-8

步骤 5:单击【下一步】按钮，打开“用友账务函数”对话框。

步骤 6:在“用友账务函数”对话框中，单击【参照】按钮，打开“账务函数”对话框。

步骤 7:在“账务函数”对话框中，在“账套号”下拉列表中选择“默认”选项，在“会计年度”下拉列表中选择“2016”选项，在“科目”文本框中选择“本年利润 4103”，在“期间”下拉列表中选择“全年”选项，在“方向”下拉列表中选择“默认”选项。单击【确定】按钮，返回“用友账务函数”对话框，如图 12-9 所示。

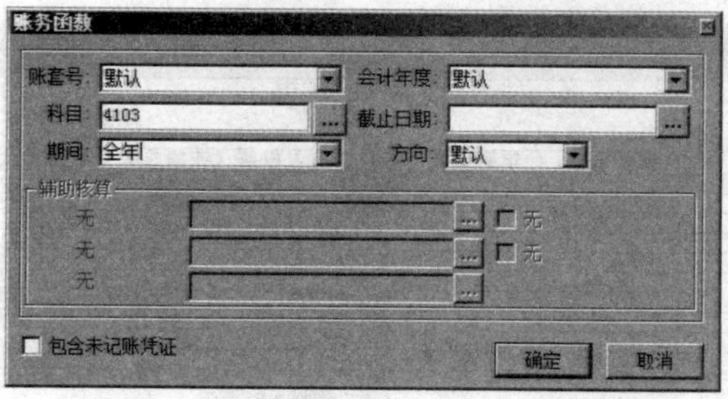

图 12-9

步骤 8:单击【确定】按钮，返回“定义公式”窗口，输入运算符“+”后，重复以上步骤继续输入未分配利润年初余额，最后单击【确认】按钮，如图 12-10 所示。

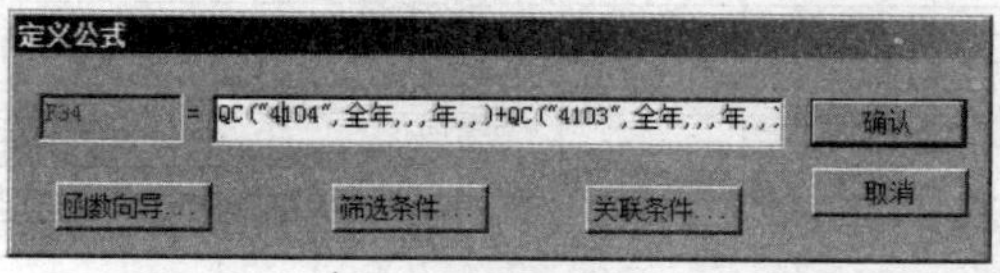

图 12-10

第六，保存新的报表模板。

步骤 1:在“用友通 - 财务报表”窗口中，执行“文件”→“保存”命令，打开“另存为”对话框。

步骤 2:在“另存为”对话框中，在“文件名(N)”文本框中输入“资产负债表”，单击【保存】按钮，系统弹出提示框，单击【否(N)】按钮。

第七，录入关键字生成财务报表。

步骤 1: 在数据状态下，执行“数据”→“关键字”→“录入”命令，打开“录入关键字”对话框。

步骤 2: 在“录入关键字”对话框中，输入关键字单位名称“青岛流星服饰有限公司”，年“2016”，月“1”，日“31”，如图 12-11 所示。

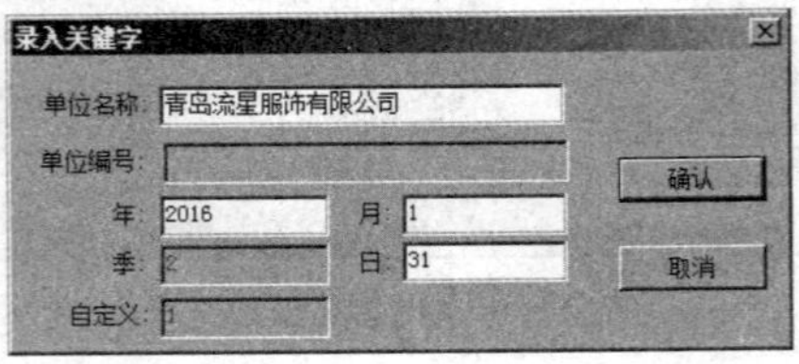

图 12-11

步骤 3: 单击【确认】按钮，打开“是否重算第 1 页？”提示框。

步骤 4: 单击【是】按钮，系统自动根据公式计算 1 月份数据。

步骤 5: 执行“数据”→“表页重算”命令，打开“是否重算第 1 页？”提示框。

步骤 6: 单击【是】按钮，系统自动在初始的账套和会计年度范围内，根据单元公式计算生成数据，如图 12-12 所示。

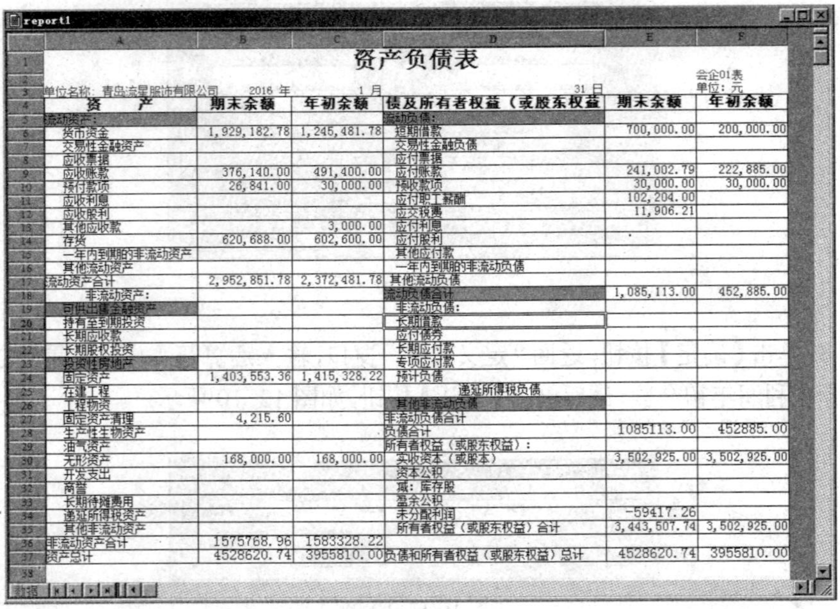

report1

资产负债表

会企01表

单位名称: 青岛流星服饰有限公司　2016 年　1 月　31 日　单位: 元

资　　产	期末余额	年初余额	债及所有者权益（或股东权益	期末余额	年初余额
流动资产:			流动负债:		
货币资金	1,929,182.78	1,245,481.78	短期借款	700,000.00	200,000.00
交易性金融资产			交易性金融负债		
应收票据			应付票据		
应收账款	376,140.00	491,400.00	应付账款	241,002.79	222,885.00
预付款项	26,841.00	30,000.00	预收款项	30,000.00	30,000.00
应收利息			应付职工薪酬	102,204.00	
应收股利			应交税费	11,906.21	
其他应收款		3,000.00	应付利息		
存货	620,688.00	602,600.00	应付股利		
一年内到期的非流动资产			其他应付款		
其他流动资产			一年内到期的非流动负债		
流动资产合计	2,952,851.78	2,372,481.78	其他流动负债		
非流动资产:			流动负债合计	1,085,113.00	452,885.00
可供出售金融资产			非流动负债:		
持有至到期投资			长期借款		
长期应收款			应付债券		
长期股权投资			长期应付款		
投资性房地产			专项应付款		
固定资产	1,403,553.36	1,415,328.22	预计负债		
在建工程			递延所得税负债		
工程物资			其他非流动负债		
固定资产清理	4,215.60		非流动负债合计		
生产性生物资产			负债合计	1085113.00	452885.00
油气资产			所有者权益（或股东权益）:		
无形资产	168,000.00	168,000.00	实收资本（或股本）	3,502,925.00	3,502,925.00
开发支出			资本公积		
商誉			减: 库存股		
长期待摊费用			盈余公积		
递延所得税资产			未分配利润	-59417.26	
其他非流动资产			所有者权益（或股东权益）合计	3,443,507.74	3,502,925.00
非流动资产合计	1575768.96	1583328.22			
资产总计	4528620.74	3955810.00	负债和所有者权益（或股东权益）总计	4528620.74	3955810.00

数据

图 12-12

注意事项

（1）会计报表关键在于定义单元公式获取报表数据，报表数据的来源可以分为从本表取数和从其他报表的表页取数，定义公式时要区分这两种情况。

（2）在报表公式设置时，如果报表公式取得是期初数，则期间就要选择“全年”；如果报表公式取得是期末数，则期间就要选择“月”或“季”。

（3）定义关键字时，光标定在什么位置，设置的关键字就在什么位置；偏移关键字的时候，往右偏录入“正数”，往左偏录入“负数”。

模块任务二小结

本任务由财务主管或具有操作权限的操作人员来操作，通过具体的实际案例对本任务中涉及的内容进行了实训操作，对报表管理系统中利用报表模板生成报表的基本功能都进行了练习巩固。

模块备份

把本任务操作内容备份到“利用报表模板生成报表”文件夹中，以备练习使用。

评价

将实训记录和评分结果填入表 12-1 中。

表 12-1 学生学习情况评价表

任务名称： 座位号： 姓名：

项目	分值	自我记录	自我评价	小组评价	教师评价
账套恢复设置是否正确	5				
启动与注册财务报表管理系统的方法，操作是否正确	20				
调用报表模板的方法，操作是否正确	20				
修改报表模板的方法，操作是否正确	20				
录入关键字生成财务报表的方法，操作是否正确	30				
账套备份设置是否正确	5				

任务三 自定义会计报表

活动 12.2

活动内容

自定义会计报表。

活动案例 81

自定义一张资产负债表：“简易资产负债表”，并设置公式。

（1）要求：标题居中，报表各列等宽，宽度为 38 mm，

（2）报表样式：

简易资产负债表

单位： 年 月 日 单位：元

资产	期末数	负债和所有者权益	期末数
货币资金		应付账款	
应收账款		实收资本	
合计		合计	

货币资金 = QM（“1001”,月,,,年,,）+ QM（“1002”,月,,,年,,）+ QM（“1012”,月,,,年,,）

应收账款 = QM（“1122”,月,,,年,,）

应付账款 = QM（“2202”,月,,,年,,）

实收资本 = QM（“4001”,月,,,年,,）

资产合计 = B4 + B5

权益合计 = D4 + D5

生成 2016 年 1 月份的简易资产负债表。

操作员:01 李敏。

案例分析

自定义报表的编制包括报表初始设置、设计报表公式、处理报表数据等几个过程。① 报表初始设置一般包括创建新表、设计报表格式等。② 设计报表公式是指设计报表或报表数据单元的计算规则，主要包括定义单元公式等。③ 处理报表数据主要包括生成报表数据等工作。

本案例属于自定义会计报表的内容，可以按照企业自定义报表操作流程来完成。

案例操作

第一，创建新表。

步骤 1: 以账套主管身份（或有会计报表权限的操作员）登录财务报表管理系统。

步骤 2: 选择“文件”→“新建”，进入新建报表对话框，选择“常用”文件夹中的“空报表”。

第二，报表格式定义。

步骤 1: 定义表尺寸。单击空白报表底部左下角的【格式 / 数据】按钮，使当前状态为“格式”状态，选择“格式”→“表尺寸”，打开“表尺寸”对话框，输入行数“6”，列数“4”，单击【确认】按钮，如图 12-13 所示。

步骤 2: 定义组合单元。选择需合并的区域“A1:D1”，单击“格式”→“组合单元”，打开“组合单元”对话框。选择组合方式“整体组合”或“按行组合”，则该单元即合并成一个单元格，如图 12-14 所示。

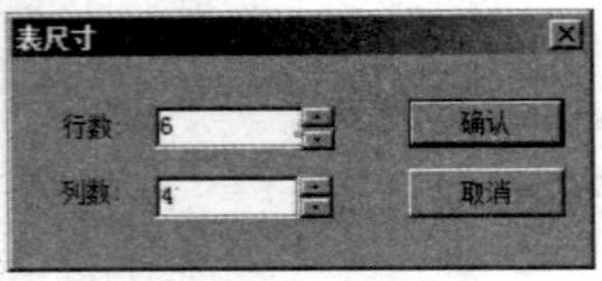

图 12-13

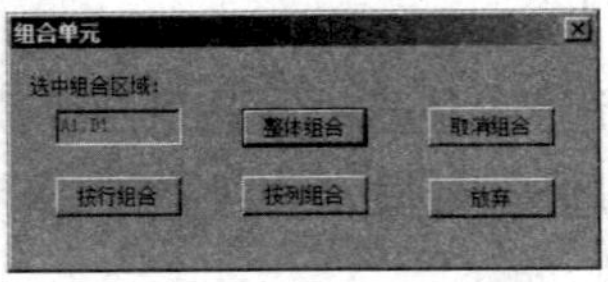

图 12-14

步骤 3: 画表格线。选中报表需要画线的区域“A3:D6”，选择“格式”→“区域画线”→“网线”→“确认”。

步骤 4: 设置列宽。执行“格式”→“列宽”命令，打开列宽对话框，在列宽对话框中输入列宽“38 mm”，单击【确认】按钮。

步骤 5: 输入报表项目。选中需要输入内容的单元或组合单元。在该单元或组合单元中输入相关文字内容,如在A1组合单元中输入"简易资产负债表"。

步骤6:设置关键字并进行关键字偏移,使其均匀分布。在"格式"状态下选中需要输入关键字的单元"A2",执行"数据"→"关键字"→"设置"命令,打开"设置关键字"对话框。在"设置关键字"对话框中单击"单位名称"后,单击【确定】按钮。同理,在B2单元设置关键字"年"、在C2单元设置关键字"月"、在D2单元设置关键字"日",然后执行"数据"→"关键字"→"偏移"命令,在定义关键字偏移对话框中,输入年"0"、月"-30"、日"-60",单击【确认】按钮,使关键字年月日均匀分布在中间位置。在D2单元直接输入"单位:元"。

第三,报表公式定义。

(1)定义单元公式——直接输入公式(以货币资金期末数为例)。

步骤1:选定需要定义公式的单元"B4",即"货币资金"的期末数。

步骤2:执行"数据"→"编辑公式"→"单元公式"命令,打开"定义公式"对话框。

步骤3:在定义公式对话框内直接输入货币资金期末函数公式:QM("1001",月,,,年,,)+QM("1002",月,,,年,,)+QM("1012",月,,,年,,),然后单击【确认】按钮,如图12-15所示。

图12-15

(2)定义单元公式——选择"函数向导"进行公式定义(以货币资金期末数为例)。

步骤1:在"定义公式"对话框中,选择"函数导向"进入"函数导向"对话框,选择"用友财务函数"后,选择函数名"期末QM",如图12-16所示。

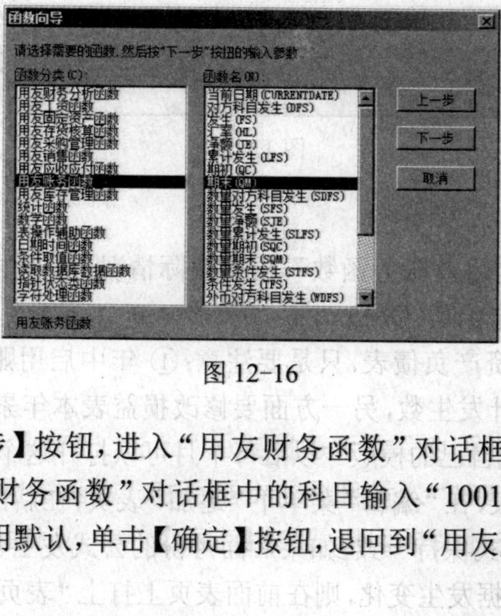

图12-16

步骤2:单击【下一步】按钮,进入"用友财务函数"对话框。单击【参照】按钮进入"财务函数"对话框,在"财务函数"对话框中的科目输入"1001",期间输入"月",方向输入"借",其他相应信息采用默认,单击【确定】按钮,退回到"用友财务函数"对话框中,如图12-17所示。

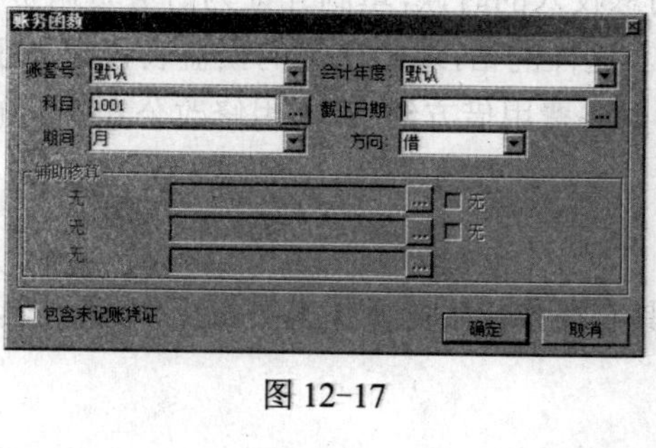

图12-17

步骤 3：在“用友财务函数”对话框中，继续输入“＋”，单击【参照】按钮，进入“财务函数”对话框，在“财务函数”对话框中的科目输入“1002”，期间输入“月”，方向输入“借”，其他相应信息采用默认，单击【确定】按钮，退回到“用友财务函数”对话框中。

步骤 4：重复步骤 3，科目输入“1012”，单击【确定】按钮，退回到“用友财务函数”对话框中，在“用友财务函数”对话框中，单击【确定】按钮，退回到“定义公式”对话框中，在“定义公式”对话框中，单击【确认】按钮，即可完成公式的定义。

第四，录入关键字生成报表。

步骤 1：选择“数据”→“账套初始”进入账套初始对话框，选择账套号及会计年度后点击【确认】按钮。

步骤 2：录入关键字。单击【格式/数据】按钮，进入数据状态。

步骤 3：单击要录入关键字的值的表页的页标，使它成为当前表页。

步骤 4：执行“数据”→“关键字”→“录入”命令，系统弹出“录入关键字”对话框，在已定义的关键字编辑框中录入关键字的值后单击【确认】按钮（未定义的关键字编辑框为灰色，不能输入内容），系统弹出“是否重算第 1 页”的对话框提示后，单击【是】按钮，系统显示报表数据，如图 12-18 所示。

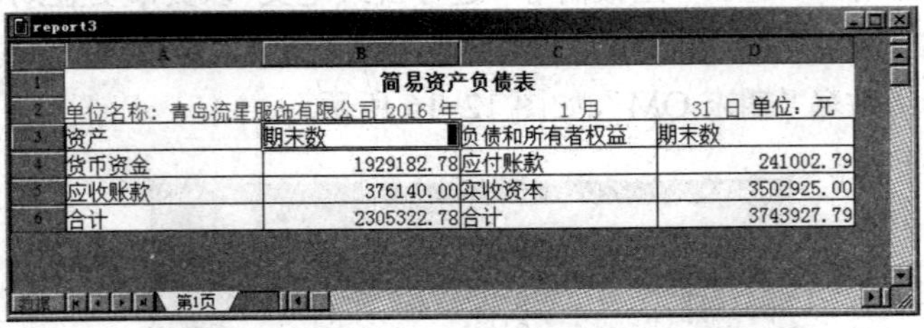

简易资产负债表

单位名称：青岛流星服饰有限公司 2016 年 1 月 31 日 单位：元

资产	期末数	负债和所有者权益	期末数
货币资金	1929182.78	应付账款	241002.79
应收账款	376140.00	实收资本	3502925.00
合计	2305322.78	合计	3743927.79

图 12-18

注意事项

（1）常用的函数就是“用友账务函数”，根据实际情况，取发生函数（FS），累计发生函数（LFS），期初函数（QC），期末函数（QM）。

（2）损益表的编制同资产负债表，只是要注意：① 年中启用账套，一方面要在期初余额界面录入损益类科目的累计发生数，另一方面要修改损益表本年累计栏的公式为“lfs”，修改为“LFS”函数后，要保存成自己的模版。以后每个月可以打开这个模版，直接录入关键字，也可以打开上个月保存的报表，在“编辑”菜单下“追加”表页，在新的表页上录入新的关键字。追加表页，默认的是前后公式保持一致，如果后面月份的公式发生变化，则前几个月的数据会重算，如果不希望前面的数据发生变化，则在前面表页上打上“表页不计算”的标志。② 利息收入的处理，习惯在收到利息收入的时候，填制凭证为财务费用贷方发生数。但损益表的公式设置为取“借方发生数”。这样的话，编制出来的损益表肯定不正确。解决的方法是，收到利息收入的时候，做凭证为财务费用借方红字，不用修改公式。其他损益类科目，遇到类似业务，同财务费用的处理。

模块任务三小结

本任务由财务主管或具有操作权限的操作人员来操作，通过具体的实际案例对本任务中涉及的内容进行了实训操作，对报表管理系统中自定义报表生成报表的基本功能都进行了练习巩固。

模块备份

把本任务操作内容备份到“自定义报表生成报表”文件夹中，以备练习使用。

评价

将实训记录和评分结果填入表 12-2 中。

表 12-2 学生学习情况评价表

任务名称： 座位号： 姓名：

项目	分值	自我记录	自我评价	小组评价	教师评价
账套恢复设置是否正确	5				
创建新表的方法，操作是否正确	20				
报表格式定义的方法，操作是否正确	20				
报表公式定义的方法，操作是否正确	20				
录入关键字生成财务报表的方法，操作是否正确	30				
账套备份设置是否正确	5				

参考文献

[1] 教育部关于制定中等职业学校教学计划的原则意见(教职成〔2009〕2 号).

[2] 山东省中等职业学校会计电算化专业教学指导方案(2013 年).

[3] 山东省春季高考财经类专业技能考试大纲(2014、2015、2016、2017 年).

[4] 会计从业资格考试《会计电算化》考试大纲(2014 年).

[5]《小企业会计准则》(财会〔2011〕17 号).

[6] 张红梅,李燕. 会计电算化操作实务[M]. 上海:立信会计出版社,2014.

[7] 孙万军. 财务业务一体化集成应用[M]. 北京:高等教育出版社,2013.

[8] 孙莲香. 财务业务一体化技能实训教程[M]. 北京:清华大学出版社,2013.

[9] 张慧德,郭长城. 会计电算化[M]. 北京:科学出版社,2011.